兰州大学文库
A LIBRARY OF LANZHOU UNIVERSITY

兰州大学史学理论及史学史研究所
屈直敏　赵梅春　主编

《四库全书》西北文献研究

四库研究丛书

徐亮 著

兰州大学出版社
LANZHOU UNIVERSITY PRESS

图书在版编目（ＣＩＰ）数据

《四库全书》西北文献研究／徐亮著. -- 兰州：
兰州大学出版社，2015.1
（四库研究丛书）
ISBN 978-7-311-04386-5

Ⅰ. ①四… Ⅱ. ①徐… Ⅲ. ①《四库全书》－研究②
地方文献－研究－西北地区 Ⅳ. ①Z121.5②K294

中国版本图书馆CIP数据核字(2015)第011523号

策划编辑　王永强
责任编辑　钟　静
封面设计　郇　海

书　　名　《四库全书》西北文献研究
作　　者　徐亮著
出版发行　兰州大学出版社　（地址:兰州市天水南路222号　730000）
电　　话　0931-8912613(总编办公室)　0931-8617156(营销中心)
　　　　　　0931-8914298(读者服务部)
网　　址　http://www.onbook.com.cn
电子信箱　press@lzu.edu.cn
印　　刷　甘肃兴方正彩色数码快印有限公司
开　　本　710 mm×1020 mm　1/16
印　　张　16.25
字　　数　279千
版　　次　2017年6月第1版
印　　次　2017年6月第1次印刷
书　　号　ISBN 978-7-311-04386-5
定　　价　38.00元

前　言

　　《四库全书》是清代乾隆年间编纂的一部丛书,汇集了清代乾隆以前的主要文化典籍,堪称"千古巨制,文化渊薮",在我国学术文化史上具有很重要的地位。该丛书共收录书籍 3 461 种,79 309 卷;存目书籍 6 793 种,93 551 卷。[①]《四库全书》编纂完成后,为了利于长期保存,供皇帝和士子们阅读,共抄写七部,分别庋藏于北京故宫文渊阁、北京圆明园文源阁、承德文津阁、沈阳文溯阁、镇江文宗阁、扬州文汇阁、杭州文澜阁。后因战乱,遭到毁损,其中文源阁本毁于 1860 年英法联军入侵北京,文宗阁、文汇阁本在太平天国战争中被毁,文澜阁本于 1861 年太平军第二次攻占杭州时散损。历经劫难的《四库全书》,现仅存文渊阁本、文津阁本、文溯阁本以及半部文澜阁本,文津阁本现藏于国家图书馆,文渊阁本现藏台北故宫博物院,文溯阁本现藏甘肃省图书馆九州台文溯阁《四库全书》藏书馆。在纂修《四库全书》的过程中,还产生了《四库全书荟要》《四库全书总目》《四库全书考证》《禁毁书目》等相关典籍,并派生出了《武英殿聚珍版丛书》《摛藻堂四库全书》《四库存目》《四库未收》《四库禁毁》《续修四库全书》等多种丛书,在我国学术文化史上也有极其重要的地位和价值。

　　《四库全书》自问世以来,便以它独有的魅力,备受学界关注。近 200 年来的《四库全书》的研究,取得了较为丰硕的成果,大致可分为乾嘉至光宣年间、民国年间、1949 年至今三个阶段[②],研究领域主要包括纂修与流传、档案辑录与整理、《总目》研究、版本目录研究、文化价值及意义的研究、续修与影印及电子版

---

①《四库全书总目》出版说明,中华书局 1965 年。

②周积明:《"四库学":历史与思考》,载《清史研究》2000 年第 3 期,第 50-62 页。

开发等诸多方面。① 特别是 20 世纪 90 年代以来,先后成立了一系列关于《四库全书》研究的学术机构,如 1993 年成立的"海南大学《四库全书》研究中心",1999 年天津图书馆成立的"四库文献中心",2003 年首都师范大学成立的"《四库全书》学术研究中心",2005 年成立的"甘肃省四库全书研究会"和武汉大学"四库学研究所"等②,为《四库全书》研究提供了新的发展契机。随着《四库全书》研究的兴盛,《四库全书》研究上升到了建立学科的高度,"四库学""四库总目学""四库全书学""四库区域文化学"逐渐被提出。

近 200 年来,虽然《四库全书》研究的成就显著,但仍有诸多领域,学者们鲜有涉及,如四库学的文化研究仍然是四库学中最薄弱的部分,因而如何站在世界文化发展的高度,去审视《四库全书》在中国乃至世界文化中的作用和地位,是学界应进一步深入研究的内容。四库学的研究范围、纂修者的个体和群体、四库收录之区域文献等也有诸多问题值得进一步深入探讨,因此在继续深入实证和文献研究的同时,转换学术观念,加强理论建设,扩大视野,对《四库全书》及其相关和派生的多种丛书、论著等进行整体和全面研究,借此展开四库学的研究新局面,无疑是当前四库学研究者们值得思索的课题。

兰州大学史学史专业是全国首批硕士学位授权点之一,20 世纪 70 年代末,随着高考制度的恢复,1978 年全国部分高校开始招收史学史专业的硕士、博士研究生,张孟伦先生被批准为硕士研究生导师,从此开始了兰州大学史学史的研究事业。2005 年经学校批准,建立史学理论及史学史研究所,汪受宽先生任所长。2008 年汪受宽先生荣退之后,赵梅春教授继任所长。兰州大学史学理论及史学史研究所素以师资雄厚、学风严谨著称,主要研究方向有中国史学史、中国少数民族史学、四库学等。经过三代学者的不懈努力,兰州大学史学理论及史学史研究所不仅在学科建设和史学研究方面取得了一定成绩,而且培养了大批学术成就卓著的史学研究者。

近十年来,兰州大学史学理论及史学史研究所以《文溯阁四库全书》为中心,确立了以四库学的研究为主要方向,积累了丰富深厚的成果,建立起了一支高水平的研究队伍。此次出版的《四库研究丛书》是兰州大学史学理论及史学

①汪受宽、刘凤强:《〈四库全书〉研究的回顾与思考》,载《史学史研究》2005 年第 1 期,第 62 - 66 页。
②高远、汪受宽:《近三十年来〈四库全书〉研究现状与思考》,载《图书与情报》2008 年第 3 期,第 119 - 125 页。

史研究所四库学研究成果的阶段性汇集，共收录了汪受宽和安学勇《文溯阁〈四库全书〉四种校释研究》、刘凤强《四库全书馆发微》、郭合芹《〈四库全书总目〉史部研究》、徐亮《〈四库全书〉西北文献研究》四部专著，在《四库全书》的编纂、《文溯阁四库全书》的版本价值、《四库全书总目》，以及清修《四库全书》与西北地方文献等方面进行了开创性的研究。本套丛书的出版，必将使学界更加深入了解《四库全书》，尤其是《文溯阁四库全书》的学术价值和文献版本价值，从而促进四库学的研究，推动《文溯阁四库全书》的整理研究热潮，促进甘肃省的四库学研究。在当前文化大发展的形式下，对甘肃省的文化建设也具有一定的现实意义。更重要的是，《四库全书》同长城、京杭大运河一样，是我们中华民族的骄傲，深入《四库全书》的研究和利用，可以推动中华民族的文化复兴。

屈直敏

2014 年 12 月 4 日于兰州大学二分部陋室

《四库全书》西北文献研究

目 录

兰
州
大
学
文
库

导　论

　　本书的研究,源于对《四库全书》著录书作者省籍分布的研究以及对西北地区作者文献的单独考察,但是目标主要是辑录西北地区的珍贵文献资料,力图描绘一个西北地区文献的群像,并对西北地区和《四库全书》纂修之间的关系进行一个价值评估,在估价西北典籍价值的基础上建立起西北人对本地区历史文化的自豪感和信心,从而使读者明白:不仅要为"再造一个山川秀美的新西部"而努力,也要使西北文化生发起汉唐盛世的历史积淀,以新时代的精神和视野为我国国民的精神进步和社会的文明发展贡献力量。壮美哉,西北文化在自然和社会文化两个领域都有进步,才是真正的新西部气象。

一

　　《四库全书》纂修于清朝乾隆时期,号称我国古代最大的一部官修丛书。这部大型丛书基本上囊括了我国 18 世纪以前的主要著作,堪称"千古巨制,文化渊薮"。全书先后抄成七部,但由于屡遭劫难,有三部半毁于战乱或散失。至今保存下来的仅有三部半,即现存台湾故宫博物院的文渊阁本,现存国家图书馆的文津阁本,现存浙江省图书馆的半部文澜阁本,另外一部就是现收藏于甘肃省图书馆的文溯阁本。

　　陕甘宁青新同属于西北文化区,将陕西、甘肃、宁夏、青海、新疆五省区作为一个整体来研究是学术界普遍的做法。①

　　乾隆皇帝在考虑《四库全书》庋藏地点的时候,将七部《四库全书》正本庋藏在了江浙文化圈和北京文化圈,一南一北,互相呼应。但是在西部却无书可陈,因而无法起到对西部文化的推动作用。可以说,《四库全书》在成书后,就和

---

　　①我国的西部大开发战略中将内蒙古归到西北地区。实际上传统意义上的西北地区是不包括内蒙古地区的。本书按照历史形成的惯例,仅讨论西北陕甘宁青新五省区范围之事。

西北断绝了联系,成了江浙文化圈和北京文化圈的文化专利品。直到原皮藏于沈阳的文溯阁《四库全书》由于战备的关系调拨到甘肃,这一局面才得以改变。

文溯阁《四库全书》在甘肃保存已四十余年。甘肃是一个历史悠久、文化积淀深厚的省份,文溯阁《四库全书》已经融入到甘肃悠久的历史文化中来了。甘肃人民为保护、管理这套《四库全书》做出了巨大的贡献。文溯阁《四库全书》收藏在甘肃是甘肃人民的骄傲,是西北文化圈内五省区人民的骄傲,是对乾隆时期《四库全书》皮藏在西部缺席的一次弥补。但是,我们对文溯阁《四库全书》的研究工作还不够深入,特别是统计《四库全书》中所收录的西北各省文献的工作,在西北地方历史学界一直乏人问津。

本书尝试填补这一研究领域的空白,不仅统计出作品的数量,并且对书籍的来源、分布情况、价值、存世情况等进行了较为系统的阐述。

二

《四库全书》的区域文化研究在四库学研究中占有重要位置,河北、安徽、浙江、河南、湖南、山西、上海、云南、福建、广东、台湾等省份作者、献书人或文献的研究,都已经有学者写成专门的论文,涌现出一批丰富的研究成果。但是《四库全书》中西北文献的研究,却很少有学者涉及。截至本书成书,仅仅发表了一些涉及个别作者的论文,如田富军《清代宁夏籍湖广提督俞益谟著述考》(《宁夏社会科学》2005 年第 2 期)以及相关的俞益谟家世考、俞益谟生平考等俞益谟专题研究系列论文,但是并非专为研究《四库全书》而作。

学位论文方面,有福建师范大学中国古代文学硕士陈旭东的《〈四库全书〉福建采进本与禁毁书研究》一种,以及西北师范大学中国古代文学博士郭向东的《文溯阁〈四库全书〉研究》一种,但未涉及西北文献的辑录问题。

关于《四库全书》著录书的甘肃籍作者和简介,本书作者已撰写了一篇论文,并发表在《河西学院学报》2005 年第 4 期上。有关甘肃籍作者著录书和存目书二者综合的情况,已写成论文并发表在《兰州教育学院学报》2005 年第 4 期上。值得注意的是,文章发表后,引起了地方舆论的重视。如《兰州晨报》首席记者王文元专门撰写了《〈四库全书〉中的甘肃学人》一文,其中写道:"就作品内容来说,从道家楼观派尹喜的《关尹子》,到皇甫谧的《针灸甲乙经》,再到陇西李朝威的《柳毅传》,甘肃学人的著作尽管在数量上不能同江浙等地的相比,但其分量丝毫不容人们忽视。据学者徐亮和周晓聪两人在 2005 年所做的统计,《四库全书》的正本(著录书)中共收录了甘肃作者 14 人,著作 18 种 182 卷,存目中有 16 人。但是我们不能不承认,这些统计非常粗略。由于人们对著录者的籍贯、活动区域认识不同,在统计过程中必然存在差异,比如李白,有人算作甘肃人,有人则不算甘肃人,唐朝的几位皇帝也存在相类似的情况。《四库全书》藏书馆馆长易雪梅说:"《四库全书》中甘肃学人的研究工作,才刚刚起步。"①

三

本书的目的在于将陕西、甘肃、宁夏、新疆(西域)、青海的作者作为一个整体、一种西北文化现象来研究,避免单纯的数据罗列和资料堆砌。那么,显然从学术角度审视,这一主题是属于西北文献研究的范畴,即地方文献的研究。

地方文献是文献的一种类型,它实际上是按文献内容或形式上的地域性特征进行划分产生的。它的内涵众说纷纭,大体上有广义狭义之分。从广义上说,是指一切与地方有关的文献,主要包括史志、地方出版物和地方人士著述三个方面的内容。从狭义上讲,是指内容上与地方有关的一切文献。我国最早对地方文献进行概括的是我国地方文献事业的奠基人杜定友先生,他认为:"地方文献是指有关本地方的一切资料,表现于各种记载形式的,如图书、杂志、报纸、图片、照片、影片、画片、唱片、拓本、表格、传单、票据、文告、手稿、印模、簿籍等等。"这一定义迄今为止仍是较权威的一种解释。李德山先生在《地方文献书目简论》一文中提到:"所谓地方文献书目,即指以地域为记载中心,将关于该地政治、经济、军事、文化、风土民情、名胜古迹、人物故事、山川物异以及疆域分界等内容的著作收录到一起而编成的目录。"②这只是狭义上的地方文献。

从广义的角度来审视,西北文献应该包括史志、地方出版物和地方人士著述三种。和《四库全书》联系起来,西北文献包括以下三个组成部分:

1. 西北地区陕西、甘肃、宁夏、青海、新疆等省籍作者撰写、注疏、集解、音义、翻译的作品。这一部分在本书中居于主要地位,这一点和目前西北地方史学界只专注于地方史志是有很大区别的,同时也是一个突破。西北籍作者的文献辑录工作,和传统史学家思维里的西北文献观念是有冲突的,但是文献的辑录工作早晚是需要有人做的,不因为学术争论就失去价值和意义。

2. 西北地区的出版物。这一点和《四库全书》联系起来主要体现为两点:一是《四库全书》采进图书时,从西北进献的图书来看地方出版的状况。二是《四库全书》在西北的印制、流传情况。从后者来说,是西北文化发展的一个极其薄弱的环节。甘肃收藏文溯阁《四库全书》多年,只出版了经部的《易图说》、史部的《长安志图》、子部的《墨法纪要》和集部的《璇玑图诗读法》等四册书的影印本。"三部半"《四库全书》中,自 20 世纪 80 年代始,大陆和台湾现存其他三部

<hr />

① 《兰州晨报》2008 年 8 月 28 日;《党的建设》2008 年第 10 期。
② 《黑龙江图书馆》1986 年第 2 期。

《四库全书》已先后完成影印工作,唯有甘肃藏文溯阁《四库全书》至今尚未启动全面的影印工作。而文溯阁《四库全书》原收存于满族祖地的东北,可能是仅存的三部半本子中最好的一部。该种《四库全书》不仅出版工作停滞多年,研究工作也一直处于草创期。真正开展系统性研究工作是从郭向东的《文溯阁〈四库全书〉研究》和著名史学家汪受宽先生开始做起的。根据汪先生的观点,文溯阁《四库全书》和以前出版的各种本子是很不相同的,从版本学上只能说是"文溯阁本《四库全书》""文渊阁本《四库全书》""文津阁本《四库全书》""文澜阁《四库全书》"等等。从这个意义上讲就消融了统一的"四库本"版本学概念,这是一个重大的进步。

3. 地方史料。非西北本土作者所撰,但是多数作者的游历、为官均和西北有着千丝万缕的联系。与西北这几个省区紧密相关的省志、政制、地理、游记、文集类书籍,在本书中也有初步的辑录和评价。

从书籍的组成来说,一个非常值得注意的问题是:一些著作是西北作者的专门性作品,或者是专门为西北撰写的作品;但是有相当多的图书是综合类的,涉及全国各个省份,也会牵涉到西北的问题和文献。对于综合性书籍所收录的西北作者的一些零星文献,主要是从三个角度来考虑:一是需要单独成篇,比如诗歌、奏折、上疏、文章,相对独立。二是具有原创性质。如一些编著的作品,虽然涉及西北某地,但因是编著,一般本书不收录。三是具有其他价值。这个价值不是本书确定的,而是以《四库全书总目》为衡量指标。

四

《四库全书》修成后,历代研究者甚多,成果繁富,并逐渐形成了一门以《四库全书》和《四库全书总目》及其衍生物为研究对象的专门学问——四库学。前人的学术成果为本书的研究奠定了坚实的基础。本书从这些既成的知识积累出发,分析《四库全书》纂修与西北地区的联系,纠正了所谓甘肃没有进献书籍的错误说法,将《四库全书》中西北文献及其作者作为一个整体来探究,注重向读者勾勒一个西北文献全面的形象,把历史事实和纂修档案资料结合起来论述。因此,本书辑录出了《四库全书》中陕西、甘肃、宁夏、新疆、青海五省区的地方文献,并对它们的版本来源、著录或存目情况、时代分布、版刻或存世情况、作者情况等进行分析和介绍。在附录中,本书介绍了《四库全书》中非西北本地作者所撰的西北地方文献。

我们可以看到,西北五省区中历史文化呈现多样化的特点。西域文化、藏文化、蒙古文化、陇右文化、边塞文化、关中文化、河湟文化、柴达木文化等多种文化长期积累并互相作用,又有伊斯兰教、佛教、道教在其中发挥影响。清朝在篡修《四库全书》过程中,陕西、甘肃(包括今甘肃全省、宁夏全区、青海东部、新疆东部)两省都呈献了图书典籍,使其地方文化典籍在《四库全书》中得以彰显。而天山南北发生了战事,时局动荡,加上文化与内地不同,因而无法进行典籍的搜集工作。

本书的研究意义在于挖掘西北文化圈内的地方历史资源,并阐述它们的文化价值和意义。地方文献产生于地方,是有关某地政治、经济、文化和社会发展的全记录,其本身就是地方文化和地方社会发展的结晶、记载和表现,因此,地方文献具有很强的使用价值和保存价值,对地方物质文明和精神文明建设具有极其重要的作用。一是可以挖掘地方的名人旅游、宣传资源,从而扩大知名度。二是它可以为认识西北的历史和现状提供可靠资料,所谓"地近则易核,时近则亦真"。三是治天下者以史为鉴,治郡国者以地方志为鉴,可以为西北地方社会的发展决策规划和实施提供以资借鉴之经验和信息。四是西北地方文献可以为进行乡土教育和爱国主义教育提供材料,激发受教育者的创造性。五是方便后世的研究者,形成文献研究传承的纽带。由于西北地方文献具有很高的史料价值,西北地方文献是编篡西北地方史志最重要的基础资料。从事西北地方文化和地方科学研究同样离不开地方文献。从整体上说,地方文献资源是进行地方科学研究和地方文化建设的基础。"地方文献在地方建设事业中可以全面发挥作用,具有巨大的社会价值和经济价值。"①

本书在《四库全书》篡修与西北文献关系方面的研究一定程度上填补了学术界的空白。但是由于成文仓促,本书难以收集到国内外迄今为止所有著述中关于西北文献的论述,特别是民国时期和台湾等地的著作;加上本书作者在书籍版本学、目录学、校勘学等文献学知识方面的不足以及对西北文化知识的欠缺,导致了论文在版本、校勘、文化价值评估等细节方面尚有很多缺憾。本书通过对西北地方文献的整理,希望能够给西北地方史学界提供参考,以起到抛砖引玉的作用。同时,也敬请同行的专家学者们能够对本书中的问题提出批评和指正。

---

①段绥:《图书馆与地方文献资源价值浅论》,载于《内江科技》2005 年第 4 期。

第一章 西北地区与《四库全书》纂修的关系

清朝乾隆时期(1736—1795)将中国历史上的"康乾盛世"推向了顶峰。乾隆皇帝为了标榜自己的"文治武功",继承了康熙、雍正以来编纂图书的传统,由官方出面组织全国著名学者编纂大型丛书《四库全书》。此时的西北地区战乱刚刚平息,政治稳定,经济发展,但是文化建设方面相对缓慢。特别是由于西北文化的多样性,使得《四库全书》纂修时期西北相比其他地区的情况更为特殊。这一情况对全书的纂修有一定影响。

第一节 乾隆时期西北地区概况

至乾隆时期为止,清朝享国已达百年,特别是经过康熙、雍正两朝的苦心经营,到这一时期达到了"成长的饱和点"①。这一政治、经济、文化高度发展的鼎盛时期是以政治稳定、国家统一为标志的。而 18 世纪中国的学风也发生了重大的变化,考据之学逐渐取代了义理之学而占据主导地位。这是明清以来学风演变的主要特征。这中间学术运动的内在矛盾和清朝"文字狱"运动无疑起了关键作用。汉学的兴起以北京和江浙为两个学术重镇。我们看到,后来《四库全书》的庋藏也主要和这两个地区相关。另外,历代聚书藏书的积累,特别是康熙、雍正时期形成的编纂图书的经验都对《四库全书》的纂修起了重要作用。因此,"儒藏说"的提出和朱筠关于搜访校录书籍的建议就因时而生了。

这个时期的西北大部分地区不仅处于政治、经济的初创时期和乱后的恢复阶段,而且文化上还处于汉文化的边缘地带,这都影响了《四库全书》的纂修

---

①黄仁宇:《中国大历史》,生活·读书·新知三联书店 1997 年版,230 页。

兰州大学文库

工作。

一、行政区划和政制

乾隆皇帝继续了康、雍两朝对西北边疆的经营,进一步整顿边疆地区,在西北平定了准噶尔部叛乱、天山南路大小和卓的割据。根据"修其教不易其俗,齐其政不易其宜"①的方针,因地制宜,因俗而治,进行西北边疆政权的建设。同时,甘肃省发生了少数民族起义。起义虽被乾隆皇帝严厉镇压,但是由于刚刚熄灭不久,在一定范围内对《四库全书》的纂修也造成了影响。整个西北地区只有陕西保持了较长时期的安定局面。虽然乾隆皇帝"十全武功"所奠定的稳定形势中隐藏着种种危险,纂修《四库全书》过程中也伴随着各种复杂的因素,但是总体上看,清朝西北地区的版图在乾隆时期基本奠定,社会安定,政权的建设呈现多样性的特点。陕西地区的安定为采集图书创造了条件,而在政权新创、发生起义的地区,采集图书的活动受到了制约。

清乾隆时期陕西省、甘肃省均为全国十八直省之一。省的最高官员是总督和巡抚。陕甘二省合设陕甘总督,各省设置巡抚(甘肃是陕甘总督兼甘肃巡抚)。两省还合设提督学政一人,主管两省教育、科举等事务,地位与督抚相当。② 各省都设有布政司,协助督抚理政。这些官职的职权范围如下:

(1)陕甘总督:乾隆十三年(1748)设,辖陕西、甘肃二省,掌管军政大权,地域范围达到今陕甘宁三省区以及青海、新疆的东部地区。陕甘总督于乾隆十九年(1754)移驻兰州府,兼甘肃巡抚。

(2)陕西巡抚:顺治元年(1644)设,驻西安府。

(3)甘肃巡抚:始设于顺治元年(1644)。乾隆十九年(1754),陕甘总督由西安移驻兰州,遂裁甘肃巡抚,以陕甘总督兼理甘肃巡抚事。这种督抚合一的组织形式,一直继续到辛亥革命前。因此多数时间内甘肃事务由陕甘总督、甘肃布政司管理。

(4)陕西布政司:康熙八年(1669)由西安布政司改设,驻西安府。

(5)甘肃布政司:康熙八年(1669)设,驻兰州。甘肃布政使在督、抚监督下办理甘肃全省政务工作。甘肃巡抚裁撤后,甘肃布政使成为甘肃省事实上的行政长官。

①杨天宇:《礼记译注·王制第五》,上海古籍出版社1997年版。
②主持一省军政事务的最高长官为巡抚,巡抚之上设有管理一省或数省军政事务的总督。各省设有学政一职,是一省的教育长官。学政不受当地最高行政长官的节制,独立开展各项事务,督抚大员也不能侵其职掌。只有在特殊情况下学政离任,督抚才可暂时代管其事。学政还可以直接向皇帝上书,反映地方情况。

（6）陕甘学政：也称陕西学政。雍正三年（1725），清廷命奉天府丞主考试事，省陕西临巩学政改归西安学道兼理。因此，甘肃岁、科试在乾隆时期由陕西学政兼管。光绪二年，增置甘肃学政一人，甘肃学政至此时始置。

此外，清乾隆时期在西北设置有伊犁将军、西宁办事大臣，直辖于清朝中央政府。阿勒泰一隅设有科布多参赞大臣行使管辖权。

（7）伊犁将军：清政府平定大小和卓叛乱、重新统一天山南北后，于乾隆二十七年（1762），清政府在伊犁设置总统伊犁等处将军（简称"伊犁将军"），治所在惠远城（今新疆霍城县南）。伊犁将军为清朝新疆地区最高官职，统辖天山南北两路，同时兼管全疆行政事务。伊犁一直是新疆通往中亚的重要通道，历史上曾建有许多城镇在这里发展贸易。伊犁将军府旧址在霍城县惠远城内。清代乾隆为了加强在伊犁地区的治理，在这里设伊犁将军，建惠远城，并陆续在其周围建起惠宁、绥定、广仁、宁远、瞻德、拱宸、熙、塔尔奇八座卫星城，统称为"伊犁九城"。

伊犁将军下设参赞大臣、办事大臣等。清政府在这里实行三种行政制度，东部汉民较多的地区，实行州县制度，设置镇迪道，就近划归甘肃省，实行陕甘总督和乌鲁木齐都统双重管理的体制；维吾尔族聚居地区，沿用畏兀儿（今译维吾尔）社会固有的伯克制度；在蒙古族地区和哈密、吐鲁番的维吾尔族地区，实行札萨克制度。

（8）西宁办事大臣：雍正三年（1725）设，又称青海办事大臣，统辖青海北部的额鲁特蒙左部5部29旗和青海南部玉树等藏族40个土司政务，为青海得名的开始。西宁办事大臣直属于清朝中央理藩院，级别大约相当于行省一级。①

（9）科布多参赞大臣：属乌里雅苏台定边左副将军统辖。管辖今阿勒泰地区。

因此从地理上看，今天的西北五省区具体行政上被分割为以下几个单元。

（1）今甘肃省在乾隆时期划分

乾隆时期甘肃领府州，包括今甘肃全省、宁夏全区和青海、新疆②的一部分。由于明代至清初甘肃一直隶属陕西，因此两地有着千丝万缕的联系，"其制度之系于两省者，如总督、学政题名及前代之藩、臬、粮、驿各道俱驻西安，兼治全陕，不能强分，则亦多与陕志互见焉"。③

---

① 《青海省志·建置沿革卷》，青海人民出版社2001年版。
② 乾隆时期修成的《钦定皇舆西域图志》将嘉峪关以外至哈密称为西域安西南路，也设州县，归隶甘肃。
③ 〔清〕永瑢、纪昀：《四库全书总目》，史部地理类一，"甘肃通志"条，中华书局1965年版。

（2）今宁夏回族自治区在乾隆时期的划分

乾隆时期全区隶属于甘肃省。乾隆三年（1738）以后，甘肃省宁夏府辖宁夏县、宁朔县等 4 县 1 州。此时固原直隶州属甘肃平凉府。

（3）今青海省在乾隆时期的划分

今青海地区在乾隆时期分为甘肃省管辖的西宁府和西宁办事大臣管辖的蒙藏地区两个部分。西宁办事大臣辖区也驻西宁，具有独立性。

（4）今新疆维吾尔自治区在乾隆时期的划分

乾隆皇帝平定准、回，统一天山南北，北部称准部、南部称回部，合称回疆，与"西域"一称并行。① 哈密、乌鲁木齐等汉族聚居区，设立州县，受甘肃省和乌鲁木齐都统双重管辖；今阿勒泰地区由乌里雅苏台定边左副将军属下的科布多参赞大臣管辖；天山南北为伊犁将军辖区。

因此，从行政划分上可以看出，清朝乾隆时期的西北地区实际上指的是陕甘两省、西宁办事大臣辖区、伊犁将军辖区、乌里雅苏台将军属下科布多参赞大臣辖区等五个部分。今天的宁夏、青海、新疆在此时还没有单独建省，而是部分地区或全部隶属于甘肃省。

另一方面，今天的陕西、甘肃、宁夏、青海、新疆五省区在历史地理、历史政区上有着难以分割的联系。甘肃往往与陕西连为一体，而宁夏、新疆东部、青海东部等地在相当长时间内更是甘肃省的组成部分。这是西北区域文化研究的地缘基础。

二、经济的发展

在政治稳定和国家统一的形势下，清朝西北地区的经济也获得了发展。虽然从总体上看，不如东南各省，但是西北地区的人口也因此有所增加。西北地区的经济发展与清朝开发边疆的政策是分不开的。

（1）农业：陕甘等地的农业在这一时期得到了一定程度上的发展。乾隆年间曾对咸阳的渭河堤坝进行过大规模的修葺，为农业发展提供了保障。至乾隆三十二年（1767），西北的人均耕地面积已达到 3.84 亩。

康熙到乾隆二十四年（1759），随着对准噶尔作战，清政府在天山西路、北路和河西地区兴办屯田，主要有民屯和军屯两种形式。平定准、回后，除令原先驻防的满洲、绿营官兵开垦屯田外，更陆续由内地增调屯田兵，同时徙民到哈密、乌鲁木齐、伊犁等处垦屯。从乾隆二十四年开始，清朝屯田重心从天山西路、北

---

① 乾隆时期所修《钦定皇舆西域图志》将西域分为安西南路（嘉峪关以外）、安西北路、天山南路、天山北路四个单元，说明西域的概念明显比回疆范围要大。根据一些文献可知，"新疆"一称此时已经出现，但是并不特指天山南北，至 1821 年以后才专指今新疆。

路转移到整个天山南北地区,全面屯垦,但是天山南路仍然缺乏屯垦。政府同时鼓励陕西、甘肃、四川的农业人口西迁,政府实行帮扶政策。

(2)畜牧业:天山南北的农业得到发展的同时,畜牧业也获得了发展,乾隆时期在凉州、肃州、西宁三镇各设马厂一处。乾隆二十三年(1758),开始在乌鲁木齐首次进行丝绸换马的贸易。二十五年(1760),又在伊犁、乌鲁木齐、巴里坤、塔尔巴哈台等地设立牧厂。天山以南也设置有多处牧厂,主要分属太仆寺和内务府管辖。畜牧业的发展为农垦、国防提供了有力的保障。

(3)矿冶业:农业、畜牧业之外,矿冶业也得到了发展。西宁府治以西,盐取之不尽。清朝以前就已经开始开采,乾隆二十八年定有盐律。乌鲁木齐的西山和北山煤炭散布,开采活动已经开展了起来。乾隆四十八年(1783),清政府在伊犁惠远城北30里设煤矿24座,后增设10座。

(4)商业:商业以茶马贸易为代表。清代雍正、乾隆以后,大力发展西北茶务,西北的茶马贸易持续兴盛。西北茶务延续了数千年,对促进民族地区间的经济交流、巩固边防以及筹集军饷都具有重要作用。

西北社会经济虽有一定发展,但是西北的经济与江浙相比仍然处于落后阶段,经济发展形式与内地也不尽相同,其发展过程中常常受到战争、起义、灾荒的影响,因而是非常脆弱的。乾隆年间,宁夏府发生大地震,宁夏城受损严重。乾隆帝拨下巨银用于宁夏城重建家园,在城郊建新城,称新满城。乾隆时期以后,"宁夏至平凉千余里,尽悉回庄",成为全国最大的回族聚居区。

三、文化的多样性

就整个西部来说,有西北文化、巴蜀文化、藏文化、滇黔桂文化等几种形式。西北五省区共同创造了西北文化。西北文化是指根植于西北这块土地上的文化。

首先,西北地区自古以来就是多民族聚居的地带,氐、羌、匈奴、柔然、鲜卑、党项、吐谷浑、突厥、回鹘、吐蕃等都曾在历史的某时段在这里生息繁衍,而且多以畜牧业为生。随着历代的中原皇朝向西发展,驻兵屯田,形成了"汉胡杂居"的局面。因民族聚居和文化碰撞,地处边陲的西北从秦汉以来就形成了"高上气力,以射猎为先""戎以兵马为务"的民俗和淳朴、宽厚、豪放的民风。

其次,西北是古代华夏文明的发源地。旧石器时代蓝田猿人就生活在西北地区。7000年以前,炎黄结盟打败蚩尤,成为华夏民族的祖先。6000年前的半坡遗址证明了西北是龙文化的发源地。几个古代重要的政权如周、秦、唐都起源于西北地区,而周、秦、汉、隋、唐等11个政权都在关中建立都城,形成了长安这样中国历史上建都最多、建都时间最长的城市,给后世留下了周易文化、秦始皇兵马俑、敦煌莫高窟、麦积山石窟、嘉峪关长城、楼兰古国遗址、交河古城、坎儿井、西夏王陵、丝绸之路等珍贵的文化遗产。

再次，西北地区是古代世界文化交流的重要平台，是古代丝绸之路等陆路交通的中心。西北边陲的稳定关系到中原地区的安定，其重要的战略地位是每个中原皇朝都不得不重视的。

政治、经济发展形式与内地的差异，以及历史造成的原因，使整个西北地区的文化在乾隆时期继续呈现多样化的特征。此时的甘肃、陕西属于所谓"直省"，政局长期保持稳定，西北文化的支脉如关中文化、陇右文化、河西文化与内地文化均有重大的联系。"查陕省西安、同州等府，为人文较盛之地"。① 关学发展繁盛，知名学者辈出，如"三李""二韩"。西域则维吾尔、蒙古、汉、藏、回多种文化互相交叉，甘肃也受到内地文化和西域文化的夹击，青海西宁府以西、以南地区则有蒙古和藏族文化混杂的态势。这种形势下的西北文化呈现出复杂化、多样化的特征。

此时明清学风从义理转移到考据，整个 17 世纪中叶到 18 世纪末，知识与思想世界的状况就是考据学的兴起。这一"士人于真理诠释权力和对于社会指导权力的丧失"②对陕西和甘肃的知识阶层有一定的影响。特别是陕西和甘肃东部，一直属于关学的重镇。但是就整个西北而言，微乎其微。汉文明对西北的影响呈现从陕西开始向西逐渐减弱的态势；同时，乾隆时期考据学风对西北地区的影响也是从陕西开始向西式微，文化的发展非常不平衡。

乾隆皇帝拓展疆土至于天山南北，大大扩展了清代人对西部疆土的认识。特别是纂修《四库全书》前的康熙时期直至乾隆时期，由于大兵入疆，人们对西域的认识更加具体化，导致了一批文献的纂修。但是清代人对西北的认识仍然有局限性，认为西北是荒无人烟、环境恶劣的"鬼域"。如《四库全书》总纂官纪昀认为西域如"唐太宗《三藏圣教序》，称风灾鬼难之域，似即今辟展吐鲁番地"③，这代表了那个时代知识分子的典型看法。

总之，在乾隆时期，西北地区的政治、经济、文化发展呈现繁荣安定的局面，但具有不平衡性和多样性的特征。这一局面直接影响到《四库全书》的纂修工作，尤其对西北著作的分布和性质都有重要的影响。

①中国第一历史档案馆编：《纂修四库全书档案》19 条，上海古籍出版社 1997 年版，33 页。
②葛兆光：《中国思想史》卷 2，复旦大学出版社 2001 年版，400 页。
③纪昀：《阅微草堂笔记》卷 3，《滦阳消夏录（三）》，中国文史出版社，33 页。

第二节　西北对《四库全书》纂修活动的影响

《四库全书》的纂修与西北地区有一定的渊源关系，有西北人在四库馆中参与编纂，有陕甘征集的图书和其他省份采集的西北著作，有对陕甘籍作者作品和外省在陕甘境内流传作品的禁毁活动，有对新疆、青海等省区文献的临时新修工作，也有后世造成的文溯阁《四库全书》在甘肃省的庋藏。

从图书的搜集、禁毁、来源、分布特点、卷数、书名异同、真伪、版本、考证、在相关副产品中的体现（如《四库全书荟要》等）、存目书的现存情况来看，西北文献都经过了纂修群体的加工，形成了版本学意义上的"四库本"。另外一方面，我们也要看到西北政治、经济、文化形势对《四库全书》纂修活动的影响。

从政治方面看：

第一，行政建制对图书搜集活动的影响。由于乾隆皇帝规定的搜集图书范围在"直省"地区，所以搜集图书的范围局限在陕西、甘肃二省。青海蒙藏地区和天山南北的民族地区都没有图书的搜集活动，更不用说禁书了。

第二，陕甘回民起义对《四库全书》纂修的影响。起义只是在一定程度上影响了《四库全书》的纂修。本书纠正了甘肃没有采进图书的说法，重新根据档案实事求是地作出结论。特别是禁书活动由于受到社会矛盾的制约，某种程度上得到缓解。甘肃在乾隆二十六年(1761)发生了"王寂元之狱"①，陕西学政钟兰枝路过成县小川子时，轿内被扔进一书，署名王寂元，其中"悖逆之词，不胜枚举"。后在成县柴家坝王献璧家中搜获戒单一纸，载有法名王寂元字样。十二月，将王献璧凌迟处死，枭首示众，子侄坐斩，妻媳给功臣家为奴。官府的处置可谓残酷。但是回民起义之后，文字狱明显松弛了下来。如乾隆四十七年(1782)，广西缉获游方回民海富润，查出其身上携带的回字经卷与汉字书籍，发现汉字书籍多荒唐之语。而海富润在陕西停留时间最长，广西巡抚怀疑他是"甘省番回漏网逆党"②，立刻上奏。广东、江浙也不敢疏忽，纷纷查书审人。但是乾隆皇帝怕刚刚镇压下去的回民起义会因此重新燃起，便从宽发落了这起案件。

第三，纂修时期(包括纂修前)，发生在甘肃、天山南北的军事活动促使了一批新书籍的撰修并被收录到《四库全书》中来。这方面的著作如《钦定兰州纪

---

①王彬主编：《清代禁书总述》，中国书店1999年出版，46页。

②《清代文字狱档》第七辑，上海书店1986年影印本，乾隆四十七年五月十三日广西巡抚朱椿奏折。

略》《钦定皇舆西域图志》《钦定河源纪略》。这些文献弥补了西北文献中的空白领域,大大改变了陕西巡抚采进本中完全向陕甘倾斜的情况。这部分书籍对于西北来说尤其可贵,保存了大量珍贵的史料。当然,镇压起义后修成的方略、纪略深深地打上了统治者污蔑与偏见的烙印,是需要仔细甄别的。

从经济方面看:

第一,西北经济的落后客观上约束了《四库全书》在陕甘的书籍采集活动。如搜集图书期间,资金的匮乏使陕西官府无法直接录用更多的专职人员,也无法设立专门的机构来进行书籍的采集工作,而只能因地制宜,采取一些灵活的办法。

第二,西北地区的经济发展具有不平衡性和多样性的特征,间接地对《四库全书》的收集图书范围形成限制。《四库全书》收集图书的范围限定在汉文化区,而对于广大游牧文明产生的典籍则缺少收录。乾隆时期新疆、青海等地流行的文献实际上并不限于《回回历》。

从文化方面看:

第一,从文化结构上,《四库全书》实际上是汉文化发展的产物,只在一定范围内涉及维、蒙、藏、回文化。因此,《四库全书》采集图书及禁书活动基本没有涉及这些地区。

第二,从四库馆人才籍贯地理分布上看,参与的西北人还是偏少。人才结构呈现出向东南倾斜而西北萎缩的格局——不仅在采集图书数量方面不能与东南相比,甚至在采集图书后的纂修工作中,江浙人在四库馆人员中的比重也偏大。西北面积广阔,但是文化落后,人才缺乏,文化上难以与东南地区比肩,这些都是客观事实。

第三,虽然西北文献缺乏,但西北历经周、秦、汉、隋、唐的发展,还是有一定的文献积累的,特别是历代积累的碑刻更是不计其数,分布于高山大川。这些文献往往被收录于内府书库和《永乐大典》中。这些文献也是西北文献四库采进本的重要来源。

第四,除了经济上的因素外,西北文献相对缺乏的状况,也影响到纂修《四库全书》过程中的一些机构设置。例如,西北地区没有像东南各省那样建立专门的搜集图书机构。一些经济文化发达的省份,如江苏,特于江宁、苏州两处设立公局,派人专门管理。浙江也是如此。但是陕西、甘肃等地就很少有这样的机构设置。虽然在禁书过程中护理陕西巡抚尚安设局委员,通查省志及各州府县缴到志书。在具体征集图书的活动中与查缴禁书事宜中也有一些具体的创造性措施。如利用当地出身贡生坐镇本地督察禁书等等,但较江浙地区仍嫌不足,经费不足是一个重要因素。

第五,《四库全书总目》通过对部分西北文献的梳理,深化了对西北战略地位的认识。特别是经过平定西域的军事活动以后,在总结历代对西北地区的认识的基础上,更新了对河源、天山、道路等地理的具体看法。

从地理方面看:

西北几省,特别是甘肃地区幅员广阔,给搜集图书的活动造成了一定的困难,但是对某些书籍在禁毁书籍期间的保护是有一定积极作用的。西北的地理形势对采集图书期间拓取碑刻不利,但也对禁书期间地方官员扑毁碑刻的活动形成了天然的制约,因而客观上保留了一些重要的碑刻文献。

另外,西北的地理态势形成了一批地理著作。历代对西北特别是西域有一种近似神话的误解。而一些重要西北文献的出现大大改变了清代人以至后世对新疆、青海地理的认识。

总的来说,西北的政治、经济、文化、地理、军事形势从来源、纂修、禁书、文化思想等各个方面影响着《四库全书》的纂修过程。虽然没有江浙地区和北京那样对纂修活动的全局具有深刻的影响,但是对于《四库全书》中西北文献收录状况的影响还是很大的,就某些方面来说甚至是决定性的。

第二章 《四库全书》中西北文献的来源

本章所指的西北文献来源主要指的是《四库全书》纂修过程中以各种途径采集的今陕西、甘肃、宁夏、青海、新疆等省籍作者的作品。

全国范围内搜访采集图书,是《四库全书》编纂初期一项规模浩大的活动。这些采集的图书被称为"某省采进本"和"私人进献本",其中陕甘比较特殊,陕西、甘肃(包括宁夏、青海东部、新疆东部)采集的图书在《总目》中被统称为"陕西巡抚采进本",实际上包括了陕甘总督、陕甘学政、甘肃布政司负责搜集的图书。这些图书在收录进《四库全书总目》或《四库全书》库本时,都被注明来源是陕西巡抚采进本。

《四库全书》中西北文献的来源是多样的,除了陕甘官府征集图书活动形成的陕西巡抚采进本以外,还有以下几种来源:

(1)从其他省份或私人藏书采进的西北籍作者文献,这部分文献反映了西北文献在其他省份的流传情况。

(2)永乐大典本。从《永乐大典》中辑录的著作有很大的缺点,往往遗漏很多。

(3)内府藏本。这部分书籍都是历史延续过程中藏于宫廷的,因而在很大程度上保留了原本的面貌。特别是元以前的文化典籍,陕西巡抚采进本几乎无一种呈送,内府藏本很大程度上弥补了这一缺陷。

(4)通行本,反映了西北文献在清前期的流传情况。

另外,理论上还有敕撰本,属于乾隆皇帝下令新修的书籍。这部分书籍中很多是关于西域、青海、宁夏、陕西、甘肃的省志或是涉及地理、政治制度沿革的图书。但是它们都不是西北作者的私人作品,因此并非本书所要阐述的重点。当然这些文献弥补了西北文献中的省区空白,使陕西巡抚采进本中作者省籍完全向陕甘倾斜的情况有所改易。

陕西巡抚采进本与敕撰本、内府本、永乐大典本、通行本、私人采进本一道构成了《四库全书》著录西北文献的来源。因此,西北文献的来源有六种。

第一节　陕西巡抚采进本和陕甘的征书工作

陕西巡抚采进本是在《四库全书》编纂的过程中,陕西、甘肃官员通过购买、钞誊以及收集私人藏书等方法征集并进献的图书。

一、征集图书的地理范围

西北的征集图书活动局限在清代陕西、甘肃两省,范围涉及今陕西、甘肃、新疆东部、青海东部、宁夏区。由于乾隆皇帝规定的采集图书的地域范围属于"直省",不涉及汉文化圈之外的地区。故而乾隆皇帝下达的征集图书的上谕只在甘肃、陕西两省执行。

另外一方面,从全国来看,江浙是文化典籍荟萃之地,而整个西部的文献积累与之相比就相形见绌了。如各省中贵州省就无书可采,贵州巡抚觉罗图思在乾隆三十七年(1772)上奏云"黔省夙号荒徼,人文卑陋,自我朝教养百十余年以来,士知力学,文亦蒸蒸日上,第地居山僻,书籍罕临,明经之士,于时艺诗章之外,鲜有撰述"。[①] 与沿海江浙相比,文化发展之滞后可见一斑。

西北的甘肃、陕西两个省份图书的数量也是有差异的,但是四库学研究者向来认为甘肃无书可采,甚至认为甘肃没有呈献图书,就是一大误会了。特别是黄爱平在《四库全书纂修研究》中使用了四库全书的档案资料,竟然也没有详察,认为"甘肃未搜访书籍"[②],不能不说是一种微疵。《四库全书史话》《四库全书答问》都认为甘肃没有进献书籍是由于镇压少数民族起义,影响了图书的搜集活动。实际上,甘肃回民起义爆发于乾隆四十六年(1781),距离乾隆三十七年(1772)下诏各省搜集图书的时间已有 9 年。甘肃巡抚作为地方官制已经于1754 年撤去,由陕甘总督兼任。陕甘总督、陕西巡抚和陕甘学政主管陕甘两省的图书征集工作,《四库全书总目》将各省地方采进来源一概写成巡抚采进本,而甘肃未设巡抚,因此陕甘所献图书均标明是陕西巡抚采进本。陕甘总督当时兼管甘肃事务,作为军政长官所发出的命令涵盖了今陕西、甘肃、宁夏等省区以及青海、新疆的东部,所以主要是陕甘总督代管了甘肃的图书征集工作。从档案可以看出,涉及甘肃征集图书和禁毁图书的奏折都是陕甘总督呈递的。因

---

①《纂修四库全书档案》2 条,3 页。
②黄爱平:《四库全书纂修研究》,中国人民大学出版社 1989 年版,39 页。修订本见 37 页。

此,总的来说,以陕甘总督为主,包括陕甘学政、甘肃布政使实际上代管了甘肃地区书籍的征集工作。

当时陕西、甘肃都有书可采。虽然历代屡经毁书,但是陕西毕竟是周、秦、汉、隋、唐的政治、经济、文化中心,"查陕西西安、同州等府,为人文较盛之地"①,其文化典籍的数量不在少数。当时流行的许多书籍都源出关陇,如通行本《太素脉法》就称"于崆峒山石函得此书"②。而根据《总目》,《南溪诗话》的本子就"出明三原王恕家。前有恕子承裕序"③。

二、征集图书的过程

采集图书的工作开始于乾隆三十七年(1772),直至四十三年(1778)基本结束。以乾隆三十八年(1773)和三十九年(1774)为活动的高潮。

陕甘呈送图书大事表④

序号	时间	奏折呈递者	事件	档案号
1	乾隆三十七年正月初四		乾隆帝谕内阁著直省督抚学政购访遗书	1条
2	乾隆三十七年十二月十八日	陕甘总督勒尔谨、陕西巡抚觉罗巴延三、陕甘学政杨嗣会	统计陕甘两省各属详送及生童呈献各项书籍得四十种	19条
3	乾隆三十八年六月二十日	陕西学政杨嗣会	奏请将陕甘通省所有历代名人石刻,令州县拓取呈送	85条
4	乾隆三十九年二月二十日	陕甘总督勒尔谨、陕西巡抚毕沅、陕甘学政杨嗣会	奏委派人员解送书籍六十二种,并汇目录呈送京师;同时,开始发还书籍	146条

在发还图书的过程中,各省发生了所征书籍遗漏、没有发还给原主的事件。至乾隆三十九年(1774)十一月,陕甘总督勒尔谨上奏发还图书情况,"臣等伏查陕甘购获遗书,两次奏进共计102种。内有刻板诸书,俱系饬令地方官备办纸墨工本,各赴本家刷印;其家藏抄本,亦系本家呈送,各州县官觅人抄写,抄竣之

---

①《纂修四库全书档案》19条,33页。
②《总目》卷111,子部术数类存目二,"太素脉法"条。
③《总目》卷197,集部诗文评类存目,"南溪诗话"条。
④说明:事件所采用的《纂修四库全书档案》内容经过笔者的加工,已非原文。第三章第三节"陕甘禁书时期的大事"列表同例。

后,将原本即行具领给还。臣等细加查访,并无散失干没之事"。发还原书的同时,严格惩治发还书籍中的不法行为:(1)将应还之书开列清单,命地方官出示晓谕,使人无不知晓,同时到藏书之家,"面为给还",令该州县官严格督察;(2)一旦地方官执行不力,任凭吏胥经手,一经查问属实,则"将该地方官严参究治"①。

从乾隆三十七年到三十九年,整个陕西、甘肃的搜集图书活动持续了两年多,到乾隆四十年还有继续,但是已经进入活动的尾声了。此后,各省督抚已经将重点转移到了查缴违碍书籍。

三、搜集图书的方法

搜集图书的方法有:

(1)从书商贾客以及藏书之家"详加购访";

(2)令藏书家呈献,"晓谕绅士各将藏书呈献,以供采择";

(3)在科举考试的考场令生童等呈送随身携带的图书,"于按试所及,敬宣恩训,面示诸生,令其踊跃呈送,勿稍隐匿";

(4)根据各种省志资料,按图索骥,"查取省郡志乘内所列艺文,并臣等访闻该省从前士林著望之人,指名购索"。这些搜集的图书都被专门管理,"凡陕甘两省购获书籍,俱随棚寄交学政衙门,以专校核之责"。②

(5)还有一种搜集文献的方式便是拓取陕甘境内的碑刻。乾隆三十八年(1773)六月二十日,陕西学政杨嗣会上奏"伏查陕西为周、秦、汉、唐故都,在当时地称文献,虽宋元迄明,兵燹之后,书籍或易散亡,而碑刻未全剥蚀。今除西安碑洞最著名外,余如华岳、吴镇、太乙、崆峒及秦中一切大小名山,并各处丛祠胜景,其间多有前代名人铭功纪典、书事序游等项石刻,载在志乘,传于见闻。窃惟金石文字,垂世久远,最足为考古之资。臣曾见明人赵崡《石墨镌华》、顾炎武《金石文字考》二书,论列关中古碑,颇为详悉,然亦有未能备载者。而就二书所载,询之各属,则漫漶无存,已居其半。其存者若不及今拓取,诚恐年深月久,渐归消泐"③。在这样的情况下,陕甘总督、陕西巡抚恩请乾隆皇帝饬令"将陕甘通省所有历代名人石刻,令州县拓取呈送,开单附同书目一并会奏"④。拓取碑刻的地区虽以陕西为主,已经兼及甘肃东部崆峒山,而且准备在陕甘通省拓取,规模还是不小的。这项工程浩大,操作起来有一定的困难,所以乾隆皇帝和

---

①《纂修四库全书档案》204条,285-286页。

②《纂修四库全书档案》19条,32-33页。

③《纂修四库全书档案》85条,130-131页。

④《纂修四库全书档案》85条,131页。

军机大臣以"难以搜录""恐滋纷扰"等名义搁置了这一建议。

四、呈送图书的种数问题

至乾隆三十九年(1774)二月二十日,陕甘总督勒尔谨等奏委派人员解送书籍并汇目录呈送京师"计今岁陕甘各属详解及生童所献刻本、抄本可备采录者,共得六十二部。合以上年开单入奏之四十部,共成一百二部"[1]。

因此,陕西呈送书籍分两次:

序号	时间	种数	档案号
1	乾隆三十七年(1772)十二月	40 种	146 条
2	乾隆三十九年(1774)二月	62 种	204 条

因此,根据档案的第 146 条和第 204 条两处记载,陕甘共呈送了 102 种,还有"重复琐小及残缺不全之书,共六十六种,内甘省二种,陕省六十四种"[2]。杨家骆认为这 102 种中著录 8 种,存目 71 种,合计共采录 79 种;其中以儒家类最多,11 种;其次是易类,9 种。[3]

关于实际进呈种数问题,黄爱平在《四库全书纂修研究》中认为:

《水曹清暇录》记载为 105 种,《四库采进书目》记载为 102 种,《纂修四库全书档案史料》记载为 103 种。因此,根据《纂修四库全书档案史料》,陕西实际进呈总数应为 103 种。[4]

本书查《四库采进书目》,《四库采进书目》记载的数字是 103,而非黄所说 102 种。而根据档案,上面写明 102 种,也并非黄所言 103 种。如果单纯根据《四库全书总目》,只有 78 种书籍写明是"陕西巡抚采进本",考虑到四库馆臣是在多种本子之间进行选择,因此《总目》不能作为标准,只能作为参考之用。本书根据档案和郭伯恭《四库全书纂修考》,认为实际种数应为 102 种。

下面列出了陕西、甘肃搜集并呈进的图书,主要依据《四库采进书目》列出,并以《四库全书总目》核对。

陕西省呈送书目(计共一百零三种〔案卷数原缺,撰人无几〕)

---

① 《纂修四库全书档案》146 条,198 页。

② 《纂修四库全书档案》204 条,284 页。

③ 杨家骆:《四库全书概述》,中国图书大辞典提要组第一种附录民国二十六年五月辞典馆再版发行,第二编表计,第二节"四库全书依据书本考",8 页。

④ 黄爱平:《四库全书纂修研究》,39 页。修订本为 37 页。

周易解翼,十卷,清上官章著;

大成通志,十八卷,清杨庆著;

古韵叶音,六卷,清杨庆著;

佐同录,五卷,附处蒙训,清杨庆著;

二曲集,二十二卷,清李颙著,据旧钞本补;

四书反身录,六卷,续录一卷,清李颙著,王心敬录;

太白山人榴叶集,五卷,附一卷,清李柏著,禁毁书;

四书酌言,三十一卷,明寇慎著;

雪石堂诗集,不分卷,清刘尔焯著;

见山楼文集,不分卷,清杨素蕴著;

见山楼诗集,不分卷,清杨素蕴著;

西台奏议,附曲徙录京兆奏议三卷,清杨素蕴著;

〔抚〕皖楚治略,二卷,附谷城水运纪略一卷,清杨素蕴著;

砥身集,六卷,清刘鸣珂著;

春秋笔削微旨,二十六卷,清刘绍攽著;

周易详说,十九卷,清刘绍攽著;

春秋通论,五卷,清刘绍攽著;

来易增删,八卷,清张祖武著;

南阿集,二卷,清康吕赐著;

丰川文集,二十八卷,清王心敬著;

杨忠介公集,十三卷,附录三卷,明杨爵著;

王端毅公集,九卷,明王恕著;

苑洛志略,二十卷,明韩邦奇著;

马谿田公集,十一卷,补遗一卷,明马理著;

温公毅集,三十卷,明温纯著;

泾野内篇,二十七卷,明吕柟著;

渼陂集,十六卷,明王九思著;

渼陂续集,三卷,明王九思著;

碧山乐府,五卷,明王九思著;

崆峒集,六十六卷,明李梦阳著;

太乙〔山人〕诗稿,五卷,明张炼著,禁毁书;

经济录,二卷,明张炼著,禁毁书;

对山文集,十九卷,明康海著;

逸园诗,一卷,明耿志炜著;

鸟鼠山人小集,二十九卷,明胡缵宗著;

愿学编,二卷,明胡缵宗著;

近取编,二卷,明胡缵宗著;

拟汉乐府,八卷,明胡缵宗著;

拟古乐府,二卷,明胡缵宗著;

征南诗草,一卷,明王邦俊著;

易说,六卷,清惠士奇著;

大易蓄疑,七卷,清刘荫枢著;

周易筮述,八卷,清王弘撰著;

周易九图疏义,四卷,清刘鸣珂著;

周易汇解衷翼,十五卷,清许体元著;

易疑,案明陈言、方时化均有此书,详见存目;

周易集注,十二卷,清王琰著;

〔丰川〕易说,二十卷,清王心敬著;

周易参同契注,三卷,元俞琰著;

尚书质疑,八卷,清王心敬著;

诗说,一卷,清申培著;

〔丰川〕诗说,二十卷,清王心敬著;

礼记汇编,八卷,清王心敬著;

丰川春秋原经,十卷,清王心敬著;

春秋蓄疑,十一卷,清刘荫枢著;

楚词新注,八卷,清屈复著;

南华通,七卷,清孙嘉淦(gàn)著;

汉诗评,五卷,清李因笃著;

受祺堂诗集,三十四卷,清李因笃著;

愚斋反经录,十六卷,清谢王宠著;

溉堂前集,九卷,清孙枝蔚著;

溉堂后集,六卷,清孙枝蔚著;

溉堂续集,六卷,清孙枝蔚著;

溉堂诗余,二卷,清孙枝蔚著;

正学隅见述,一卷,清王宏撰著;

愁(yìn)斋存稿,四卷,清白乃贞著;

周子疏解,四卷,明王明弼著;

朱圉(yǔ)山人集,十二卷,清巩建丰著;

二南遗音,四卷,清刘绍攽著;

皇王史订,四卷,清李学孔著;

叙天斋进呈讲义,四卷,清窦文炳著;

愿学堂文集,二十卷,清周燦著;

张康侯诗草,十一卷,清张晋著;

谷口山房诗集,十卷,清李念慈著;

古雪堂文集,十九卷,明王令著;

念西堂诗集,八卷,明王令著;

江汉书院讲义,十卷,清王心敬,子功述著;

小学句读记,六卷,清王建常著;

律吕图说,九卷,清王建常著;

循寄堂诗稿,不分卷,清朱廷燝著;

大中日录;

史复斋文集,四卷,清史调著;

天原发微,五卷,元鲍云龙著;

乐律全书,四十二卷,明朱载堉著;

薛文清读书录,十一卷,明薛瑄著;

易占经纬,四卷,明韩邦奇著;

石墨镌华,八卷,明赵崡著;

冯恭定全书,明冯从吾著,四库著录冯少墟集二十二卷;

骊山集,十四卷,附杜律意注二卷,明赵统著;

欲焚草,□卷,明胡忻著,禁毁书;

平田集,二卷,明管楫著;

太青文集,□卷,明文翔凤著,禁毁书;

太微经,二十卷,明文翔凤著;

格物图,一卷,附论学篇一卷,清孙丕扬著;

〔真定〕奏疏,一卷,附刻一卷,明卫桢固著;

奇器图说,三卷,附新制诸器图说一卷,邓玉函著①;

频阳四先生集,四卷,明刘兑编;

---

①前者为邓玉函著,附录书则是明泾阳人王征著,疑此为陕西献此书之原因。

雅述,二卷,明王廷相著;

刘兵垣奏疏,一卷,明刘懋著;

鸟鼠山人后集,二卷,明胡缵宗著;

雍音,四卷,明胡缵宗著;

唐雅,二十六卷,明张之象著。①

如果按照吴慰祖所说的 103 种(实际上是 102 种)计算,这些呈送的书籍数量比最少的奉天 3 种多 101 种,比云南的 4 种多 99 种,比广东的 12 种多 91 种。但是比最多的江苏(加上两淮盐政)4808 种少 4705 种。但是仍然位列 15 个直省中的第九位。

五、采进本情况分析

这些呈送的书目没有经过详细的分类。从时代上看,吴慰祖所说的 103 种书中,元朝人著作 2 种,明朝人著作 43 种,清朝人著作 56 种,不知朝代者 1 种,实缺 1 种。从籍贯来考虑,陕西籍作者占了大部分,其次是甘肃人,也有其他地区的作者,如江苏吴县人惠士奇的著作(被库本收录),而且还有明西洋人邓玉函的作品。足以说明:(1)陕西巡抚采进本不仅包括了陕西采集的书籍,还包含了甘肃地区采集、由陕甘总督呈送的图书;(2)其他地区作者的作品在陕甘也有流传,如华亭(今上海)人张之象、吴县人俞琰等人的作品,反映了地区文化交流的情况。因此,这些采集的本子是值得详细研究和考证的。

第一,呈送书目中被收录到《总目》和库本的书名和卷数并不完全相同。分为以下几种情况:

(1)替换了前代的尊称。如明王恕《王端毅公集》,到了《总目》中就成了《王端毅文集》;而明杨爵《杨忠介公集》到了《总目》中成了《杨忠介集》。

(2)简化了部分书名。如明刘懋《刘兵垣奏疏》,到《总目》中成了《兵垣奏疏》;清周燦《愿学堂文集》省为《愿学堂集》;《征南诗草》省为《征南草》;《对山文集》省为《对山集》;《逸园新诗》省为《逸园诗》;《叙天斋进呈讲义》省为《叙天斋讲义》。另如明张炼《太乙〔山人〕诗稿》,《总目》为《太乙诗集》。这是《总目》的省略,还有一种是呈送书目的省略,如明胡缵宗《拟涯翁拟古乐府》,《总目》采用了陕西巡抚采进本,但是在陕西呈送书目中却省称为《拟古乐府》。又如《总目》存目的《文太青文集》,呈送书目却为《太青文集》,而呈送书目中《空同集》在《总目》中却是《崆峒集》。

---

①吴慰祖校订:《四库采进书目》,商务印书馆 1960 年版,157－158 页。该书认为总数为 103 种,但是本书统计后发现只有 102 种。不知吴慰祖所言 103 种使用何种统计方法。存疑。

（3）对书籍进行了整合或分离工作，与原有书名、卷数都有很大的差异。如，《见山楼诗集》和《见山楼文集》到《总目》中汇编为《见山楼诗文集》，仍不分卷；《抚皖楚治略》二卷，分为《抚皖治略》一卷和《抚楚治略》一卷。从《总目》和《四库采进书目》的卷数和书名也可以看出，四库本对采进的书籍进行了改造。经过这样处理，卷数和书名变得更加精简。

（4）由于最后选择的版本不同而导致书名等有差异。如陕西呈送的《丰川文集》二十八卷，但是《总目》采用的是内府藏本，因此称为《丰川全集》二十八卷。陕西采进的明胡缵宗《鸟鼠山人小集》二十九卷，到《总目》中成了两淮马裕家藏本的《鸟鼠山人集》二十九卷。

（5）内容上发生变化。这一点比较常见。由于某些内容或字句违碍而遭到挖改。如明朝康海、杨爵、冯从吾、马理的著作。不仅明朝人的作品有被改动的现象，唐朝人的也难以幸免。如浙江巡抚采进本《昌谷集》中"羡"字被挖补①。

第二，从清单可以看出，陕西巡抚采进本对陕甘某一作者的作品收集不够齐全。如根据《总目》，明胡缵宗（巩昌府秦安人）有以下著作：

书名	卷数	部类	著录情况	来源
嘉靖安庆府志	30	史部地理类	存目	两淮盐政采进本
愿学编	2	子部儒家类	存目	陕西巡抚采进本
近取编	2	子部儒家类	存目	陕西巡抚采进本
鸟鼠山人集	29	集部别集类	存目	两淮马裕家藏本
拟涯翁拟古乐府	2	集部别集类	存目	陕西巡抚采进本
拟汉乐府	8	集部别集类	存目	陕西巡抚采进本
雍音	4	集部总集类	存目	陕西巡抚采进本

这七种著作中有两种不是陕西巡抚采集的，而是别家的本子。虽然这两种中的《鸟鼠山人集》陕西也有呈送，但是《总目》最后采用的是别家版本。这反映了陕甘著作在东部地区的流传情况，也说明《总目》取舍同一作品的版本是有选择的，并不是仅仅采取作者原籍的版本。而且我们也从中看出，陕甘作者的著作被存目的比例是非常高的，特别是甘肃籍作者，如果不论采集来源，仅论省籍，则收录17种，而存目的则有28种，还有一种作品被禁毁（如包括宁夏则有两种）。胡缵宗的作品全部被存目，而无一著录为库本。

第三，《总目》（无论殿本还是浙本）中所注明的"陕西巡抚采进本"与《四库

①《纂修四库全书档案》875 条，1562 页。

采进书目》中"陕西省呈送书目"有很大的差异。很多《四库采进书目》有的《总目》却无。但是《总目》中有些已经注明为陕西巡抚所献的却在《四库采进书目》中没有体现。本书将其误差分为以下几种情况：

（1）《四库全书总目》没有注明是陕西采进，而《四库采进书目·陕西省呈送书目》有的，共31种：

序号	书名	卷数	时代	作者	来源（据《总目》）	备注
1	二曲集	22	清	李颙	浙江巡抚采进本	
2	四书反身录/续录	6/1	清	李颙	浙江巡抚采进本	
3	太白山人槲叶集/附录	5/1	清	李柏		禁毁书
4	砭身集	6	清	刘鸣珂	江苏巡抚采进本	
5	丰川文集	28	清	王心敬	内府藏本	
6	王端毅公集	9	明	王恕	江苏巡抚采进本	
7	苑洛志略	20	明	韩邦奇	浙江汪启淑家藏本	
8	马谿田公集/补遗	11/1	明	马理	两江总督采进本	
9	温公毅集	30	明	温纯	江苏巡抚采进本	
10	鸟鼠山人小集	29	明	胡缵宗	两淮马裕家藏本	
11	周易九图疏义	4	清	刘鸣珂		明陈言、方时化均有此书
12	易疑					
13	〔丰川〕易说	20	清	王心敬	两江总督采进本	
14	周易参同契注	3	元	俞琰		
15	尚书质疑	8	清	王心敬	安徽巡抚采进本	
16	诗说	1	清	申培		
17	礼记汇编	8	清	王心敬	浙江吴玉墀家藏本	
18	丰川春秋原经	10	清	王心敬	副都御史黄登贤家藏本	
19	汉诗评	5	清	李因笃	直隶总督采进本	
20	古雪堂文集	19	明	王令	浙江巡抚采进本	
21	大中日录					
22	天原发微	5	元	鲍云龙		
23	乐律全书	42	明	朱载堉	浙江巡抚采进本	

序号	书名	卷数	时代	作者	来源(据《总目》)	备注
24	薛文清读书录	11	明	薛瑄		
25	易占经纬	4	明	韩邦奇	江苏巡抚采进本	
26	石墨镌华	8	明	赵崡	浙江巡抚采进本	
27	冯恭定全书		明	冯从吾	江苏巡抚采进本	四库著录冯少墟集二十二卷
28	欲焚草		明	胡忻		禁毁书
29	太微经	22	明	文翔凤	河南巡抚采进本	
30	鸟鼠山人后集	2	明	胡缵宗		
31	唐雅	26	明	张之象		

以上31种书籍可以看出四库馆对所采集书籍的处理方法:

其一是采用采进书籍,但是书名、卷数有变化。

其二是完全放弃不用,也不著录,也不存目,如《大中日录》。

其三是将其他省采集的与陕西采集的相同书籍对照,选择一种,如陕西呈送《冯恭定全书》,而四库著录的是江苏巡抚采进本《冯少墟集》二十二卷,反映了四库全书对所呈各省重复书的处理。"陕西省治本汉、唐旧都,故纪载较多。如《三辅黄图》、《长安志》皆前人所称善本,而卷帙既繁,异同亦夥。至其隶辖支郡,若绥、葭、凤、兴之类,则又地近边隅,志乘荒略,不免沿习传讹"。①

其四是禁毁的,如《欲焚草》等几种禁毁书。

当然,我们也可以看出,陕西籍作者的作品在浙江、江苏、河南、江西等省份都有流传,而且以明清时期为主,反映了文化流传的情况。这部分著作中有一些没有被《四库全书》著录或存目,属于未收录书,但是仍然属于陕甘文化乃至西北文化的重要组成部分,是统计时不能不考虑的部分。

(2)《四库全书总目》有,而《四库采进书目》没有的,但是在《总目》中仍然注明是陕西巡抚采进本的,共10种:

①《总目》卷68,史部地理类一,"陕西通志"条。

序号	书名	卷数	时代	作者	籍贯	部类
1	复庵诗说	6	清	王承烈	泾阳	经部诗类存目二
2	读大学中庸日录	2	清	康吕赐	武功	经部四书类存目
3	关中胜迹图志	32	清	毕沅	江苏	史部地理类三
4	平凉府通志	13	明	赵时春	平凉	史部地理类存目三
5	续朝邑县志	8	明	王学谟	朝邑	史部地理类存目三
6	心书①	1	蜀	诸葛亮	南阳	子部兵家类存目
7	潜斋处语	1	清	杨庆	秦州	子部杂家类存目一
8	蒙训	11	清	杨庆	秦州	子部杂家类存目一
9	古文周易参同契注	8	清	袁仁林	三原	子部道家类存目
10	丰川续集	34	清	王心敬	鄠县	集部别集类存目十二

以上需要说明的是,《古文周易参同契注》在《四库采进书目》中有类似的书名《周易参同契注》,但却是三卷,元俞琰撰,并非一书。清杨庆实为秦州人,而殿本、浙本,包括四库全书研究所的《四库全书总目(整理本)》均写为泰州人;又如明胡缵宗实为巩昌府秦安人,而《总目》也作"泰安人"②,显然是由于不察所致。本书特在此订二误。以上 10 种陕甘籍作者著作居多数,也有河南、江苏等地作者的作品。而《关中胜迹图志》则是毕沅任陕西巡抚时所作,与其履历有关。

(3)《四库全书总目》和《四库采进书目》都有的,共 62 种:

从两者都有的可以看出,采进的图书以陕西为主,甘肃为辅,其他地区的图书偶见数种。《四库全书》著录书所采用的陕西巡抚 6 种采进书作者中,3 种为陕西、1 种为甘肃、2 种为江苏,江苏中的 1 种为献书时兵部侍郎、陕西巡抚毕沅亲自撰写的《关中胜迹图志》。《四库全书总目》所收录的陕西巡抚所献著录书和存目书有 102 种③,甘肃人的著作占了不少,胡缵宗、赵时春、巩建丰等人多部著作都为陕西巡抚所献,进一步证明了本书的甘肃献书说。

其中有一些是其他地区作者的著作,如河津、吴县、兴县、南阳、仪封等地,说明了这些作者的著作在陕甘境内也有流传,陕甘文化也受到了其他地区的影

---

①该书与西北联系紧密,《总目》记载此书"陶宗仪作《新书》,明弘治年间,关西刘让锓之于木,始改名《心书》",因此此书为陕西所献,可以理解。

②《四库全书总目》卷 73,地理类存目"嘉靖安庆府志"条。参见《总目》的中华书局 1997 年版 990 页,海南出版社 1999 年版,396 页。

③吴慰祖校订:《四库采进书目》,157 页。该书记载陕西巡抚所献书籍为 103 种,但是如果加上《四库全书总目》中标注为陕西巡抚采进本而在采进书目中没有的,实际数目超过 103 种。

响。兵部侍郎、陕西巡抚、江苏人毕沅亲自撰写的《关中胜迹图志》则反映了其他地区知识分子对西北的认识。关于这一点，后文将进一步叙述。

第四，总的来说，从数量上看，陕西呈送的书目只是部分反映了西北文献的状况，并不能包括陕甘著作的大部分。《总目》书目解题中注明某书作者籍贯为西北五省区的有330条，而陕西呈送的仅102种（此据档案），即使这102种里也夹杂着一些非西北地区的作者。

造成这种结果的原因是多方面的：一方面是陕甘负责采集图书的官员认为，一些知名的图书在内府都有刻本，所以不必呈献。"统计陕甘两省各属详送及生童呈献各项书籍，内如唐陇西《李贺诗》、宋郿县《张载集》等类，必系久藏内府。又除应酬杂作琐碎无当之书，不堪进呈外，今择稍可开录备选者，现得四十种"①，陕西最终呈献的都是稍微能够供选择的书籍。另外一方面也是由于采集中的遗漏。采集图书的过程中遗漏的现象还是不少的，仅方志一种，就有明万历年间杨寿撰《（万历）朔方新志》五卷，南京户部尚书韩城张士佩万历三十五年撰《（万历）韩城县志》八卷，明秦安胡缵宗撰《秦安志》九卷等3种西北文献②未见著录或存目。当时这些书在陕甘境内都有数种刻本，这反映了陕甘采集图书的严重局限性，因而需要其他来源进行补充工作。

第二节　其他省份采进和私人进献的西北作者著作

陕西巡抚采进本中西北作者著作所占据的比例并不高，尤其是从作者的时代和籍贯分布上看更明显。从时代上看，宋以前的著作一种也没有，而从省籍分布上看也是以陕西、甘肃为主，宁夏、西域、青海的著作较少。因此，陕西采进本有非常大的局限性。而其他各省的采进本以及私人藏书家进献的图书就做了很好的补充工作。这些书籍又占据到了所有西北作者文献的一半左右。这个比例还是非常高的。

其他省份采进和私人进献的西北作者的著作分布，恰当不过地反映了西北作者著作的流传情况。

首先，按照部类分布来看：

（1）经部，其他省份采进本17种；私人藏书家或在京官员进献17种，共得

---

① 《纂修四库全书档案》19条，33页。
② 王重民：《中国善本书提要》，上海古籍出版社1983年版，191－192页。

34 种。①

    浙江巡抚采进本6：明高陵人吕柟《礼问》，存目/《四书因问》，存目；清鄠县人王心敬《四礼宁俭篇》，存目；清周至人李颙《四书反身录》《续补》；明西安左卫人周宇《字考启蒙》，存目；清韩城人卫执毂《字学同文》，存目；

    安徽巡抚采进本2：清鄠县人王心敬《尚书质疑》，存目；唐雍州万年人颜师古《匡谬正俗》；

    江苏巡抚采进本2：清蒲城人刘鸣珂《易图疏义》，存目；明秦人马自援《重订马氏等音外集》《内集》，存目；

    江西巡抚采进本1：明高陵人吕柟《周易说翼》，存目；

    直隶总督采进本1：唐雍州万年人颜元孙《别本干禄字书》，存目；

    两江总督采进本2：清鄠县人王心敬《丰川易说》；明韩城人张士佩《六书赋音义》，存目；

    两淮盐政采进本1：明三原人王恕《石渠意见》《拾遗》《补阙》，存目；

    山西巡抚采进本1：清陕西人王明弼《易象》，存目；

    山东巡抚采进本1：明富平人杨爵《周易辩录》；

    浙江汪启淑家藏本5：明朝邑人韩邦奇《易学启蒙意见》/《苑洛志乐》；明三原人王恕《玩易意见》，存目；明高陵人吕柟《尚书说要》，存目；元关中人刘鉴《经史正音切韵指南》；

    浙江范懋柱家天一阁藏本2：明三原人马理《周易赞义》，存目；明朝邑人韩邦奇《禹贡详略》，存目；

    浙江朱彝尊家曝书亭藏本1：明高陵人吕柟《毛诗说序》，存目；

    浙江吴玉墀家藏本3：明泾阳人杨梧《礼记说义集订》，存目；明高陵人吕柟《春秋说志》，存目；清鄠县人王心敬《礼记汇编》，存目；

    浙江郑大节家藏本1：唐陇西人李翱《论语笔解》；

    两淮马裕家藏本1：唐雍州万年人颜元孙撰《干禄字书》；

    编修程晋芳家藏本1：明朝邑人韩邦奇《乐律举要》，存目；

    礼部尚书曹秀先家藏本1：明兰州人黄谏《从古正文》，存目；

    左都御史崔应阶进本1：西晋杜预《左传杜林合注》；

    副都御史黄登贤家藏本1：清鄠县人王心敬《春秋原经》，存目。

---

    ①关于书籍的种数问题始终是一个有争议的问题。本书的书籍种数一般和《四库全书》保持一致，在行文中以分号隔开，同一作者但是属于二种的以"/"号隔开。行文中书籍后没有特别标注为"存目"的均为"著录"，后文同例。

(2)史部,其他省份采进本 13 种;私人藏书家或在京官员进献 17 种,共得 30 种。

浙江巡抚采进本 4:清宁夏人俞益谟《辨苗纪略》,存目。明三原人王恕《王端毅奏议》;明三原人张原《玉坡奏议》;明长安人冯从吾《元儒考略》;

江苏巡抚采进本 3:明咸宁人王绍徽《东林点将录》,存目;清鄠县人王心敬《关学编》,存目;晋安定朝那人皇甫谧《高士传》;

安徽巡抚采进本 1:明周至人赵崡撰《石墨镌华》;

直隶总督采进本 1:明三原人王承裕(王恕之子)《李卫公通纂》,存目;

两江总督采进本 2:元陕西人张铉《至大金陵新志》;明武功人康海《武功县志》;

两淮盐政采进本 2:明三原人王恕《王介庵奏稿》,存目;明秦安人胡缵宗《嘉靖安庆府志》,存目;

两淮马裕家藏本 1:明关中人张光孝《西渎大河志》,存目;

浙江范懋柱家天一阁藏本 4:宋京兆人田锡《田表圣奏议》,存目;明商州人任庆云《商略》,存目;明咸宁人王献《胶莱新河议》,存目;明宁州人吕颙编《世谱增定》,存目;

浙江鲍士恭家藏本 2:唐咸阳人王方庆《魏郑公谏录》;明关中人来濬《金石备考》,存目;

浙江孙仰曾家藏本 1:唐陇西人李绛《李相国论事集》;

浙江汪启淑家藏本 1:明华州人郭宗昌《金石史》;

浙江汪汝瑮家藏本 1:唐元宗明皇帝御撰、李林甫奉敕注《唐六典》;

江苏周厚堉家藏本 1:明平凉人李应奇《崆峒山志》,存目;

兵部侍郎纪昀家藏本 1:明朝邑人韩邦靖《朝邑县志》;

少詹事陆费墀家藏本 1:宋京兆万年人刘恕《资治通鉴外纪》;

户部尚书王际华家藏本 2:元西域人察罕、兰州人黄谏补《帝王纪年纂要》,存目;明富平人张纮编《云南机务钞黄》,存目;

编修邵晋涵家藏本 1:明渭南人南轩《通鉴纲目前编》,存目;

副都御史黄登贤家藏本 1:明庆阳人李梦阳《二李先生奏议》,存目。

(3)子部,其他省份采进本 33 种;私人藏书家或在京官员进献 36 种,共得

69种。

浙江巡抚采进本4:隋华阴人巢元方等奉敕撰《巢氏诸病源候总论》;唐岐州雍人李淳风《玉历通政经》,存目;宋宁州人查仲孺批《璧水群英待问会元选要》,存目;宋邠州新平人陶毅《清异录》;

江苏巡抚采进本6:汉安定临泾人王符《潜夫论》;明朝邑人韩邦奇《易占经纬》,存目;汉安陵人班固《汉武故事》/《汉武帝内传》;唐京兆万年人颜师古《大业拾遗记(南部烟花录)》,存目;晋敦煌人张湛注《列子》;

安徽巡抚采进本2:明长安人冯从吾《冯子节要》;清郃阳人王梓编王守仁《三立编》,存目;

江西巡抚采进本1:明西安人杨岫《豳风广义》,存目;

直隶总督采进本1:唐陇西人李翱《五木经》,存目;

两江总督采进本8:周王诩《鬼谷子》;唐纯阳真人吕岩《金丹诗诀》;明高陵人吕柟《周子钞释》/《张子钞释》/《朱子钞释》;黄帝《宅经》;黄帝《玄女经》,存目;宋华州人李廌《德隅斋画品》;

河南巡抚采进本1:明三水人文翔凤《太微经》,存目;

湖北巡抚采进本1:明朝邑人严嵩敏《槐亭漫录》,存目;

两淮盐政采进本9:明武都人龙正《八阵合变图说》,存目;晋安定朝那人皇甫谧《针灸甲乙经》;明咸宁人刘纯续增《玉机微义》;唐岐州雍人李淳风《乙巳占略例》,存目;明西洋邓玉函撰、泾阳人王徵译《奇器图说》,王徵《诸器图说》;唐武功人苏鹗《杜阳杂编》;唐安定鹑觚人牛僧孺《幽怪录(玄怪录)》,存目;周邠县人尹喜《关尹子》;周邠县人尹轨撰、唐尹文操续作、元道士开封人李道谦编《终南山祖庭仙真内传》(附元茅山道士朱象先编《终南山说经台历代仙真碑记》),存目;

浙江范懋柱家天一阁藏本5:明咸宁人刘纯《杂病治例》,存目;元长安道人李钦夫《子平三命渊源注》,存目;明朝邑人韩邦奇《见闻考随录》,存目;唐陇西人李复言《续玄怪录》,存目;西域默德讷国王玛哈穆特《七政推步》;

浙江鲍士恭家藏本5:唐扶风人窦泉撰、窦蒙注《述书赋》;京兆长安人李成《山水诀》,存目;宋延安人韩彦直《橘录》;明西安左卫人周宇《认字测》;黄帝《阴符经解》;

浙江郑大节家藏本1:京兆人王绩编《补妒记》,存目;

浙江吴玉墀(音chí)家藏本3:明朝邑人韩邦奇《洪范图解》,存目;唐

31

岐州雍人李淳风《观象玩占》,存目;明西安人杜泾《对制谈经》,存目;

浙江汪启淑藏本1:唐武功人苏源明传《元包经传》;

江苏周厚堉家藏本1:清华阴人王宏撰《山志》,存目;

两淮马裕家藏本3:唐华原人孙思邈《备急千金要方》;宋成纪人张镃《仕学规范》;唐金城人冯贽《云仙杂记》;

衍圣公孔昭焕家藏本1:明兰州人黄谏音释《亢仓子注》;

兵部侍郎纪昀家藏本4:五代天水人王仁裕《开元天宝遗事》;唐陇西人李匡乂《续世说》,存目;清郃阳人褚峻摹图《金石经眼录》;清郃阳人褚峻摹图《金石图》,存目;

大学士英廉家藏本1:清关中人武之望《济阴纲目》,存目;

左都御史张若淮家藏本1:明高陵人吕柟编《二程子钞释》;

副都御史黄登贤家藏本2:明朝邑人韩邦奇《苑洛语录》;北魏敦煌人刘昞注《人物志》;

大理寺卿陆锡熊家藏本1:黄帝《灵枢经》;

吏部侍郎王杰家藏本2:唐岐州雍人李淳风注《张丘建算经》/《缉古算经》;

户部尚书王际华家藏本1:明庆阳人李梦阳《空同子》,存目;

编修程晋芳家藏本1:明李梦阳、不题编辑者《空同子纂》,存目;

编修励守谦家藏本1:宋郿县人张载《张子全书》;

大理寺卿陆锡熊家藏本1:唐长安人释道世《法苑珠林》;

江西按察使王昶家藏本1:唐长安西崇福寺释智昇《开元释教录》。

(4)集部,其他省份采进本35种;私人藏书家或在京官员进献19种,共得54种。

浙江巡抚采进本10:唐陇西成纪人李白《李太白诗集注》;唐华阴人吴筠《宗玄集》《玄纲论》《南统大君内丹九章经》;唐陇西人李贺《昌谷集》《外集》;明渭南人王令《古雪堂文集》,存目;明华州人王庭《松门稿》,存目;明三原人来俨然《自愉堂集》,存目;明三水人文翔凤《东极篇》,存目;明陕西人许光祚《许灵长集》,存目;清周至人李颙撰、王心敬编《二曲集》,存目;明绥德州人阎士选编《东坡守胶西集》,存目。

江苏巡抚采进本11:唐京兆韦应物《韦苏州集》;唐安定梁肃编《昆陵集》,唐京兆长安人崔祐甫《独孤公神道铭》;唐陇西人李贺《笺注评点李长吉歌诗》;唐京兆万年人韩偓《韩内翰别集》;元西域人纳新《金台集》;明三原人温纯《温恭毅公集》;明长安人冯从吾《冯少墟集》;明三原人王恕《王端毅文集》,存目;清蒲城人雷铎《克念堂文钞》,存目;唐宜州华原人令狐楚编《御览诗》;宋天水人张炎《山中白云词》《乐府指迷》;

江西巡抚采进本1:清淳化人宋振麟《中岩集》,存目;

安徽巡抚采进本4:唐陇西成纪人李白《李太白集》;明平凉人赵时春《别本浚谷集》,存目;宋京兆人杜安世《寿域词》,存目;宋空同词客洪瑹《空同词》,存目;

湖北巡抚采进本2:唐武功人康万民(康海孙)《璇玑图诗读法》;明武功人康海《对山集》;

两江总督采进本4:宋京兆人田锡《咸平集》;宋李唐宗室胡次焱撰、明胡珽潘滋辑编《梅岩文集》;明三原人马理《谿田文集》,存目;唐京兆窦常等撰,褚藏言编《窦氏联珠集》;

直隶总督采进本2:元色目人丁鹤年《鹤年诗集》;清富平人李因笃《汉诗音注》《汉诗评》,存目;

两淮盐政采进本1:宋华州下邽人寇准《忠愍集》;

浙江范懋柱家天一阁藏本1:明富平人张纮撰、嘉靖中富平训导王道编《冢宰文集》,存目;

浙江鲍士恭家藏本3:唐华阴人杨炯《盈川集》;唐陇西成纪人李翱《李文公集》;元乾州奉天人杨奂《还山遗稿》《考岁略》;

浙江汪如瑮家藏本4:明高陵人吕柟《泾野集》,存目;明朝邑人韩邦靖《韩五泉诗集》,存目;明绥德人马如骥《西玄集》,存目;明平凉人赵时春《赵浚谷集》,存目;

浙江孙仰曾家藏本1:明秦人孙一元《太白山人漫稿》;

两淮马裕家藏本2:元靖州天山人马祖常《石田文集》;明巩昌府秦安人胡缵宗《鸟鼠山人集》,存目;

副都御史黄登贤家藏本2:唐雍州万年人颜真卿《颜鲁公集》《补遗》,唐华原人令狐峘《神道碑》;明朝邑人韩邦奇《苑洛集》;

监察御史孟生蕙家藏本1:清三原人杜恒灿《春树草堂集》,存目;

编修程晋芳家藏本1:宋天水人张炎《乐府指迷》,存目;

编修汪如藻家藏本3:唐长安人沈亚之《沈下贤集》;唐杜陵人韦庄撰、韦蔼编《浣花集》;元西夏人王翰《友石山人遗稿》;

编修励守谦家藏本1:元武威人余阙《青阳集》。

以上可得各省采进本 98 种,私人进献及在京官员进献图书 89 种,两者累计达 187 种。各省采进本和私人、在京官员进献的比例基本上是一比一的关系。

以下列出以上西北作者著作在全国各省份流传情况的统计:

浙江 24,江苏 22,两江总督 16,两淮盐政 13,安徽 9,江西 3,山西 1,湖北 3,河南 1,山东 1,直隶 5。以上共 98 种。

从这个统计数字可见,东南地区文化发达,是西北作者书籍的主要流传地区。"书肆最多之区"浙江占据比例最高,其次是人文堪与浙江匹敌的江苏,至于两江总督辖区与两淮盐政辖区,也不出江浙皖诸省。倒是西北的近邻山西、湖北、直隶所获西北人著作稀少。

以下列出藏书家的分布统计:

藏书家	所在地	部类分布情况	种数
马裕	江苏扬州	经 1 史 1 子 3 集 2	7
周厚堉	江苏松江	经 0 史 1 子 1 集 0	2
郑大节	浙江慈溪	经 1 史 0 子 1 集 0	2
范懋柱	浙江宁波	经 2 史 5 子 5 集 1	13
鲍士恭	浙江杭州	经 0 史 1 子 5 集 3	9
汪如瑮	浙江杭州	经 0 史 1 子 0 集 4	5
孙仰曾	浙江杭州	经 0 史 1 子 0 集 1	2
汪启淑	浙江杭州	经 5 史 1 子 1 集 0	7
吴玉墀	浙江杭州	经 3 史 0 子 3 集 0	6
朱彝尊	浙江嘉兴	经 1 史 0 子 0 集 0	1
孔昭焕	山东曲阜	经 0 史 0 子 1 集 0	1

以上共计 55 种,以浙江藏书家为最多,其次是江苏。由于明清以来江南藏书之风兴盛,所以江浙地区特别注意征集各地藏书家的图书。这些藏书家的藏书数量可观,而且有很多珍本秘籍,其中包括大量西北人的著作。因此,这个列表反映了西北人书籍在江浙藏书中的藏书数量,也反映了西北地区作者著作在私人领域的蕴藏量,是书籍流传的一个重要环节。

此外,北京作为清朝的政治、经济、文化中心,书肆和藏书家也不少。与江浙不同的是,这些藏书家以在京官员为主。这些官员多数进士及第,翰林出身,往往饱读诗书,雅爱典籍,藏书数量也不在少。他们虽然来自各地,"京官携其家藏书籍自随"①,但是也是书籍特殊的流传途径,反映了文化典籍朝京师集中的情况。西北作者的著作当然也不例外,根据本书的统计,各种在京官员呈送的西北书籍有 34 种。其中有河北献县人纪昀、上海人陆锡熊、浙江钱塘人王际华、江苏江都人程晋芳的藏书,也有本土陕西韩城人王杰的藏书。这些书籍既有可能是他们从家中所带,也可能是在北京采购。

第三节 《永乐大典》中辑录的西北作者著作

《四库全书》开馆修书,是由辑佚《永乐大典》引发的。明《永乐大典》敕修于永乐元年(1403),修成于永乐六年(1408)。该书内容丰富、规模宏大,计22870 余卷,目录 60 卷,装订成 11095 册。涵盖了"天文、地理、人伦、国统、道德、政治、制度、名物以至奇闻异见、庚词逸事",前后参与纂修、誊录的学者文人达到 2000 余人。但是当时仅有两部,到了清朝初期仅存的副本已经有所缺失。此时的清朝,学界正兴起辑佚之风,《永乐大典》的价值也为学者所重视,特别是其中保存的汉代人经注经说。个别得见大典的学者已经开始了抄录工作。但是都没有形成大规模的辑佚活动。

乾隆三十七年(1772),安徽学政朱筠借乾隆皇帝下诏访求遗书之际,提出了辑录《永乐大典》的建议,成为中国文化史上一件有重要意义的事。

> 臣在翰林常翻阅前明《永乐大典》。其书编次少伦,或分割诸书以从其类。然古书之全而世不恒见者,辄具在焉。臣请敕择取其中古书完者若干部,分别缮写,各自为书,以备著录。书亡复存,艺林幸甚。②

朱筠的建议引起了乾隆帝的重视,乾隆三十八年(1773)二月两次上谕都提及朱筠建议,下令军机处议行。后来制订章程十三条办理此事,并责成有关人员操作。经过学者的努力工作,纂修《四库全书》过程中,四库馆臣从《永乐大典》中辑录数百种古书。这一工作不仅直接导致了四库馆的开馆,也成为《四库全书》编纂的重要内容。等到八国联军攻入北京,《永乐大典》散失,其中不少珍贵古籍,赖《四库全书》的收录得以保存流传。

这辑录的数百种图书中,有一部分是西北人的著作。根据《四库全书总

---

①王重民辑:《办理四库全书档案》,国立北平图书馆排印本,乾隆三十八年四月三日大学士刘统勋奏折。

②〔清〕朱筠:《笥河文集》卷 1《谨陈管见开馆校书折子》,《丛书集成初编》本。

目》,有以下书籍:

序号	书名	卷数	作者	时代	籍贯	部类
1	春秋释例	15	杜预	西晋	杜陵	经部春秋
2	东观汉记	24	杨彪续补	东汉	华阴	史部别史
3	唐才子传	8	辛文房	元	西域	史部传记
4	河防通议	2	沙克什	元	西域	史部地理
5	河朔访古记	2	郭啰洛·纳新	元	西域	史部地理
6	傅子	1	傅玄	晋	北地	子部儒家
7	帝范	4	唐太宗	唐	陇西	子部儒家
8	农桑衣食撮要	2	鲁明善	元	西域	子部农家
9	周髀算经	2	李淳风　释	唐	岐州	子部天文算法
10	九章算术	9				子部天文算法
11	孙子算经	3				子部天文算法
12	海岛算经	1				子部天文算法
13	五曹算经	5				子部天文算法
14	五经算术	2				子部天文算法
15	李虚中命书	3	李虚中	唐	狄道	子部术数
16	苏氏演义	2	苏鹗	唐	武功	子部杂家
17	唐语林	8	王谠	宋	长安	子部小说
18	南阳集	6	赵湘	宋	京兆	集部别集
19	潏水集	16	李复	宋	长安	集部别集
20	南湖集	10	张镃	宋	成纪	集部别集
21	画墁集	8	张舜民	宋	邠州	集部别集
22	济南集	8	李廌	宋	华州	集部别集

以上可得书22种,全部为著录书,都是珍本。如宋张舜民《画墁集》"在当日极为世重,而自明以来久佚不传"①,辑录出来具有较高价值。元郭啰洛·纳新《河朔访古记》"其山川古迹,多向来地志所未详",辑录此书对于研究地理有很大价值,"讲舆地之学者犹可多所取资矣"②。鲁明善《农桑衣食撮要》"阴补

①《总目》卷154,集部别集类七,"画墁集"条。
②《总目》卷71,史部地理类四,"河朔访古记"条。

兰州大学文库

《农桑辑要》所未备,亦可谓留心民事,讲求实用者矣"①,对促进农业的发展具有很大意义。而《九章算术》等数学著作从明朝后大多散佚,但是在《永乐大典》中分载于数处,"尚九篇俱在"。辑本的出现对后世数学的发展功不可没,"录而传之,固古今算学之弁冕矣"②。《唐语林》辑录前只有内府藏本的《残本唐语林》"久行于世",辑录本出现使"此残缺之本,已成土苴"③。无论是从文学、史学,还是从医学、农业科学上来说,《永乐大典》对西北人著作的辑录工作都是有其功绩的,在文化史上也是一个壮举。

从部类上看,西北人的著作在经史子集四部都有分布,较为全面。

从时代上看,这些书籍全部是宋元以前的著作,大大弥补了陕西采进本著者时代以明清为主的缺点。

从籍贯地域分布上看,这些珍本中西域人的著作占据了一定的比例,非常可贵。其辑录大大丰富了新疆的地方文献,具有很高的文献价值。

《永乐大典》所辑录西北著作中也有被列入存目的。

序号	书名	卷数	作者	时代	籍贯	部类
23	相掌金龟卦	1	〔旧本题〕鬼谷子	周	鬼谷	子部术数
24	贵贱定格三世相书	1	〔旧本题〕鬼谷子	周	鬼谷	子部术数
25	古赋题/后集	10/5	〔旧本题〕刘翠岩	元	古雍	子部类书

这三种是《总目》认为价值不高之书。如《相掌金龟卦》与《贵贱定格三世相书》属于算命之书,托名鬼谷子,或"俚俗猥鄙之谈",或"术数家之俚浅者也"④,为《总目》所鄙夷,"末流猥杂,不可殚名"⑤;至于《古赋题》乃是考试赋题用书,列入存目与四库馆臣鄙夷八股考试不无关系。

辑录《永乐大典》是非常繁重艰巨的工作,大典本身卷帙浩繁,编排紊乱,加上乾隆皇帝一再催促督责,一味求速,导致了《永乐大典》辑录工作出现很多缺憾。学者往往只选择内容集中、易于见成效的书籍进行搜辑,而对数量繁多、散见各册的零篇散帙的辑录则视为可有可无的工作,甚至有人主张"集部该行不办者"⑥。另外一方面,即使已经辑录收录的著作也存在缺漏的现象。

---

① 《总目》卷102,子部农家类,"农桑衣食撮要"条。

② 《总目》卷107,子部天文算法类二,"九章算术"条。

③ 《总目》卷143,子部小说家类存目一,"残本唐语林"条。

④ 《总目》卷111,子部术数类存目二,"相掌金龟卦""贵贱定格三世相书"条。最后一句殿本作"在术数家亦最俚浅",浙本、粤本作"盖术数家之俚浅者也"。

⑤ 《总目》卷108,子部术数类序。

⑥ 〔清〕于敏中:《于襄公论四库全书手札》,国立北平图书馆1933年排印本。

如四库馆从《永乐大典》中所辑录出的唐岐州雍人李淳风所注《九章算术》九卷。由于明朝数学的落后，该书几乎失传。到明末清初，民间只有半部南宋本《九章算术》。《永乐大典》抄录了《九章算术》，却藏于深宫，很少有人能见到。流传的半部《九章算术》错乱严重，校勘难度大。纂修全书期间经过戴震的全面校勘，先后排印、刻印、抄写了《武英殿聚珍版丛书》本、屈曾发刻本、孔继涵刻本和《四库全书》本《九章算术》。后来《永乐大典》散佚，如果没有四库本，我们今天绝不会看到足本的《九章算术》。然而，戴震的工作存在严重问题，如《永乐大典》辑录《九章算术》的工作粗疏，衍脱舛误不胜枚举；也有相当多的错误校勘，特别是将大量不误的原文改错；在屈刻本和孔刻本中有大量校勘冒充南宋本原文。

另外，根据《四库辑本别集拾遗》，宋李廌《济南集》八卷有缺漏，"校《宋人集·丙编》本《济南集》八卷，馆臣漏辑者三条"①。宋张舜民《画墁集》八卷有缺漏，现存《永乐大典》中有七十五条，"校《关陇丛书》和《丛书集成》本《画墁集》八卷及《补遗》两种，馆臣漏辑者五十条"②。宋张镃《南湖集》十卷也有缺漏。根据《知不足斋丛书》本《南湖集》十卷及附录二卷，"馆臣漏辑十八条"③。

尽管存在各种缺点，但是从总的方面来看，四库馆的辑录工作保存了大量的珍贵文献，在保存图书典籍方面功不可没。

第四节　内府藏书和通行本中的西北作者著作

用于修《四库全书》的书籍采进来源包括各省督抚购进搜访、内府藏本、永乐大典本、通行本以及私家进呈的本子，其中内府藏本主要指武英殿藏本，部分内府藏本指天禄琳琅善本。内府藏本属于四库采进本来源的重要组成部分。在《总目》的一些解题中，内府藏本也被称为内府刊本，基本上是在一个意义上使用的。

通行本主要是社会上广泛流行的本子，对于这些书籍四库馆也是有选择地予以搜集，以做到巨细不遗，达到"集中外之秘藏，萃古今之著述，搜罗大备"④的效果。内府藏本是深宫秘藏，而通行本则是坊贾书肆，广泛流传。由于二者加起来的总数并不多，所以将它们与内府藏本一起叙述，以资对照。

①栾贵明辑：《四库辑本别集拾遗》，中华书局1983年版，565页。
②栾贵明辑：《四库辑本别集拾遗》，568页。
③栾贵明辑：《四库辑本别集拾遗》，705页。
④王重民辑：《办理四库全书档案》，乾隆三十八年十月二十三日多罗质郡王永瑢等奏折。

一、内府藏本

内府所藏的图书多数是前代流传的旧书以及历代皇帝敕令纂修的书籍。四库馆开馆后,这些书籍也被集中于翰林院西斋房,由总裁指定纂修官专职办理。内府书籍往往在和其他采进本比较后直接采用,纂修的活动往往倾向于改纂增补。整个活动到乾隆四十年(1775)以后,特别是由于乾隆皇帝不断下令新修某些图书,所以活动渐渐终止。

根据《四库全书总目》,内府藏本中的西北籍作者著作有30余种,其中可分为三类:

第一种是常见的本子。各省采进本以及通行本有不少"应酬杂作琐碎无当之书,不堪进呈",而且残缺不全的书籍还占据了很大的比例。而"内如唐陇西《李贺诗》、宋郿县《张载集》等类,必系久藏内府"[①],内府藏本由于深藏内府,往往更接近原本,所以陕甘负责采集图书的官员都认为对于这些图书不必从陕甘采集之后再呈献,而直接采用内府的本子加以著录即可。如:

〔宋〕郿县人张载撰《横渠易说》;

周公撰、〔汉〕郑玄注、〔唐〕贾公彦疏《周礼注疏》;

〔旧题〕周公撰、〔晋〕郭璞注、〔宋〕邢昺疏、〔唐〕陆德明音义《尔雅注疏》;

〔西晋〕杜陵人杜预撰《春秋左传正义》;

唐玄宗御注《孝经注疏》《孝经指解》;

〔汉〕长陵人赵岐注《孟子注疏》;

〔唐〕陇西人李翱撰《卓异记》;

〔唐〕京兆万年人杜佑撰《通典》;

〔旧题〕黄帝撰《黄帝素问》;

〔旧题唐〕孙思邈撰《银海精微》;

〔宋〕蓝田人吕大临撰《考古图》《续考古图》;

〔前秦〕陇西安阳人王嘉撰《拾遗记》;

〔唐〕冯翊子严子休《桂苑杂谈》;

〔旧题隋〕京兆人杜公瞻撰《编珠》及《续编珠》;

〔唐〕下邽人白居易撰《白孔六帖》;

〔唐〕天水人权德舆撰《权文公集》;

---

① 《纂修四库全书档案》19条,33页。

〔唐〕京兆万年人杜牧撰《樊川文集》。

另外,标明为内府刊本的:

〔汉〕左冯翊夏阳人司马迁《史记》;
〔汉〕扶风安陵人班固《汉书》;
〔唐〕宜州华原人令狐德棻等奉敕撰《周书》;
〔唐〕雍州万年人姚思廉奉敕撰《梁书》《陈书》;
〔唐〕陇西人李延寿撰《南史》《北史》。

以上可以看出,内府藏本西北文献采用的多是流行非常久远的著作,往往影响较大。即使是残本的《唐语林》也是"久行于世";史部所录主要是二十四史,个人创作色彩浓厚的别集中所录的也多是历代知名作者的作品。

第二种是已经在社会上很少流行的本子,但是内府藏有的,也加以选入。如韦绚《刘宾客嘉话录》,《唐史》《宋史》的《艺文志》都有记载,但是错漏百出,而"《宾客嘉话》则诸家著录皆无之",内府藏本也是"虽残阙之余,非复旧帙,然大概亦十得八九矣"①。这些书籍有:

〔唐〕京兆人韦绚《刘宾客嘉话录》;
〔宋〕京兆人田况《儒林公议》;
〔宋〕邠州人张舜民撰《画墁录》。

第三种是虽然属于内府藏本,但是也不在入选之列的,而是采用其他的本子或是存目。如宋吕大临的《考古图》,存目《别本考古图》,而采用另一内府藏本《考古图》;唐长安人王谠撰《唐语林》残本久行于世,四库馆臣从《永乐大典》中辑出善本取代内府所藏残本;清鄂县人王心敬《丰川全集》,康熙丙申湖广总督额伦特所刊,内容为"语录及杂著,大抵讲学者居多"②,仅存目。明长安人冯从吾《古文辑选》,由于"是编所录古文,自春秋、秦、汉以迄宋、元,仅百余篇,自谓皆至精者。然其大旨以近讲学者为主,不足尽文章之变也"③。

可以说,《四库全书》西北文献在一些著名作品的版本上更多地选择了内府

---

① 《总目》卷140,子部小说家类,"刘宾客嘉话录"条。
② 《总目》卷185,集部别集类存目十二,"丰川全集"条。
③ 《总目》卷193,集部总集类存目三,"古文辑选"条。

藏书,某种程度上保证了这些权威著作的质量。

对待内府藏本除了著录或存目外,四库馆还在纂修中对书籍进行了一些必要的处理。有以下几种:

(1)官刻旧本,为数较多,往往直接送交武英殿缮写。如《史记》《汉书》等等。

(2)某些书籍往往由于不够完善或情况发生变化而需要增补。如《金史》中有"有阙文。盖明代监版之脱误,今以内府所藏元版校补,仍为完帙云"①。

(3)部分敕撰书籍经过乾隆帝"鉴阅"后发现问题,需要根据乾隆皇帝的旨意加以改纂或修订。如二十四史中涉及蒙古人名的,某些译音需改正。特别是某些书籍中的违碍、妄诞之处,也当办理。

二、通行本

通行本由于在社会流传的缘故,所以容易以讹传讹,错漏滋生。所以,通行本往往不是读书的第一选择,如清张之洞云:"多传本者举善本,未见精本者举通行本,未见近刻者举今日见存明本。子史小种多在通行诸丛书内,若别无精本及尤要而希见者,始偶一举之。有他善本,既不言通行本"②,基本代表了清代知识分子对通行本的态度。但是通行本从另外一个意义上反映了当时著作在社会上的流传情况,是一部活的书籍流传明细表,可比为清朝时期的"畅销书"名单。

这些通行本分布在著录和存目两个部分,以著录为主,其次才是存目。从这些通行本中,我们可以看到清朝乾隆时期,特别是纂修《四库全书》前后,西北地区作者的作品在社会上的流传情况。

根据《四库全书总目》,有以下西北地区作者的著作在当时社会广泛流传:

序号	书名	卷数	作者	时代	籍贯	部类	著录情况
1	急就篇	4	颜师古注	唐	雍州万年	经部小学	著录
2	李卫公问对	2	李靖	唐	雍州三原	子部兵家	著录
3	外台秘要方	40	王焘	唐	郿县	子部医家	著录
4	伤寒治例	1	刘纯	明	咸宁	子部医家	存目
5	白虎通义	4	班固	汉	扶风安陵	子部杂家	著录
6	真珠船	8	胡侍	明	咸宁	子部杂家	存目

①《总目》卷 46 卷,史部正史类二,"金史"条。
②〔清〕张之洞撰、范希曾增补编:《书目答问补正》卷首《略例》,上海古籍出版社 1983 年版。

序号	书名	卷数	作者	时代	籍贯	部类	著录情况
7	墅谈	6	胡侍	明	咸宁	子部杂家	存目
8	李太白集分类补注	30	李白	唐	陇西	集部别集	著录
9	白氏长庆集	71	白居易	唐	下邽	集部别集	著录

共计9种,著录6种,存目3种。班固、颜师古、李靖、李白、白居易都是流传已久的知名人物,采集他们的书籍进入库本,理所当然。这些书籍都是流行的本子,具有较高的价值,如《外台秘要方》,"古书益多散佚,惟赖焘此编以存,弥可宝贵矣"①。这些作者生活的年代都在唐朝以前,流传到清朝已经有一千年以上的历史。我们看到,存目的书籍都是明代的,胡侍《真珠船》"征引拉杂,考证甚疏。……又喜谈怪异果报之说,皆不免于纰漏"②,反映了四库纂修者认真负责的态度以及重视考证的学术立场。明朝人喜好编书,但是书籍质量不高,特别是明代人喜欢作伪书,这些都为《总目》所诟病。

从内府藏本和通行本的辑录情况可以看出,二者的总量并不占据西北人著作大部分,而是有益和必要的补充。这些著作都是从内府和社会上精心采集的,具有一定的价值。

①《总目》卷130,子部医家类一,"外台秘要方"条。
②《总目》卷127,子部杂家类存目四,"真珠船"条。

第三章　四库馆对《四库全书》西北文献的处置

综合以上一章可以看出，西北作者的著作主要包括陕甘两省督抚采进本、其他各省督抚搜访购进的书籍、私家进呈本、《永乐大典》辑录本、内府藏本以及通行本。这些用于修《四库全书》的原本被称为"四库采进本"。

四库采进本最初汇集于翰林院，统一加盖"翰林院印"满汉文大方印，各省购进及私人呈本均在书衣钤木上记载某年月某督抚送到某家藏某书若干部若干本，以便发还。

对于这些书籍，首先需要设置专门机构进行挑选，然后进行著录或存目处理，再交抄手誊写。对于其中某些书籍还要随着乾隆皇帝的旨意禁毁查缴。最后定稿的著作还要校对、重新复核，才决定庋藏。

在这个过程中，清政府设置四库馆专门处理征集的图书，并由四库馆负责新修部分书籍，一些西北知识分子在四库馆中参与了丛书的编纂活动。除了对西北文献的著录、存目处理外，一些陕甘籍作者作品和在陕甘境内所流传的外省人作品遭到查禁。近两百年后，由于时局的变化，乾隆时期设定的《四库全书》庋藏格局被改变。而文溯阁《四库全书》也在1966年被调拨到甘肃省收藏。

第一节　机构的设置

《四库全书》中书籍的采集和对禁毁书的查缴都需要官员的配合，而全书的纂修也需要设立专门的机构，所以就有了四库全书馆的设置。

四库馆于乾隆三十八年（1773）正式开馆，到四十六年（1781）第一部《四库全书》告成。在长达九年的纂修过程中，四库馆吸收了很多文人学者，而且召集了大量办事人员，组成一个庞大的机构。这些来源于各省的学者文人齐集京师四库馆，为《四库全书》的纂修贡献力量。作为一种制度设计，四库馆网罗了大批的文人学士,其中有一些是西北出身的文人学士。这些人与其他省份的纂修者一起对四库采进本进行处理,包括其中的西北文献。

一、在四库馆中参与纂修活动的西北人

虽然参与纂修《四库全书》的知识分子中以北京地区和江浙地区的人才为最多,但是西北人也参与了《四库全书》的纂修。

根据乾隆四十七年(1782)七月《四库全书》馆开列的任事馆臣衔名,四库馆内有:

> 正总裁16人,副总裁10人,总阅官15人,总纂官3人,总校官1人,翰林院提调官22人,武英殿提调官9人,总目协勘官7人,校勘《永乐大典》纂修兼分校官39人,校办各省送到遗书纂修官6人,黄签考证纂修官2人,天文算学纂修兼分校官3人,缮书处总校官4人,缮书处分校官179人,篆隶分校官2人,绘图分校官1人,督催官3人,翰林院收掌官20人,缮书处收掌官3人,武英殿收掌官14人,监造官3人。①

总计362人,除去兼职2人,实际任职360人。另外,根据纂修档案需要补充的庆桂、张若淮、李友棠、钟音、刘纯炜、钱载、吉梦雄、张运暹、陈梦元、郑爔等数十人,数目在400左右。这些人作用并不等同,有的甚至只是挂名,但是多少也起到了监督等辅助性的作用。这些精英中以皇室成员、旗人、浙江、江苏、山东、江西人为最多,西北人在其中也有分布,在最重要的正副总裁、总阅官、总纂官、总校官的组成人员中,陕西韩城人王杰②任副总裁,其他有任缮书处分校官的甘肃秦安人张位、陕西绥德人张秉愚等等③。这些人都是西北地区知识分子参与《四库全书》这一文化工程的代表。

王杰(1725—1805),字伟人,号惺园,卒谥文端,陕西韩城庙后村人。王杰八岁丧父,家境贫寒。自幼聪明好学,青年时期曾在江苏巡抚陈宏谋门下当幕僚,被陈器重,最后以陕西会考第一(解元)会试京城,又以探花第三名进呈乾隆皇帝殿试。乾隆二十六年(1761)正逢乾隆皇帝欲在北方选拔人才,又见王杰字迹(书法)工整清秀,便把他拔为第一,成为陕西省在清朝开国百余年来首位状元。之后王杰历五次升迁,先后任刑部侍郎、左都御史、军机大臣、上书房总师傅,至东阁大学士,受乾隆、嘉庆两朝恩宠。在纂修《四库全书》过程中,王杰任

---

① 参见黄爱平:《四库全书纂修研究》,第102–107页。
② 任松如《四库全书答问》等一些四库学著作认为他是山西韩城人,误。
③ 参与四库馆的西北人不止此数。由于资料的缺乏,本书无法获得所有四库馆人员的籍贯信息。

副总裁,与其他几位大臣一起负责总理四库全书馆内一切事务。

王杰性格耿直,与纪晓岚同修《四库全书》,任总裁官,交谊至厚。王卒,晓岚亲至吊唁,并手制一联云:"崖岸峻如山,调鼎无惭真宰相;门庭清似水,盖棺犹是老儒生。"王杰在朝身担要职十余年,为官清正,敢于直言。嘉庆年间在反对和珅的斗争中,王杰起了重要作用。

嘉庆五年(1800),76 岁高龄的王杰以年老体衰乞请解职,嘉庆帝下诏挽留,并特许他拄杖入朝。三年后,他辞职还乡,临行前还专门上书请求解决官场上的腐败问题,并提出通过吏治整顿堵塞国家财政漏洞的建议。王杰辞职离京之日,嘉庆帝赐给他一把乾隆皇帝御用过的手杖和御制诗两首,以表尊敬和器重。嘉庆八年(1803),王杰带回陕西一部《古今图书集成》,恭奉于同州府丰登书院①(今大荔城内城隍庙后),对陕西文化的发展做出了贡献。嘉庆九年(1804),王杰 80 岁生日,巡抚方维甸带着皇帝专门制作的贺诗、题匾和所赐珍宝登门拜贺,他赴京答谢,不久即病逝于北京。主要著作有《惺园易说》《葆醇阁集》等。

王杰于四库馆开馆后开始任副总裁,乾隆四十四年(1779)十二月初九谕王杰著充武英殿总裁。同月二十日,奉上谕王杰著充国史馆副总裁。后来由于身体等原因暂时停任。乾隆四十七年(1782)八月初四日《军机大臣奏谨拟写王杰仍充四库馆总裁谕旨进呈片》"据王杰告称:面奉谕旨,令仍充四库馆总裁。臣等谨拟写谕旨进呈";当日内阁奉上谕"王杰著仍充四库馆副总裁,钦此"②。王杰在办理《四库全书》期间尽职尽责,先后参奏陆费墀遗失底本,奏请增加提调及收掌,奏请令原任总纂纪昀覆核底本及已写正本,监督并查阅分校官所校《成都文类》《云南通志》等书籍③,都收到了良好的成效。

王杰对《四库全书》的贡献还包括《四库全书》中著录的他进献的两部书籍,《总目》中记录:吏部侍郎王杰家藏本,《张丘建算经》三卷,张丘建撰,北周甄鸾注,唐李淳风注;《缉古算经》一卷,唐王孝通撰,唐李淳风注。两书全部收录到子部天文算法类,为著录的库本。王杰还奉敕编纂了《御制诗五集》,收录在库本别集六中,《总目》在该书目下没有提到著者王杰的名字,将其归在别集二十六中。文渊阁库本总题《御制诗集》454 卷,其中初集 44,二集 90,三集 100,四集 100,五集 100,余集 20,另有目录 53 卷。《总目》所记并不齐全。另

---

①大荔县志编纂委员会:《大荔县志》,陕西人民出版社 1994 年版,738 页。

②《纂修四库全书档案》902、903 条,1607 页。

③以上均见《纂修四库全书档案》664、671、681、682、683、749 条,1135、1139、1152、1154、1156、1268 页。

外,王杰所呈送的书籍恐怕不仅这两种,"进呈书目"中有"总裁王交出书目计共十四种"①,考当时总裁王姓者有王杰和王际华二人。

四库馆对人员实行奖惩制度,乾隆四十五年(1780),王杰与其他总裁、总阅、总校、分校等官员一起被罚俸数月。乾隆四十六年(1781)四月二十二日,户部奏折中,26名正副总裁中有5人记过,总纂纪昀、陆锡熊、孙士毅都记过3次。这次记过的范围很广,人数很多,显示了乾隆皇帝的督促之意。副总裁中王杰记过3次,"照例罚俸六个月"②。

张位(约1724—1810),甘肃秦安人。13岁即能诗善文,20岁中举,乾隆年间中进士,任翰林,充国史馆编修。在纂修《四库全书》过程中他任缮书处分校官,始终其事。晚年担任兰山书院山长。1810年以86岁高龄去世。其子张思诚后来也中进士,为翰林。后人称"父子翰林"。

张秉愚,陕西绥德人,清朝乾隆年间进士,在纂修《四库全书》过程中担任缮书处分校官,同时担任纂修《四库全书荟要》的校对官,成绩突出,为《四库全书》及其副产品的纂修立下了不小的功劳。

二、辑录永乐大典本西北文献的纂修官

四库馆的纂修工作对西北文献的保存和纂修做出了贡献。具体到永乐大典本西北文献的辑录,做出成绩的部分纂修官姓名也是可考的。《武英殿聚珍版丛书》的提要后附录了一些分纂官的姓名,加上档案中的一些记载,可以得到负责西北文献的辑录、校勘工作的部分官员姓名,现列表如下:

序号	书名	作者	校勘官员姓名	官衔
1	春秋释例	〔西晋〕杜预	周永年	校勘《永乐大典》兼分校官
2	傅子	〔晋〕傅玄	徐步云	武英殿分校官
3	帝范	唐太宗	林澍藩	校勘《永乐大典》兼分校官
4	周髀算经	〔唐〕李淳风释	戴震	校勘《永乐大典》兼分校官
5	九章算术	〔唐〕李淳风释	戴震	校勘《永乐大典》兼分校官
6	孙子算经	〔唐〕李淳风释	戴震	校勘《永乐大典》兼分校官
7	海岛算经	〔唐〕李淳风释	戴震	校勘《永乐大典》兼分校官
8	五曹算经	〔唐〕李淳风释	戴震	校勘《永乐大典》兼分校官
9	五经算术	〔唐〕李淳风释	戴震	校勘《永乐大典》兼分校官

序号	书名	作者	校勘官员姓名	官衔
10	唐语林	〔宋〕王谠	汪如藻	校勘总目官
11	南阳集	〔宋〕赵湘	王汝嘉	武英殿分校官
12	潏水集	〔宋〕李复	庄承篯	校勘《永乐大典》兼分校官
13	南湖集	〔宋〕张镃	陈昌齐	校勘《永乐大典》兼分校官
14	画墁集	〔宋〕张舜民	于鼎	校勘《永乐大典》兼分校官
15	济南集	〔宋〕李廌	陈昌齐	校勘《永乐大典》兼分校官

以下为不详待考者，共6种。列清单如下：

元辛文房《唐才子传》八卷；

元沙克什《河防通议》二卷；

元郭啰洛·纳新《河朔访古记》二卷；

元鲁明善《农桑衣食撮要》二卷；

唐李虚中《李虚中命书》三卷；

唐苏鹗《苏氏演义》二卷。

可得校勘《永乐大典》兼分校官周永年、林澍藩、庄承篯、戴震、陈昌齐、于鼎等六位；武英殿分校官徐步云，王汝嘉等两位；校勘总目官汪如藻。

三、西北地区的有关机构设置

西北地区在采集图书过程中没有设置专门的机构，但是禁书中却有一定的机构设置。这一点和江浙地区是有区别的。

采集图书和禁毁书籍的活动开始一般由督抚代管，然后由督抚发布命令督促地方官员办理。后来在禁书过程中，有些专门的事宜需要专门人员办理，所以也有一些机构设置。

（1）乾隆四十二年（1777）十月，各州县已有经验的恩、拔、副、岁各项贡生，因亦系在职候选教职人员，于此等贡生内选择明白精细者各就附近村庄有书之家详查违碍书籍。

（2）乾隆四十四年（1779），"设局委员"通查、校勘省志及各府县缴到志书。

（3）乾隆四十四年十二月，添派试用知县教职等官员校阅缴到志书，与原设校阅人员一起将违碍著书名目及其诗文事迹，逐条签出。

（4）乾隆四十五年（1780），委派试用知县一员，试用杂佐四员，教职五员，每日在局内分手翻查缴获书籍。又派臧荣清、王瑍专司覆核。

（5）乾隆四十五年三月,设局校勘甘肃省志及各州府县志,由兰州道陈庭学总司其事。

这些机构上的安排都集中在禁书时期,说明了陕甘查缴禁书的力度以及乾隆皇帝查缴禁书的严厉性。

这些机构的设置都由陕甘督抚负责向乾隆帝报告批准。而根据《纂修四库全书档案》,纂修四库全书时期的总督、巡抚、学政有以下几人参与了陕西、甘肃（含宁夏）的图书征集、禁毁工作:

官衔	姓名	在档案中出现的时间	公历
陕甘总督	勒尔谨	乾隆三十七年十二月	1772 年
	李侍尧	乾隆四十八年十二月	1783 年
	福康安	乾隆四十九年十一月	1784 年
	勒保	乾隆五十五年十月	1790 年
署理陕甘总督	庆桂	乾隆五十年十一月	1785 年
	永保	乾隆五十一年十一月	1786 年
陕西巡抚	觉罗巴延三	乾隆三十七年十二月	1772 年
	毕沅	乾隆三十二年二月	1767 年
	永保	乾隆五十年十二月	1785 年
	秦承恩	乾隆五十五年十一月	1790 年
陕西学政	杨嗣会	乾隆三十七年十二月	1772 年
	嵇承谦	乾隆四十年七月	1775 年
	童凤三	乾隆四十三年三月	1778 年
护理陕西巡抚印务兼布政使	尚安	乾隆四十四年十二月	1779 年
	秦承恩	乾隆五十一年十二月	1786 年
署理陕西巡抚	毕沅	乾隆三十八年六月	1773 年
	刘秉恬	乾隆四十五年一月	1780 年
	毕沅	乾隆四十六年一月	1781 年

督抚、学政是四库全书采集工作中的责任者,由他们"率两省属员并力寻求"①,对于保存西北文献以及毁坏典籍方面,他们是有功也有过。

另外,本书从档案中辑录出有姓名可考的地方官员,列表如下。

---

①《纂修四库全书档案》19 条,33 页。

时间	姓名	官衔	职责
乾隆四十三年十一月	富纲	藩司	负责汇送陕省内查获应禁之书至省城
乾隆四十四年十二月	翁燿	督粮道	汇送陕省内查获应禁之书至省城后,又经委员查核后,先送翁燿查核,由司汇呈覆勘,随时饬令各该州府县将原刊板片即行铲削
乾隆四十五年正月	臧荣清	陕西汉中府属留壩同知	专司覆核
乾隆四十五年正月	王璪	三通馆议叙县丞	由三通馆议叙县丞王璪以相当县丞之缺咨部补用,协助臧荣清专司覆核
乾隆四十五年三月	王廷赞	甘肃布政使司	查缴违碍书籍呈送至督府衙门备查
乾隆四十六年正月	王廷赞		又呈部分书籍
乾隆四十五年三月	陈庭学	兰州道	总司校勘甘肃省志及各州府县志之事
乾隆四十九年十一月	浦霖	甘肃布政使司	负责查缴甘肃违碍书籍
乾隆五十一年十一月	福宁	甘肃布政使司	负责查缴《通鉴纲目前编》
乾隆五十五年十月	张诚基	署藩司	搜缴抽改甘肃境内《通鉴纲目前编》
乾隆五十六年九月	景安	甘肃布政使司	搜缴抽改甘肃境内《通鉴纲目前编》
乾隆五十七年九月	郑制锦	甘肃布政使司	搜缴抽改甘肃境内《通鉴纲目前编》
乾隆五十八年九月	汪志伊	甘肃布政使司	搜缴抽改甘肃境内《通鉴纲目前编》

从以上记载可以看出,大量的人力与时间被用到了查缴禁书工作中,知识分子的聪明才智被浪费在文化典籍的毁坏上。这对于经济、文化本来就缺乏建设的西北地区来说,不能不说是一种遗憾。

第二节　著录或存目的处理

四库馆对进呈的各省采进本、私人进献本以及通行本图书进行校阅。校阅活动开展在采集图书以后,当时由于办理的《永乐大典》和内府藏本已经导致翰林院"所有房屋俱已充满",所以在翰林院宝善亭作为校阅图书的场所。因此,翰林院内分为三处,辑校《永乐大典》在原心亭,办理内府书籍在西斋房,校阅进呈的各省采进本、私人进献本以及通行本图书在宝善亭,形成了鼎足而三的形势。

校阅书籍首先经过初步的清理甄别,如果有琐屑无当之书、颠倒是非之书、违碍悖逆之书首先剔除;然后由总裁根据校阅单分别发下,由纂修官进一步做详细的考订工作。包括版本鉴别、辨伪、考证等几个步骤的工作,对每种书每个部类纂修提要。对部分违碍悖逆之书还要抽毁、改易、重编利用或是陆续撤出销毁,有些书籍即使已经抄录也要重新校阅抽毁。

经过这些处理工作就形成了著录为库本或是仅存目的书籍。西北文献从图书的搜集、禁毁、来源、分布特点、卷数、书名异同、真伪、版本、考证、在相关文献中的体现(如《四库全书荟要》)、存目书的现存情况来看,都经过了纂修群体的加工,形成了版本学意义上的"四库本"。关于对于西北文献的处理,读者可以参阅第二章第一节对陕西巡抚采进本书籍的处理部分。

以下从版本学、辨伪学、辑佚学等几个方面叙述其著录、存目的处理状况,当然著录与存目处理涉及的方面还很多,限于篇幅,本书只从几个方面入手分析。

第一,从版本学上看,收录的西北文献多数是精善的本子。如《唐语林》版本,当时社会广泛流传《残本唐语林》2卷,而四库馆从《永乐大典》中辑录出8卷,相比而言为足本,因此四库馆抄入永乐大典本《唐语林》而弃残本不录。又《别本考古图》元大德刊本"附以诸家之考证,已非吕氏之旧,且亦自多谬误"[①],因此改录其他的本子。又如明代版刻《金史》中卷33和卷76中有阙文,因此四库馆从内府所藏元刻本中补足,采入《四库全书》库本。

一些价值很高的书也因为卷数有阙、其文难辨而忍痛列入存目书。如赵时春《平凉府通志》,"其考证叙述,具有史法。在关中诸志之内,最为有名",可惜

---

①《总目》卷116,子部谱录类存目,"别本考古图"条。

的是由于"漫漶磨灭,已不可缮写"①,只能存入存目类书籍中,甚为遗憾。其他的一些存目书也往往由于学术或政治上的原因而被存目。从版本学上看,被收录存目的往往是庸本、俗本、伪本、残本,或者辑本、别本、稿本,或者禁毁之书、异端之书、杂学之书。从时代发展来看,有些当时认为没有价值的书实际上是非常有价值的,而这一点连总纂官纪昀都不能否认,"吾党十年以前所诋诃,十年后再取阅之,幡然悔者不少矣。又安知惬吾意者必是,虽不惬吾意者必非耶?"②这一论断是很实事求是的。

第二,从辨伪学上看,著录西北文献多经过辨伪考证,能够经受得起一定的检验。《总目》在辨伪学方面取得了较高的成就。其辨伪方面的成果在《总目》中没有经过整理,司马朝军在《〈四库全书总目〉研究》③中做了辑录,本书从中整理出西北文献中的考证著作。

书名	旧题作者	真伪程度	考证
周礼	周公	真	不尽原文,而非出依托
论语笔解	韩愈、李翱	真	以意推之,韩李共相讨论而成
尔雅	周公	作者伪	缀缉旧文,递相增益,周公、孔子皆托词
史记	〔汉〕司马迁	部分伪	非惟有所散佚,且有所改易
李卫公问对	〔唐〕李靖	伪	陈师道等认为阮逸伪撰
银海精微	〔唐〕孙思邈	伪	唐、宋《艺文志》皆不著录
宅经	黄帝	托名	方技之流欲神其说,诡题黄帝作
李虚中命书	鬼谷子	真伪杂出	义例、职官、文笔皆有可疑
乙巳占略例	〔唐〕李淳风	疑伪	不见著录;《永乐大典》无征引
玉历通政经	〔唐〕李淳风	伪	天文占验不足凭,盖宋人所依托
观象玩占	〔唐〕李淳风	术家作伪	古书日亡而日少,淳风之书愈远而愈增
相掌金龟卦	鬼谷子	依托	俚俗猥鄙之谈
贵贱定格三世相书	鬼谷子	术士作伪	在术数家亦最俚浅
玄女经	黄帝	术士作伪	盖术数家依托

①《总目》卷74,史部地理类存目三,"平凉府通志"条。
②〔清〕纪昀:《张为主客图序》,见《纪晓岚文集》第一册,河北教育出版社1995年版,181页。
③司马朝军:《〈四库全书总目〉研究》,社会科学文献出版社2004年版,454－481页。

书名	旧题作者	真伪程度	考证
山水诀	〔唐〕李成	伪	不见著录;李成系宋人,题唐者误矣
白虎通义	〔汉〕班固	真	有所脱佚。朱翌以为伪撰
补炉记	京兆王绩	疑伪	殆于类书剽取之
编珠	〔隋〕杜公瞻	疑伪	世无传本,始出高士奇家。疑明人伪托
刘宾客嘉话录	〔唐〕韦绚	真中有伪	窜乱旧书,真伪杂糅。唐兰有考辨
汉武故事	〔汉〕班固	伪	史志皆不云班固有此书
汉武帝内传	〔汉〕班固	伪	《隋志》不注撰人,《宋志》不知作者
大业拾遗记	〔唐〕颜师古	伪	文词俚俗,可疑
续世说	〔唐〕李垕	伪	盖明俞安期作伪
阴符经解	黄帝	伪	余嘉锡认为决非李筌伪托。王明认为出于北朝一隐者
关尹子	〔周〕尹喜	伪	余嘉锡有辨证
阴符经三皇玉诀	黄帝	伪	词旨鄙浅,黄帝御制序尤谬陋
金丹诗诀	〔唐〕吕岩	伪	其诗不类唐格;棋路之数亦不合
昌谷集/外集	〔唐〕李贺	部分疑伪	外集词意浅薄,不类李贺作
又玄集	〔唐〕韦庄	伪	原书已佚,今所传乃赝本
空同词	〔宋〕洪瑹	有伪篇	卷末咏渔父《清平乐》一阕,据《花庵词选》本连久道词,且载其本事甚明。因二人之词相连,因误入之瑹词中。
乐府指迷	〔宋〕张炎	伪	胡玉缙认为此书乃陈继儒改窜张炎《词源》一书,因袭用沈义父《乐府指迷》之名

这些经过辨伪的书,四库馆做了以下的处理:

(1)辨伪为真本者,录为库本。如《论语笔解》《白虎通义》二书。

(2)部分辨伪为伪本或是疑伪者,列入存目类。如唐李淳风的《乙巳占略例》《玉历通政经》《观象玩占》三书、宋张炎《乐府指迷》与洪瑹《空同词》。

（3）一些辨伪为伪本或是疑伪者，因为具有一定的价值，经过处理后，仍然著录为库本。如唐韦绚《刘宾客嘉话录》，"幸所搀入者，尚有踪迹可寻。今悉刊除，以存其旧"①。又如《李虚中命书》为真伪杂出之书，但是"议论精切近理，多得星命正旨，与后来之窈渺恍惚者不同。故依晁氏原目，厘为三卷，著之于录，以存其法"②。

（4）某些真伪夹杂、疑伪者，加以保存，并不作任何处理而收录入库本。如《昌谷集外集》，包括正集中的一些诗作，不像李贺所作，但是加以保留，"疑以传疑可矣"③。再如《汉武故事》《汉武帝内传》二书，四库馆保留二书的目的只是为了"以其六朝旧帙，姑存备古书之一种云尔"④。

当然，经过辨伪后，真本的西北文献占据了多数。但是由于古书难得、书中伪的部分较少等原因，部分有缺陷的书籍也被收录到库本中。

第三，从辑佚学上看，《永乐大典》的辑录工作保存了不少西北的文献。特别是某些专门的学者负责某些图书的辑录工作，这在前文已经述及。这些辑录出的著作多数都存入了著录而没有存目书。这反映了西北文献的特殊价值所在。

当然，这些工作并不能完全保证著录的西北文献质量。如校勘《永乐大典》兼分校官周永年所辑杜预《春秋释例》，卷一内"据"讹为"摭"。

第四，从校勘学上看，这些文献都经过多次校勘、核对，一定程度上保证了书籍的质量。

除了《永乐大典》有专门学者校勘外，《四库全书》所录书籍也都有专人负责校勘。根据档案可知，《泾野子内篇》总校朱钤，分校罗修源、沈清藻、杨寿楠。《汉武帝内传》总校朱钤，《权文公集》总校王燕绪，《昌谷集》总校于鼎。

综合这些处理西北文献的原则与结果，得到了《四库全书》中西北作者的著作著录或存目情况。其中有撰写者、注疏者、集解者、音义者、翻译者多种。

本书按照部类进行统计，列表如下（卷数以《总目》为准）：

---

①《总目》卷140，子部小说家类一，"刘宾客嘉话录"条。
②《总目》卷109，子部术数类二，"李虚中命书"条。
③《总目》卷150，集部别集类三，"昌谷集"条。
④《总目》卷142，子部小说家类三，"汉武故事"条。

（一）经部

（1）经部易类

书名	卷数	著者	籍贯	来源	著录情况
横渠易说	3	〔宋〕张载	郿县	内府藏本	著录
易学启蒙意见	5	〔明〕韩邦奇	朝邑	浙江汪启淑家藏本	著录
周易辩录	4	〔明〕杨爵	富平	山东巡抚采进本	著录
周易筮述	8	〔清〕王宏撰	华阴	陕西巡抚采进本	著录
丰川易说	10	〔清〕王心敬	鄠县	两江总督采进本	著录
玩易意见	2	〔明〕王恕	三原	浙江汪启淑家藏本	存目
周易说翼	3	〔明〕吕柟	高陵	江西巡抚采进本	存目
大易蓄疑	7	〔清〕刘荫枢	韩城	陕西巡抚采进本	存目
周易详说	19	〔清〕刘绍攽	三原	陕西巡抚采进本	存目
周易汇解衷翼	15	〔清〕许体元	灵武	陕西巡抚采进本	存目
易象	2	〔清〕王明弼	陕西	山西巡抚采进本	存目
来易增删	8	〔清〕张祖武①	长安	陕西巡抚采进本	存目
周易解翼	10	〔清〕上官章	乾州	陕西巡抚采进本	存目
周易集注/图说	11/1	〔清〕王琰	渭南	陕西巡抚采进本	存目
易图疏义	4	〔清〕刘鸣珂	蒲城	江苏巡抚采进本	存目
周易赞义	7	〔明〕马理	三原	浙江范懋柱家天一阁藏本	存目

由此可得易类 16 种著作,其中著录 5 种,存目 11 种。

（2）经部书类

书名	卷数	著者	籍贯	来源	著录情况
禹贡详略	无卷数	〔明〕韩邦奇	朝邑	浙江范懋柱家天一阁藏本	存目
尚书说要	5	〔明〕吕柟	高陵	浙江汪启淑家藏本	存目
尚书质疑	8	〔清〕王心敬	鄠县	安徽巡抚采进本	存目

以上可得书类 3 种著作,全部为存目。

---

①《四库采进书目》中《来易增删》8 卷为清三原刘绍攽撰。

（3）经部诗类

书名	卷数	著者	籍贯	来源	著录情况
毛诗说序	5	〔明〕吕柟	高陵	浙江朱彝尊家曝书亭藏本	存目
复庵诗说	6	〔清〕王承烈	泾阳	陕西巡抚采进本	存目
丰川诗说	20	〔清〕王心敬	鄠县	陕西巡抚采进本	存目

以上可得诗类著作 3 种,全部为存目。

（4）经部礼类

书名	卷数	著者	籍贯	来源	著录情况
周礼注疏	42	〔西周〕周公 〔汉〕郑玄注〔唐〕贾公彦疏	岐山	内府藏本	著录
礼记说义集订	24	〔明〕杨梧	泾阳	浙江吴玉墀家藏本	存目
礼问	2	〔明〕吕柟	高陵	浙江巡抚采进本	存目
四礼宁俭篇	无卷数	〔清〕王心敬	鄠县	浙江巡抚采进本	存目
礼记汇编	8	〔清〕王心敬	鄠县	浙江吴玉墀家藏本	存目

以上共得经部礼类 5 种,4 种为存目。

（5）经部春秋类

书名	卷数	著者	籍贯	来源	著录情况
春秋左传正义	60	〔西晋〕杜预注	京兆杜陵	内府藏本	著录
春秋释例	15	〔西晋〕杜预	京兆杜陵	永乐大典本	著录
左传杜林合注	50	〔西晋〕杜预 〔明〕王道焜赵如源编	京兆杜陵	左都御史崔应阶进本	著录
春秋说志	5	〔明〕吕柟	高陵	浙江吴玉墀家藏本	存目
春秋蓄疑	11	〔清〕刘荫枢	韩城	陕西巡抚采进本	存目
春秋笔削微旨	26	〔清〕刘绍攽	三原	陕西巡抚采进本	存目
春秋通论	5①	〔清〕刘绍攽	三原	陕西巡抚采进本	存目

---

①杜泽逊《〈四库提要〉易类订疑》考订乾隆、同治刻本等皆为六卷,疑总目误。《中国典籍与文化》,2003 年第 2 期。

书名	卷数	著者	籍贯	来源	著录情况
春秋原经	4①	〔清〕王心敬	鄠县	副都御史黄登贤家藏本	

以上得经部春秋类 8 种,其中著录 3 种,存目 5 种。

(6)经部孝经类

书名	卷数	著者	籍贯	来源	著录情况
孝经注疏	3	旧题〔唐〕玄宗御注	陇西	内府藏本	著录
孝经指解	1	〔唐〕玄宗注	陇西	内府藏本	著录

以上得书 2 种,均属库本,而且作者为注释者,均为源于陇西的唐皇族李隆基所作。

(7)经部五经总义类

书名	卷数	著者	籍贯	来源	著录情况
石渠意见/拾遗/补阙	4/2/2	〔明〕王恕	三原	两淮盐政采进本	存目

共得 1 种,位列存目类。

(8)经部四书类

书名	卷数	著者	籍贯	来源	著录情况
孟子正义	14	〔汉〕赵岐注	京兆长陵	内府藏本	著录
论语笔解	2	〔旧题唐〕韩愈1 李翱2	陇西2	浙江郑大节家藏本	著录
四书因问	6	〔明〕吕楠	高陵	浙江巡抚采进本	著录
四书反身录/续补	6/1	〔清〕李颙	周至	浙江巡抚采进本	存目
读大学中庸日录	2	〔清〕康吕赐	武功	陕西巡抚采进本	存目
江汉书院讲义	10	〔清〕王功述	鄠县	陕西巡抚采进本	存目

以上共得著作 6 种,著录 3 种,存目 3 种。

---

①《春秋原经》,殿本、粤本作四卷,浙本作二卷。

（9）经部乐类

书名	卷数	著者	籍贯	来源	著录情况
苑洛志乐	20	〔明〕韩邦奇	朝邑	浙江汪启淑家藏本	著录
乐律举要	1	〔明〕韩邦奇	朝邑	编修程晋芳家藏本	存目
律吕图说	9①	〔清〕王建常	渭南	陕西巡抚采进本	存目

以上共得 3 种,著录 1 种,存目 2 种。

（10）经部小学类

书名	卷数	著者	籍贯	来源	著录情况
尔雅注疏	11	旧题周公	岐山	内府藏本	著录
匡谬正俗	8	〔唐〕颜师古	雍州万年	安徽巡抚采进本	著录
急就篇	4	〔唐〕颜师古注	雍州万年	通行本	著录
干禄字书	1	〔唐〕颜元孙	雍州万年	两淮马裕家藏本	著录
经史正音切韵指南	1	〔元〕刘鉴	自署关中	浙江汪启淑家藏本	著录
别本干禄字书	2	〔唐〕颜元孙	雍州万年	直隶总督采进本	存目
从古正文	5	〔明〕黄谏	兰州	礼部尚书曹秀先家藏本	存目
字考启蒙	16	〔明〕周宇	西安左卫	浙江巡抚采进本	存目
六书赋音义	3②	〔明〕张士佩	韩城	两江总督采进本	存目
字学同文	4	〔清〕卫执毂	韩城	浙江巡抚采进本	存目
重订马氏等音外集/内集	1/1	〔明〕马自援	籍本秦而生于滇	江苏巡抚采进本	存目
古韵叶音	6	〔清〕杨庆	秦州	陕西巡抚采进本③	存目
佐同录	5	〔清〕杨庆	秦州	陕西巡抚采进本	存目

以上共计 13 种,其中著录 5 种,存目 8 种。

以上统计为经部,按照目录来划分,每个部分都有西北人的著作;按照省份

---

① 杜泽逊《〈四库提要〉举正》认为该书分为上、下两卷。《图书馆理论与实践》,2004 年第 1 期。

② 胡玉缙认为,丁丙《藏书志》收入万历刻本为二十卷,"三"当为"二十"之误。《四库全书总目提要补正》,中华书局 1964 年版,经部《六书赋音义》条补正。

③《总目》称为泰州(属江苏)人,实际上为巩昌府秦州人,当属校订的错误。巩昌府所在的今甘肃陇西县县志有清杨庆著述为《吾从编》等,与四库著作名不符,不知为何。今存疑。

划分,最多的是陕西人的著作,其次是甘肃;按照著录和存目来分,著录 20 种,存目 40 种;按照时代来划分,主要以明清为主。

(二)史部

(1)史部正史类

书名	卷数	著者	籍贯	来源	著录情况
史记	130	〔汉〕司马迁	左冯翊夏阳	内府刊本	著录
汉书	120	〔汉〕班固	扶风安陵	内府刊本	著录
后汉书	120	〔南朝宋〕范晔		内府刊本	著录
		〔唐〕李贤 1 注〔梁〕刘昭 2 注志	陇西 1		
梁书	56	〔唐〕姚思廉奉敕撰	雍州万年	内府刊本	著录
陈书	36	〔唐〕姚思廉奉敕撰		内府刊本	著录
周书	50	〔唐〕令狐德棻等奉敕撰	宜州华原	内府刊本	著录
南史	80	〔唐〕李延寿	陇西人,世	内府刊本	著录
北史	100	〔唐〕李延寿	居相州	内府刊本	著录

以上得 8 种,全部在库本中收录。

(2)史部编年类①

书名	卷数	著者	籍贯	来源	著录情况
资治通鉴外纪	10	〔宋〕刘恕	京兆万年②	少詹事陆费墀家藏本	著录
帝王纪年纂要	1	〔元〕察罕③、黄谏补	西域板勒纥城人、后者兰州	户部尚书王际华家藏本	存目
通鉴纲目前编	25	〔明〕南轩	渭南	编修邵晋涵家藏本	存目
皇王史订	4	〔清〕李学孔	渭州	陕西巡抚采进本	存目

①北宋司马光为旧陕西夏县人,《四库全书》中收录其著作多种。但是由于夏县今属山西省,故不列。

②《总目》该书解题曰:"其先世京兆万年人。祖受为临川令,葬于高安,因家焉。"

③《元史》记载有两察罕:一是西夏人,姓兀乌密氏(卷 120《列传第七》);另外一个是西域板勒纥城人(卷 137《列传二十四》)。根据其著作及事迹,当为后者。

以上共计 4 种,其中著录的库本 1 种,存目 3 种。

(3)史部纪事本末类

库本:无;存目:无。

(4)史部别史类

书名	卷数	著者	籍贯	来源	著录情况
东观汉纪	24	〔汉〕刘珍等 〔汉〕杨彪等续补	弘农华阴	永乐大典本	著录

计 1 种,为著录书。

(5)史部杂史类

书名	卷数	著者	籍贯	来源	著录情况
云南机务钞黄	1	〔明〕张纮编	富平	户部尚书王际华家藏本	存目
辨苗纪略	8	〔清〕俞益谟	宁夏	浙江巡抚采进本	存目

以上共得 2 种,为存目,陕西人、宁夏人著作各 1 种。

(6)史部诏令奏议类

书名	卷数	著者	籍贯	来源	著录情况
王端毅奏议	15	〔明〕王恕	三原	浙江巡抚采进本	著录
玉坡奏议	5	〔明〕张原	三原	浙江巡抚采进本	著录
田表圣奏议	1	〔宋〕田锡	京兆	浙江范懋柱家天一阁藏本	存目
王介庵奏稿	6	〔明〕王恕	三原	两淮盐政采进本	存目
兵垣奏疏	1	〔明〕刘懋	临潼	陕西巡抚采进本	存目
真定奏疏/附刻	1/1	〔明〕卫桢固	韩城	陕西巡抚采进本	存目
西台奏议/京兆奏议/附曲徙录	1/1/1	〔清〕杨素蕴	宜君	陕西巡抚采进本	存目
二李先生奏议	2	〔明〕徐宗夔编 〔明〕李梦阳 李三才	庆阳	副都御史黄登贤家藏本	存目

以上得 8 种,著录 2 种,存目 6 种。

（7）史部传记类

书名	卷数	著者	籍贯	来源	著录情况
魏郑公谏录	5	〔唐〕王方庆	其先自丹阳徙咸阳	浙江鲍士恭家藏本	著录
李相国论事集	6	〔唐〕李绛1 蒋偕编	陇西1	浙江孙仰曾家藏本	著录
高士传	3	〔晋〕皇甫谧	安定朝那	江苏巡抚采进本	著录
卓异记	1	旧题〔唐〕李翱	陇西	内府藏本	著录
唐才子传	8	〔元〕辛文房	西域	永乐大典本	著录
元儒考略	4	〔明〕冯从吾	长安	浙江巡抚采进本	著录
李卫公通纂	4	〔明〕王承裕	三原	直隶总督采进本	存目
东林点将录	1	〔明〕王绍徽	陕西咸宁	江苏巡抚采进本	存目
大成通志	18	〔明〕杨庆	秦州	陕西巡抚采进本	存目
关学编	5	〔清〕王心敬	鄠县	江苏巡抚采进本	存目

以上共 10 种,其中著录 6 种,存目 4 种。

（8）史部史钞类

著录:无;存目:无。

（9）史部载记类

著录:无;存目:无。

（10）史部时令类

著录:无;存目:无。

（11）史部地理类

书名	卷数	著者	籍贯	来源	著录情况
至大金陵新志	15	〔元〕张铉	陕西①	两江总督采进本	著录
武功县志	3	〔明〕康海	武功	两江总督采进本	著录
朝邑县志	2	〔明〕韩邦靖	朝邑	兵部侍郎纪昀家藏本	著录
河防通议	2	〔元〕沙克什	西域②	永乐大典本	著录

①周生春《〈四库全书总目〉元代方志提要补正》认为:张铉乃是光州人,曾任陕西奉元路学古书院山长。总目误以其任所为乡里。《浙江大学学报(人文社会科学版)》,1997 年第 1 期。

②沙克什为元色目人。《总目》该书解题曰:"沙克什系出西域",因此归为西域人。

续表

书名	卷数	著者	籍贯	来源	著录情况
河朔访古记	2	〔元〕纳新	塔尔巴哈台①	永乐大典本	著录
嘉靖安庆府志	30	〔明〕胡缵宗	秦安	两淮盐政采进本	存目
商略	无卷数	〔明〕任庆云	商州	浙江范懋柱家天一阁藏本	存目
平凉府通志	13	〔明〕赵时春	平凉	陕西巡抚采进本	存目
续朝邑县志	8	〔明〕王学谟	朝邑	陕西巡抚采进本	存目
胶莱新河议	2②	〔明〕王献	咸宁	浙江范懋柱家天一阁藏本	存目
西渎大河志	5	〔明〕张光孝	自署关中人	两淮马裕家藏本	存目
崆峒山志	3	〔明〕李应奇	平凉	江苏周厚堉家藏本	存目

以上共得 12 种,其中著录 5 种,存目 7 种。

(12)史部职官类

书名	卷数	著者	籍贯	来源	著录情况
唐六典	30	〔唐〕唐元宗明皇帝御撰	陇西	浙江汪汝瑮家藏本	著录
		李林甫奉敕注	李唐宗室		

以上共 1 种,为库本收录。

(13)史部政书类

书名	卷数	著者	籍贯	来源	著录情况
通典	200	〔唐〕杜佑	京兆万年	内府藏本	著录

以上史部政书类得著录 1 种,存目类无。

(14)史部目录类

书名	卷数	著者	籍贯	来源	著录情况
石墨镌华/附录	6/2	〔明〕赵崡	周至	安徽巡抚采进本	著录
金石史	2	〔明〕郭宗昌	华州	浙江汪启淑家藏本	著录
金石经眼录	1	〔清〕褚峻摹图牛运震补说	邠阳	兵部侍郎纪昀家藏本	著录
金石备考	14	〔明〕来濬	关中	浙江鲍士恭家藏本	存目
金石图	2	〔清〕褚峻摹图 牛运震补说	邠阳	兵部侍郎纪昀家藏本	存目

①原写"迺贤撰",《总目》考证后认为当为郭啰洛·纳新,"纳新族出西北郭啰禄,因以为氏,郭啰禄者,以《钦定西域图志》考之,即今塔尔巴哈台也。元时色目诸人,散处天下,故纳新寓居南阳,后移于鄞县"。

②浙本作一卷。

《
四
库
全
书
》
西
北
文
献
研
究

以上可得 5 种,其中著录 3 种,存目 2 种。

(15)史部史评类

书名	卷数	著者	籍贯	来源	著录情况
世谱增定	2	〔明〕吕颙编	宁州	浙江范懋柱家天一阁藏本	存目

以上可得史部史评类 1 种,为存目,甘肃人著作。

总计史部共计 53 种,其中著录 28 种,存目 25 种。

(三)子部

(1)子部儒家类

书名	卷数	著者	籍贯	来源	著录情况
潜夫论	10	〔汉〕王符	安定临泾	江苏巡抚采进本	著录
傅子	1	〔晋〕傅玄	北地	永乐大典本	著录
帝范	4	唐太宗御撰	陇西	永乐大典本	著录
张子全书	14	〔宋〕张载	郿县	编修励守谦家藏本	著录
泾野子内篇	27	〔明〕吕楠	高陵	陕西巡抚采进本	著录
周子钞释	3	〔明〕吕楠	高陵	两江总督采进本	著录
张子钞释	6	〔明〕吕楠	高陵	两江总督采进本	著录
二程子钞释	10	〔明〕吕楠编	高陵	左都御史张若淮家藏本	著录
朱子钞释	2	〔明〕吕楠	高陵	两江总督采进本	著录
正学隅见述	1	〔清〕王宏撰	华阴	陕西巡抚采进本	著录
周子疏解	4	〔清〕王明弼	陕西	陕西巡抚采进本	存目
小学句读记	6	〔清〕王建常	渭南	陕西巡抚采进本	存目
苑洛语录	6	〔明〕韩邦奇	朝邑	副都御史黄登贤家藏本	存目
愿学编	2	〔明〕胡缵宗	秦安	陕西巡抚采进本	存目
近取编	2	〔明〕胡缵宗	秦安	陕西巡抚采进本	存目
格物图	1	〔明〕孙不扬	富平	陕西巡抚采进本	存目
论学篇	1	〔明〕孙不扬	富平	陕西巡抚采进本	存目
冯子节要	14	〔明〕冯从吾	长安	安徽巡抚采进本	存目
南阿集	2	〔清〕康吕赐	武功	陕西巡抚采进本	存目
叙天斋讲义	4	〔清〕窦文炳	长安	陕西巡抚采进本	存目
三立编	12	〔清〕王梓编	邰阳	安徽巡抚采进本	存目
砭身集	6	〔清〕刘鸣珂	蒲城	陕西巡抚采进本	存目
愚斋反经录	16	〔清〕谢王宠	陕西①	陕西巡抚采进本	存目

①本书根据康熙四十一年雁塔题名中式举人 53 名中有"宁夏谢王宠习易",一乃清乾隆之前人;二则此书收录于子部儒家类,其中讲易较多,与易类相关,疑即此人。考明代宁夏属陕西,清康熙二年,始以陕西右布政司分驻巩昌,辖临洮等府。后又改为甘肃布政司,增置甘、凉诸郡,设巡抚,于是甘肃重新建省。此时宁夏道(辖宁夏卫、宁夏中卫、宁夏后卫等)属于甘肃。至雍正二年始置府,当为宁夏道人。因此《总目》误为陕西人,当在情理中。《清史稿》卷 183《部院大臣年表》有雍正初年"九月甲戌,谢王宠左副都御史""谢王宠六月癸亥迁"记载。又,清代史贻直曾清查雁平道谢王宠和福建南平县知县梅廷谟一案。今宁夏盐池县惠安堡古城发现残碑一件,为谢王宠手笔。

以上共计23种,其中著录10种,存目13种。

(2)子部兵家类

书名	卷数	著者	籍贯	来源	著录情况
李卫公问对	3	旧题〔唐〕李靖	雍州三原	通行本	著录
八阵合变图说	无卷数	〔明〕龙正	武都	两淮盐政采进本	存目

以上共计2种,著录、存目各1种。

(3)子部法家类

著录:无;存目:无。

(4)子部农家类

书名	卷数	著者	籍贯	来源	著录情况
农桑衣食撮要	2	〔元〕鲁明善	畏吾儿	永乐大典本	著录
豳风广义	3	〔明〕杨屾(音 shēn)	西安①	江西巡抚采进本	著录

以上共2种,著录、存目各1种。

(5)子部医家类

书名	卷数	著者	籍贯	来源	著录情况
黄帝素问	24	旧题黄帝	陕西	内府藏本	著录
灵枢经	12	旧题黄帝	陕西	大理寺卿陆锡熊家藏本	著录
针灸甲乙经	8	〔晋〕皇甫谧	安定朝那	两淮盐政采进本	著录
巢氏诸病源候总论	50	〔隋〕巢元方等奉敕撰	华阴	浙江巡抚采进本	著录
备急千金要方	93	〔唐〕孙思邈	华原	两淮马裕家藏本	著录
玉机微义	50	〔明〕徐用诚1刘纯2续增	咸宁2	两淮盐政采进本	著录
银海精微	2	旧题〔唐〕孙思邈②	华原	内府藏本	著录
外台秘要方	40	〔唐〕王焘	郿县	通行本	著录
杂病治例	1	〔明〕刘纯	咸宁	浙江范懋柱家天一阁藏本	存目
伤寒治例	1	〔明〕刘纯	咸宁	通行本	存目
济阴纲目	14	〔清〕武之望	自署关中	大学士英廉家藏本	存目

①《豳风广义》解题曰:"屾之所述,盖秦民之切务",因此断定为陕西西安人,而非浙江衢州西安人。

②余嘉锡先生考定为明人所撰,前有明万历时山东莱州府平度州潍县人齐一经序,余氏未明言是否为齐所撰,但言刊本皆为齐本。今存疑不论。余嘉锡:《四库提要辨证》,669 页。

以上共 11 种,其中著录 8 种,存目①3 种。

(6)子部天文算法类

书名	卷数	著者	籍贯	来源	著录情况
周髀算经/唐李籍音义	2/1	旧题〔汉〕赵君卿1注 〔北周〕甄鸾2述 〔唐〕李淳风3释	岐州雍3	内府藏本	著录
九章算术	9	〔晋〕刘徽1注 〔唐〕李淳风2等奉诏注	岐州雍2	永乐大典本	著录
孙子算经	3	〔北周〕甄鸾1 〔唐〕李淳风2注	岐州雍2	永乐大典本	著录
海岛算经	1	〔晋〕刘徽1注 〔唐〕李淳风2等奉诏注	岐州雍2	永乐大典本	著录
五曹算经	5	〔北周〕甄鸾1注 〔唐〕韩延注2 〔唐〕李淳风3注	岐州雍3	永乐大典本	著录
五经算术	2	〔北周〕甄鸾1 〔唐〕李淳风2注	岐州雍2	永乐大典本	著录
张丘建算经	3	□张丘建1撰 〔北周〕甄鸾2注 〔唐〕李淳风3注	岐州雍3	吏部侍郎王杰家藏本	著录
缉古算经	1	〔唐〕王孝通1 〔唐〕李淳风2注	岐州雍2	吏部侍郎王杰家藏本	著录
七政推步	7	玛哈穆特1 〔明〕南京钦天监 监副贝琳2修辑	西域默德讷国王1	浙江范懋柱家天一阁藏本	著录

以上共计 9 种,均为库本。

①此条目下有明蒲州人王世相《医开》,七卷,王世相与陕西关联甚大,求学与出仕均在陕西,为陕西高陵县吕枏门人,官延川县知县。清蒲州在陕西和山西的交界处永济县,特别是明清以来,往往版图交错。但是笔者一般将蒲州统计于山西省,另外有一蒲城在今陕西蒲城,另有一福建浦城,与两者皆不相干。当谨慎区分之。考《四库全书》中蒲州人作品有唐王维(本太原祁人)《王右丞集》《画学秘诀》存目;唐张彦远《法书要录》《历代名画记》;明桑拱阳《四书则》存目;明杨博《本兵疏议》存目;明王世相《医开》存目;清吴雯(本辽阳人)《莲洋诗钞》。另外清郇阳人邵嗣尧《周易定本》,四库存目。考清代版图中并无郇阳一名。汉郇阳县在陕西洵阳县;山西猗氏县有郇阳城。清光绪三十年(1904)山西蒲州创办郇阳储蓄劝业银行。因此当为山西人。

（7）子部术数类

书名	卷数	著者	籍贯	来源	著录情况
元包经传	5	〔北周〕卫元嵩 1〔唐〕苏源明 2 传	武功 2	浙江汪启淑家藏本	著录
宅经	2	旧题黄帝	陕西	两江总督采进本	著录
李虚中命书	3	旧题〔周〕鬼谷子 1〔唐〕李虚中 2 注	狄道 2①	永乐大典本	著录
相掌金龟卦	1	旧题鬼谷子	池阳	永乐大典本	存目
贵贱定格三世相书	1	旧题鬼谷子	池阳	永乐大典本	存目
洪范图解	2	〔明〕韩邦奇	朝邑	浙江吴玉墀家藏本	存目
太微经	20	〔明〕文翔凤	三水	河南巡抚采进本	存目
乙巳占略例	15	旧题〔唐〕李淳风	岐州雍	两淮盐政采进本	存目
玉历通政经	2	旧题〔唐〕李淳风	岐州雍	浙江巡抚采进本	存目
观象玩占②	50	旧题〔唐〕李淳风	岐州雍	浙江吴玉墀家藏本	存目
易占经纬	4	〔明〕韩邦奇	朝邑	江苏巡抚采进本	存目
子平三命渊源注	1	〔元〕长安道人李钦夫	长安	浙江范懋柱家天一阁藏本	存目
玄女经	1	旧题黄帝	陕西	两江总督采进本	存目

以上共计 13 种,其中著录 3 种,其余为存目。

（8）子部艺术类

书名	卷数	著者	籍贯	来源	著录情况
述书赋	2	〔唐〕窦臮撰　窦蒙注	扶风	浙江鲍士恭家藏本	著录
德隅斋画品	1	〔宋〕李廌	华州③	两江总督采进本	著录
山水诀	1	旧题李成	本京兆长安	浙江鲍士恭家藏本	存目
理性元雅	6	〔明〕张廷玉	延安④	内府藏本	存目
五木经	1	〔唐〕李翱	陇西	直隶总督采进本	存目

---

①余嘉锡考证该书为李虚中所撰。《四库提要辨证》,758 页。又,李虚中为魏侍中李冲八世孙,李冲为陇西狄道,今甘肃临洮人。

②《总目》卷110,子部术数类存目《观象玩占》条云"夫古书日亡而日少,淳风之书独愈远而愈增。其为术家依托,大概可见矣"。该句思想与顾颉刚先生疑古思想惊人相似,该语笔者在这里不得不提出备案,以飨史家。

③〔宋〕李廌(zhì),《总目》作翟人,栾贵明《四库辑本别集拾遗》作陕西华州人(中华书局 1983 年版 565 页),今存疑。《总目》所录别集类李廌《济南集》也存而不论。

④有一些地方志认为是江西鄱阳人,今存疑不论。另有一清康熙时期张廷玉,与此同名。

以上共 5 种,其中著录 2 种,其余为存目。

（9）子部谱录类

书名	卷数	著者	籍贯	来源	著录情况
考古图/续考古图/释文	10/5/1	〔宋〕吕大临	蓝田	内府藏本	著录
奇器图说/诸器图说	3/1	〔明〕西洋邓玉函1 王徵译/〔明〕王徵2	泾阳2	两淮盐政采进本	著录
橘录	3	〔宋〕韩彦直	延安	浙江鲍士恭家藏本	著录
别本考古图	10	〔宋〕吕大临	蓝田	内府藏本	存目

以上共 5 种,著录 4 种。

（10）子部杂家类

书名	卷数	著者	籍贯	来源	著录情况
鬼谷子	1	〔周〕鬼谷子	池阳	两江总督采进本	著录
人物志	3	〔魏〕刘邵1 〔北魏〕刘昞2注	敦煌2	副都御史黄登贤家藏本	著录
白虎通义	4	〔汉〕班固	扶风安陵	通行本	著录
苏氏演义	2	〔唐〕苏鹗	武功	永乐大典本	著录
仕学规范	40	〔宋〕张镃	先世成纪	两淮马裕家藏本	著录
空同子	1	〔明〕李梦阳	庆阳	户部尚书王际华家藏本	存目
空同子纂	1	〔明〕李梦阳	庆阳	编修程晋芳家藏本	存目
经济录	2	〔明〕张炼	武功	陕西巡抚采进本	存目
槐亭漫录	无卷数	〔明〕严尧黻	朝邑	湖北巡抚采进本	存目
认字测	3	〔明〕周宇	西安左卫	浙江鲍士恭家藏本	存目
潜斋处语	1	〔清〕杨庆	秦州	陕西巡抚采进本	存目
蒙训	1	〔清〕杨庆	秦州	陕西巡抚采进本	存目
真珠船	8	〔明〕胡侍	咸宁①	通行本	存目
墅谈	6	〔明〕胡侍	咸宁	通行本	存目
山志	6	〔清〕王宏撰	华阴	江苏周厚堉家藏本	存目
补炉记	8	旧题王绩编	京兆	浙江郑大节家藏本	存目

①本书根据《明史·薛蕙传》,胡侍当为宁夏人,但是仍然保存《总目》的原始面貌。

以上共 16 种,著录 5 种,存目 11 种。

(11)子部类书类

书名	卷数	著者	籍贯	来源	著录情况
编珠/续编珠	2/2	旧题〔隋〕杜公瞻	京兆	内府藏本	著录
白孔六帖	100	〔唐〕白居易 1 〔宋〕孔传 2 续	下邽 1	内府藏本	著录
古赋题/后集	10/5	旧题〔元〕"天历己巳古雍刘氏翠岩家塾识"①	陕西	永乐大典本	存目
对制谈经	15	〔明〕杜泾	西安②	浙江吴玉墀家藏本	存目

以上共 4 种,其中著录 2 种。

(12)子部小说家类

书名	卷数	著者	籍贯	来源	著录情况
刘宾客嘉话录	1	〔唐〕韦绚	京兆	内府藏本	著录
云仙杂记	10	旧题〔唐〕冯贽	金城	两淮马裕家藏本	著录
开元天宝遗事	4	〔五代〕王仁裕	天水	兵部侍郎纪昀家藏本	著录
儒林公议	2	〔宋〕田况	京兆	内府藏本	著录
画墁录	1	〔宋〕张舜民	邠州	内府藏本	著录
唐语林	8	〔宋〕王谠	长安	永乐大典本	著录
拾遗记	10	〔前秦〕王嘉	陇西安阳	内府藏本	著录
汉武故事	1	旧题〔汉〕班固③	安陵	江苏巡抚采进本	著录

①古雍当为陕西,今陕西有古雍城。作者为元时人刘翠岩,始末不详。

②清代西安有两处:一处在浙江,一处在陕西。《总目》中对浙江西安多使用"衢州西安"或"浙江西安"等字句,因此直接言"西安"者,应为陕西西安府。

③《总目》考为王俭撰,但模棱两可。今存而不论。

续表

书名	卷数	著者	籍贯	来源	著录情况
汉武帝内传	1	旧题〔汉〕班固①	安陵	江苏巡抚采进本	著录
杜阳杂编	3	〔唐〕苏鹗	武功	两淮盐政采进本	著录
桂苑杂谈	1	〔唐〕严子休	冯翊子②	内府藏本	著录
清异录	2	〔宋〕陶榖③	邠州新平	浙江巡抚采进本	著录
大业拾遗记（南部烟花录）	2	旧题〔唐〕颜师古	京兆万年	江苏巡抚采进本	存目
残本唐语林	2	〔唐〕王谠	长安	内府藏本	存目
续世说	10	旧题〔唐〕李垕	陇西	兵部侍郎纪昀家藏本	存目
见闻考随录	无卷数	〔明〕韩邦奇	朝邑	浙江范懋柱家天一阁藏本	存目
幽怪录（玄怪录）	1	〔唐〕牛僧孺	安定鹑觚（后徙狄道）	两淮盐政采进本④	存目
续玄怪	4	〔唐〕李复言	陇西	浙江范懋柱家藏本	存目

以上共 18 种,著录 12 种,存目 6 种。

（13）子部释家类

书名	卷数	著者	籍贯	来源	著录情况
法苑珠林	120	〔唐〕释道世	长安⑤	大理寺卿陆锡熊家藏本	著录
开元释教录	20	〔唐〕释智昇	长安⑥	江西按察使王昶家藏本	著录

以上共计 2 种,为著录书。

---

①余嘉锡考为梁元帝所撰,今存而不论。《四库提要辨证》,1135 页。

②唐严子休,自称冯翊子。唐长安以东为京兆,以北为左冯翊,渭城以西为右扶风,是为三辅。因此严子休可能为唐冯翊人。今存疑。

③余嘉锡考此书非陶榖作,今存疑不论。《四库提要辨证》,1163 页。

④该书附李复言《续幽怪录》一卷,《唐志》与《馆阁书目》作五卷,《通考》作十卷。该书有两种版本:一是附录在牛僧孺《幽怪录》之后;一种则从浙江范懋柱家天一阁得之,有二三十事,与《唐志》记载卷数也不相符,《总目》认为当是从《太平广记》中辑出。两个本子都不是完整的原本。

⑤唐释道世,俗姓韩,祖籍洛州伊阙,因家历代在长安做官,遂定居为长安人。

⑥《总目》该书解题曰:"开元中居长安西崇福寺。"

（14）子部道家类

书名	卷数	著者	籍贯	来源	著录情况
阴符经解	1	旧题黄帝	陕西	浙江鲍士恭家藏本	著录
关尹子	1	旧题〔周〕尹喜	邽县	两淮盐政采进本	著录
列子	8	〔周〕列御寇 1 旧题〔晋〕张湛 2 注	敦煌 2	江苏巡抚采进本	著录
亢仓子注	9	旧题〔唐〕何粲 1 〔明〕黄谏 2 音释	兰州 2	衍圣公孔昭焕家藏本	著录
古文周易参同契注	8	〔清〕袁仁林	三原	陕西巡抚采进本	存目
金丹诗诀	2	旧题〔唐〕吕岩	京兆	两江总督采进本	存目
终南山祖庭仙真内传	3	〔周〕尹轨 1 撰、 〔唐〕尹文操 2 续作、 〔元〕李道谦编①	邽县 1	两淮监政采进本	存目

以上 7 种,著录 4 种,余为存目。

子部共 117 种,其中著录书 62 种,存目书 55 种。

（四）集部

（1）集部楚辞类②

书名	卷数	著者	籍贯	来源	著录情况
楚辞新注	8	〔清〕屈复	蒲城	陕西巡抚采进本	存目

以上 1 种,为存目书。

---

①元全真道士李道谦（1219—1296）编集。李氏字和甫,号天乐道人,汴梁（今河南开封）人。师事高道宽（高师于善庆,于师马钰）,为马钰嫡传。活动于华山、终南山、燕山等地,以居终南祖庭筮溪道院时间最长。曾任陕西五路西蜀四川道教提点,著有《七真年谱》《终南山祖庭仙真内传》《终南山记》《甘水仙源录》等。《总目》该书解题曰该书为周邽县尹喜弟尹轨撰、唐尹文操续作。

②此条下有《楚辞评林》八卷,明庆城沈云翔。《总目》所记庆城,甚为可疑。今甘肃庆阳市庆城县 2002 年左右新设,黑龙江庆安县清代同治年间命名为余庆县。后因与贵州省余庆县重名,更名为庆城县,1944 年又改为庆安县。云南昆明曾称中庆城。似均与此无关,考《明史》《清史稿》中均无此地名。不知何来。后查证《四库全书百科大辞典》,方知其为鹿城人。所有版本《总目》该条下均误。

（2）集部别集类

书名	卷数	著者	籍贯	来源	著录情况
璇玑图诗读法	2	〔明〕康万民①	武功	湖北巡抚采进本	著录
盈川集	10	〔唐〕杨炯	华阴	浙江鲍士恭家藏本	著录
李太白集	30	〔唐〕李白	陇西成纪②	安徽巡抚采进本	著录
李太白集分类补注	30	〔唐〕李白〔宋〕杨齐贤集注〔元〕萧士赟补注	陇西成纪	通行本	著录
李太白诗集注	36	〔唐〕李白〔清〕王琦注	陇西成纪	浙江巡抚采进本	著录
颜鲁公集	15	〔唐〕颜真卿	雍州万年	副都御史黄登贤家藏本	著录
宗玄集	3	〔唐〕吴筠	华阴	浙江巡抚采进本	著录
韦苏州集	10	〔唐〕韦应物	京兆	江苏巡抚采进本	著录
昆陵集	20	〔唐〕独孤及1梁肃2编	安定2	江苏巡抚采进本	著录
权文公集	10	〔唐〕权德舆	天水	内府藏本	著录
李文公集	18	〔唐〕李翱	陇西成纪	浙江鲍士恭家藏本	著录
昌谷集/外集	4/1	〔唐〕李贺	郡望陇西③	浙江巡抚采进本	著录
笺注评点李长吉歌诗/外集	4/1	〔唐〕李贺〔宋〕吴正子笺注刘辰翁评点	郡望陇西	江苏巡抚采进本	著录
沈下贤集	12	〔唐〕沈亚之	长安④	编修汪如藻家藏本	著录
白氏长庆集	71	〔唐〕白居易	下邽	通行本	著录
白香山诗集	40	〔唐〕白居易	下邽	内府藏本	著录
樊川文集	20	〔唐〕杜牧	京兆万年	内府藏本	著录

①《璇玑图》回文诗最早为符秦时期秦州刺史窦滔之妻苏蕙所作，为我国回文诗的滥觞。后来失其句读，故康万民作此书，时代方面仍归于汉至五代类。

②李白生于中亚碎叶，《旧唐书》作山东人，《新唐书》作陇西成纪人。

③《总目》该书解题曰："案贺系出郑王，故自以郡望称陇西，实则家于昌谷。昌谷地近洛阳，于唐为福昌县，今为宜阳县地。"

④《总目》该书解题曰："本长安人，而原序称曰吴兴人，似从其郡望。"

兰州大学文库

书名	卷数	著者	籍贯	来源	著录情况
韩内翰别集	1	〔唐〕韩偓	京兆万年	江苏巡抚采进本	著录
浣花集	10	〔唐〕韦庄 韦蔼编	杜陵	编修汪如藻家藏本	著录
咸平集	30	〔宋〕田锡	京兆	两江总督采进本	著录
忠愍集	3	〔宋〕寇准 范雍编	华州下邽	两淮盐政采进本	著录
南阳集	6	〔宋〕赵湘	京兆①	永乐大典本	著录
潏水集	16	〔宋〕李复	长安②	永乐大典本	著录
南湖集	10	〔宋〕张镃	先世成纪	永乐大典本	著录
梅岩文集	10	〔宋〕胡次焱	唐宗室③	两江总督采进本	著录
画墁集	8	〔宋〕张舜民	邠州	永乐大典本	著录
济南集	8	〔宋〕李廌	华州	永乐大典本	著录
还山遗稿	2	〔元〕杨奂 〔明〕宋廷佐辑	乾州奉天	浙江鲍士恭家藏本	著录
石田文集	15	〔元〕马祖常	靖州天山④	两淮马裕家藏本	著录
青阳集	4	〔元〕余阙	武威⑤	编修励守谦家藏本	著录
金台集	2	〔元〕纳新 危素编	西域	江苏巡抚采进本	著录
友石山人遗稿	1	〔元〕王翰 王偁辑	西夏⑥	编修汪如藻家藏本	著录
鹤年诗集	3	〔元〕丁鹤年	西域⑦	直隶总督采进本	著录

---

①《总目》曰:"其先自京兆徙家于越,至湘始家于衢,遂为西安人。"

②《总目》曰:"先世家开封祥符,以其父官关右,遂为长安人。"

③《总目》曰:"其始祖本唐宗室,五代时育于胡氏,因冒姓胡,婺源人。"

④《总目》曰:"世为雍古部人,居靖州之天山。高祖锡里济苏,金末为凤翔兵马判官,子孙用以官为氏之例,遂称马氏。曾祖雅哈从元世祖南征,因家于汴,后徙光州。"靖州天山在今新疆北部。

⑤《总目》曰:"色目人,世居武威,以父官合肥,遂家焉。"

⑥《总目》曰:"其先西夏人,元初从下江淮,授领兵千户,镇庐州,因家焉。"

⑦《总目》曰:"色目人。……元亡,避地四明,后归老武昌山中",其自注曰"先西域人"。

续表

书名		卷数	著者	籍贯	来源	著录情况
空同集		66	〔明〕李梦阳	庆阳	陕西巡抚采进本	著录
对山集		10	〔明〕康海 1 〔清〕孙景烈 2 编	武功 1	湖北巡抚采进本	著录
太白山人漫稿		8	〔明〕孙一元	秦①	浙江孙仰曾家藏本	著录
苑洛集		22	〔明〕韩邦奇	朝邑	副都御史黄登贤家藏本	著录
杨忠介集		13	〔明〕杨爵	富平	陕西巡抚采进本	著录
温恭毅公集		30	〔明〕温纯	三原	江苏巡抚采进本	著录
冯少墟集		22	〔明〕冯从吾	长安	江苏巡抚采进本	著录
御制诗集（清高宗御制，454 卷）	初集/目录	44/4	〔清〕蒋溥等奉敕编	韩城（王杰）		著录
	二集/目录	250/10	〔清〕蒋溥等奉敕编			
	三集/目录	100/12	〔清〕于敏中奉敕编			
	四集/目录	100/12	〔清〕董浩等奉敕编			
	五集/目录	100/12	〔清〕王杰等奉敕编			
	徐集/目录	20/3	〔清〕王杰等奉敕编			
杜律意注		2	〔明〕赵统	临潼	陕西巡抚采进本	存目
东坡守胶西集		4	〔明〕阎士选编	绥德州	浙江巡抚采进本	存目
冢宰文集		1	〔明〕张纮明 嘉靖中富平 训导王道编	富平	浙江范懋柱家天一阁藏本	存目
王端毅文集		9	〔明〕王恕	三原	江苏巡抚采进本	存目

①《总目》曰："自称秦人，或传为安化王孙。"

书名	卷数	著者	籍贯	来源	著录情况
渼陂集/续集	16/3	〔明〕王九思	鄠县	陕西巡抚采进本	存目
对山集①	19	〔明〕康海	武功	陕西巡抚采进本	存目
泾野集	36	〔明〕吕柟	高陵	浙江汪如瑮家藏本	存目
韩五泉诗集/附录	4/2	〔明〕韩邦靖	朝邑	浙江汪如瑮家藏本	存目
鸟鼠山人集	29	〔明〕胡缵宗	秦安	两淮马裕家藏本	存目
拟涯翁拟古乐府	2	〔明〕胡缵宗	秦安	陕西巡抚采进本	存目
拟汉乐府（舆上集）	8	〔明〕胡缵宗	秦安	陕西巡抚采进本	存目
平田诗集	2	〔明〕管楫	咸宁	陕西巡抚采进本	存目
餷田文集/补遗	11	〔明〕马理	三原	两江总督采进本	存目
西玄集	8	〔明〕马如骥	绥德	浙江汪如瑮家藏本	存目
赵浚谷集	16	〔明〕赵时春	平凉	浙江汪如瑮家藏本	存目
别本浚谷集②	17	〔明〕赵时春	平凉	安徽巡抚采进本	存目
骊山集	14	〔明〕赵统	临潼	陕西巡抚采进本	存目
王氏存笥稿	20	〔明〕王维桢	华州	陕西巡抚采进本	存目
太乙诗集	5	〔明〕张炼	武功	陕西巡抚采进本	存目
征南草	1	〔明〕王邦俊	鄜州③	陕西巡抚采进本	存目
松门稿	8	〔明〕王庭撰	华州	浙江巡抚采进本	存目
自愉堂集	10	〔明〕来俨然	三原	浙江巡抚采进本	存目
东极篇	无卷数	〔明〕文翔凤	三水	浙江巡抚采进本	存目
文太青文集	2	〔明〕文翔凤	三水	陕西巡抚采进本	存目

①《对山集》已经在别集著录中,库本采用的是孙景烈删定本,而原本为张太微所编,《总目》将之存目,"不没其裒(póu)辑之功云尔"。

②《总目》在这里也是保留了两个版本。

③王邦俊,《大慈恩寺志》题口"岷州卫学生",应为甘肃人。

书名	卷数	著者	籍贯	来源	著录情况
许灵长集	无卷数	〔明〕许灵祚	陕西	浙江巡抚采进本	存目
逸园新诗/咏怀诗	1/1	〔明〕耿志炜	武功	陕西巡抚采进本	存目
溉堂前集/后集/续集/诗馀	9/6/6/2	〔清〕孙枝蔚	三原	陕西巡抚采进本	存目
二曲集	22	〔清〕李颙	周至	浙江巡抚采进本	存目
春树草堂集	6	〔清〕杜恒灿	三原	监察御史孟生蕙家藏本	存目
循寄堂诗稿	无卷数	〔清〕朱廷燝	富平	陕西巡抚采进本	存目
愿学堂集	20	〔清〕周灿	临潼	陕西巡抚采进本	存目
见山楼诗文集	不分卷	〔清〕杨素蕴	宜君	陕西巡抚采进本	存目
抚皖治略/抚楚治略/附穀城水运纪略	1/1/1	〔清〕杨素蕴	宜君	陕西巡抚采进本	存目
张康侯诗草	11	〔清〕张晋	狄道	陕西巡抚采进本	存目
愁(yìn)斋存稿	4	〔清〕白乃贞	清涧①	陕西巡抚采进本	存目
谷口山房诗集	10	〔清〕李念慈	泾阳	陕西巡抚采进本	存目
中岩集	6	〔清〕宋振麟	淳化	江西巡抚采进本	存目
受祺堂诗集	34	〔清〕李因笃	富平	陕西巡抚采进本	存目
雪石堂诗集	不分卷	〔清〕刘尔恽	宜君	陕西巡抚采进本	存目
克念堂文钞	2	〔清〕雷铎	蒲城	江苏巡抚采进本	存目
朱圉山人集	12	〔清〕巩建丰	巩昌伏羌	陕西巡抚采进本	存目
丰川全集	28	〔清〕王心敬	鄠县	内府藏本	存目
丰川续集	34	〔清〕王心敬	鄠县	陕西巡抚采进本	存目

①《总目》未著其里贯,根据《大慈恩寺志》第十六卷题名补。陈景福主编:《大慈恩寺志》卷16《雁塔题名录(三)》,三秦出版社 2000 年版。

书名	卷数	著者	籍贯	来源	著录情况
史复斋文集	4	〔清〕史调	华阴	陕西巡抚采进本	存目
念西堂诗集	8	〔明〕王令	渭南	陕西巡抚采进本	存目
古雪堂文集	19	〔明〕王令	渭南	浙江巡抚采进本	存目

以上共计87种,其中著录41种,存目46种。

(3)集部总集类

书名	卷数	著者	籍贯	来源	著录情况
御览诗	1	〔唐〕令狐楚编	宜州华原	江苏巡抚采进本	著录
窦氏联珠集	5	〔唐〕窦常窦牟窦群窦庠窦巩褚藏言编	京兆	两江总督采进本	著录
雍音	4	〔明〕胡缵宗	秦安	陕西巡抚采进本	存目
频阳四先生集	4	〔明〕张纮、李宗枢、杨爵、孙丕扬	富平	陕西巡抚采进本	存目
古文辑选	6	〔明〕冯从吾	长安	内府藏本	存目
汉诗音注/汉诗评	5/5	〔清〕李因笃	富平	直隶总督采进本	存目
二南遗音	4	〔清〕刘绍攽	三原	陕西巡抚采进本	存目

以上7种,著录2种,存目5种。

(4)集部诗文评类

著录:无;存目:无。

（5）集部词曲类

书名	卷数	著者	籍贯	来源	著录情况
山中白云词/乐府指迷	8/1	〔宋〕张炎	祖籍天水①	江苏巡抚采进本	著录
寿域词	1	〔宋〕杜安世	京兆	安徽巡抚采进本	存目
空同词	1	〔宋〕洪瑹	平凉②	安徽巡抚采进本	
乐府指迷	1	〔宋〕张炎	祖籍天水	编修程晋芳家藏本	
碧山乐府	5	〔明〕王九思	鄠县	陕西巡抚采进本	

以上共 5 种,其中著录 1 种,余为存目。

总计集部 100 种,其中著录 44 种,存目 56 种。

另外,阮元《研经室外集·四库未收书提要》中补充了唐孙思邈《千金宝要》原本 17 卷,明王九思集注周秦越人《难经》5 卷,宋张炎《词源》2 卷,唐安定皇甫枚《三水小牍》2 卷等著作的提要。

总的来说,著录与存目共计 330 种。其中著录书共 154 种,存目书 176 种。著录与存目基本达到一比一的比例,著录比例 46.7%,著录略少于存目。

这些书经过四库馆的选择处理,其中被著录的 154 种西北作者文献被包括在著录的 3000 多种书籍中送交抄手誊写。由于翰林院地方太小,所以选定各书送交武英殿发抄,这些用于抄写收入《四库全书》的进呈本被称为“四库底本”。后来这批底本移回翰林院列架贮存,供士子查阅,是七份《四库全书》的原本,合之则为八份《四库全书》。其余无须钞写的书主要是存目之书,重本,禁毁书,保留在武英殿堆放起来。后来底本虽然发还了 390 多种,但是仍然有近万种存目及未存目或著录的底本藏在翰林院。但是经历了偷窃以及后来侵略者的攫取、毁弃,损失严重,加上虫蛀、残缺现象严重,到光绪年间,竟然只剩下 1000 余种。而存目之书到同治年间以后,几乎不见踪迹,只有少部分散见于各地图书馆与私人手中,文化典籍的损失非常惨重。

第三节　陕甘的禁书活动

除了对书籍进行著录或是存目的处理外,还有部分书籍既没有收录库本,也没有存目,更有部分书籍涉嫌“违碍悖逆”,需要查缴焚毁或是修改内容。

---

①该书题曰:“西秦张玉田”。《总目》曰:“循王张俊之五世孙,家于临安”,西秦为其祖贯,实为甘肃天水人。宋时大臣绵竹人张浚,又有将领天水人张俊,当区分清楚。

②《总目》未言其里贯,由其自号及诗词内容可断定他居住在崆峒山,当为平凉人。

乾隆三十九年(1774)八月至乾隆五十八年(1793),清朝进行了历时19年的禁书活动。禁书是继征书后进行的查缴、销毁所谓"违碍""悖逆"书籍的活动。同征书相比,禁书花费时间更长,涉及地区更广,而且范围也大大扩展,使我国古代特别是宋元以后的文化典籍遭到了一次前所未有的破坏。此时的西北地区也难以幸免。

当时全国共禁毁书籍3100多种,151000多部,销毁版片80000块以上。①而民间自行销毁的书籍更不在少数。西北地区的禁书活动只在当时的陕西、甘肃二省境内进行。禁书活动包括禁止的西北人著作和在陕甘境内进行的其他禁毁书的活动。

根据档案,禁书活动通过两条渠道进行:一是四库馆对所征集图书的查禁;二是利用各省督抚等地方官员。陕甘禁书活动的主要执行者是陕甘总督、陕西巡抚、陕西学政,他们命令地方州县官员以及士绅参与禁书活动。其方式是:

第一,宣示晓谕。主要是以谕旨的形式,由大学士向各省督抚传达乾隆皇帝的旨意,然后由督抚负责向陕甘民间,特别是向受过教育的生童"遍行出示,并饬各属传集地保,逐户晓谕"②。一方面利用临近考试之时,向生童"面加开导",另外又向销售书籍的坊肆购买。呈缴书籍的多是陕西的"各府州县并儒学教官以及生童等"③,后又增派本地的贡生,"以同村共并之人,查办既属近便,而人皆彼此熟识,更无疑惧"④。

第二,利用教官绅士等查缴。陕西"属饬地方官各就乡城村堡择采端方老成之绅士,于一乡一邑之中,细访有书之家,开明书目,代为翻阅";另外,除了仅有的三名候补教职外,在贡生中选择"明白精细者,每人令各就附近村庄有书之家再行详细检查"⑤。书院也是查缴的重要场所,如向兰山书院和关中书院查缴禁书。

第三,书肆和藏书之家。陕西与甘肃虽然藏书之家甚少,"素鲜藏书之户",但是也有数家。官府因此采取措施反复查缴,陕甘藏书之家可谓不堪其苦。

第四,各省与陕甘互咨详查。陕甘所查缴书籍多是"各省奏明应禁之书";而陕甘所查禁的陕甘籍作者的著作也向其他各省通报,以在其他省份也得以查禁。

①资料来源于黄爱平:《四库全书纂修研究》,78页。
②《纂修四库全书档案》263条,388页。
③《纂修四库全书档案》293条,452页。
④《纂修四库全书档案》528条,866页。
⑤《纂修四库全书档案》445条,743页。

第五,根据郡邑志乘搜觅。如利用《陕西通志》和《甘肃通志》查缴。护理陕西巡抚尚安设局委员"通查省志及各州府县缴到志书,共七十六部"①,后又增加试用知县一员,试用佐杂四员,教职五员,每日在局内翻查;同时还用陕西汉中府官员臧荣青以及原三通馆议叙县丞王嶼协助查阅,足见其重视程度。陕甘则随檄饬令藩司将甘肃省志及州府县志"调集省城,设局委员校勘,并委兰州道陈庭学总司其事"②。

第六,专案查缴。查缴屈大均、钱谦益、金堡等人的著作都是以谕旨形式下达到陕甘进行查缴。这些督抚学政往往向乾隆皇帝呈递奏折表明查缴禁书的决心,同时将各个藏书之家藏书以及郡邑志乘中有关这些著作的目录、内容都一并删除。

第七,刊刻禁书书目。禁书书目虽不在陕甘纂编,但是在陕甘境内通行并有板刻,以便于当地官府查缴。

一、陕甘宁境内的禁书活动

陕甘宁境内的禁书活动分为三个阶段:

第一阶段是乾隆三十九年(1774),由于各省均不重视禁书上谕,所以陕甘也无书籍呈送;

第二阶段是乾隆四十年(1775)到四十七年(1782),禁书活动达到高潮;

第三阶段是乾隆四十八年(1783)以后,禁书活动仍在进行,但是以《通鉴纲目续编》一书所附《发明》《广义》各条违碍内容为主。

乾隆皇帝发布了禁书诏令,但是并没有引起各省督抚的重视,继浙江巡抚称从未见有荒诞违碍书籍之后。陕西省也上奏说,陕甘与东南省份大有不同,本来书籍就非常有限,"惟是陕甘两省,民多淳朴,士鲜明通,自经书子史而外,凡无关举业者,皆不甚珍惜。即有一二旧家世族,其子弟亦多荒废,是以藏书之家甚少"。③ 到乾隆四十年五月,竟然"尚无呈缴"。

但是乾隆皇帝并不善罢甘休。乾隆三十九年十一月,乾隆皇帝借屈大均一事连下两道谕旨,严令督责,"不使边隅僻壤稍有遗留"④。从乾隆四十年(1775)后各省查缴禁书的活动正式展开,到四十七年(1782)底达到了高潮。

---

①《纂修四库全书档案》675 条,1144 页。

②《纂修四库全书档案》680 条,1151 – 1152 页。

③《纂修四库全书档案》263 条,389 页。

④《纂修四库全书档案》293 条,452 页。

下表列出了陕甘禁书时期的大事：

时间	奏折呈递者	事件	档案号
乾隆四十年七月	陕西学政稽承谦	查获《明通纪》二部、《明从信录》一部、《屈大均诗集》一部、钟惺《历朝捷录》十三部、黄道周《博物典汇》六部	277 条
乾隆四十年闰十月	陕甘总督勒尔谨、陕西巡抚毕沅、陕西学政稽承谦	呈缴《博物典汇》等书共计二十二部，又零星一百五本	293 条
乾隆四十一年六月	署理陕甘总督毕沅	奏缴《乾坤宝典》一种	清代各省禁书汇考
乾隆四十三年三月	陕甘总督勒尔谨、陕西巡抚毕沅、陕西学政童凤三	查缴《古今全史集要》等书，共计四十九部，又零星三百九十本	485 条
乾隆四十三年七月		令将山西省查获《六柳堂集》一书一体确查	528 条
乾隆四十三年十一月	陕甘总督勒尔谨、陕西巡抚毕沅、陕西学政童凤三	查缴违碍书籍共计九十九部，又零星七百三十三本	561 条
乾隆四十五年正月	署理陕西巡抚刘秉恬	查办陕甘省志	678 条
乾隆四十五年三月	陕甘总督勒尔谨	甘肃省查获各种违碍书籍及《十三经》内钱谦益序文，其中宁夏府呈据武举俞良资呈缴伊祖俞益谟《青铜自考》十二本，散书八页，板五百七块	679 条
乾隆四十五年五月	陕甘总督勒尔谨	奏进所查缴《龙门纲鉴》《龙门纲鉴会纂》等图书三十九种①	清代各省禁书汇考

---

①《清代各省禁书汇考》中记载为 39 种，而《清代禁书知见录》中所列为 27 种。两者书名也不完全一致。

时间	奏折呈递者	事件	档案号
乾隆四十五年六月	护理陕西巡抚尚安	查获《群书备考》等书共计一百八部,又零星书籍三百八十八本	679 条
乾隆四十六年闰五月	署理陕西巡抚毕沅	查获《太乙诗集》等书计四十四部,又零星不全者三百七本,其中陕西人著作三种	793 条
乾隆四十六年六月	陕甘总督李侍尧	奏进《续通鉴纲目》《古今史略》《元史纪事本末》《明史纪事本末》等三十六种	清代各省禁书汇考
乾隆四十六年六月	陕西巡抚毕沅	奏进张炼《太乙诗集》及《经济录》、李柏《槲叶集》、徐奋鹏《古今治统》四种	清代各省禁书汇考
乾隆四十六年八月	陕甘总督李侍尧	奏进涉及尹嘉铨著述、碑记、题识、序文者二十六种;其他有《孝经分传》《孝经列传》桂平陆显仁《格物广义》、宜山余心孺《訡梦草》等	清代各省禁书汇考
乾隆四十六年十一月	署理陕西巡抚毕沅	查获《群书备考》等共十四部,不全者二百十三本,序文二十九篇;同时有尹嘉铨所刻书籍十五种,二十八本,十八卷	828 条
乾隆四十六年十二月	署理陕西巡抚毕沅	查出印本留有空格者七部,共五十六本	833 条

从以上列表可以得出一些结论:

第一,从档案记载中可以看出,以上这些书有整本的,有残缺不全的。由于都是旧本,多数没有板片。

第二,乾隆时期禁书在陕甘地区有广泛的流传,从中能够了解到陕甘地区的文化发展程度。如乾隆四十五年(1780)六月的奏折后附录了"陕西省查缴应禁违碍书籍清单":

> 《群书备考》、《博物典汇》、《广舆记》、《状元策》、《读史纲》、《通纪纂》、《明通纪纂》、《明通纪》、《明通纪汇编》、《三朝要典》、《名山藏》、《明从信录》、《两朝从信录》、《历朝捷录》、《通纪会纂》、《明鉴易知录》、《古今全史》、《捷录大全》、《捷录大成》、《捷录直解》、《捷录全编》、《明纪会纂》、《明纪编年》、《明纪编年会纂》、《明纪辑略》、《通纪直解》、《王凤洲纲鉴》、《藏书》、《续藏书》、《登坛必究》、《百将传》、《广百将传》、《广名将谱》、吕留良《四书语录》、吕留良《四书讲义》、吕留良《四书题说》、吕留良《评点陈大士稿》、《天盖楼偶评》、王锡侯《试帖详解》、焦竑《澹园续集》、陈际泰《已吾集》、钟惺《隐秀轩集》、艾南英《天傭子集》、邝露《峤雅集》、钱谦益《笺注杜诗》、《李氏焚书》。以上共书一百八部,又零星三百八十八本①。

第三,禁书的地理范围涉及陕甘两省。查缴主要是在陕西境内进行,"甘省幅员辽阔,恐僻壤穷乡未能家喻户晓"②。但是甘肃并不能幸免,如将甘肃省志及州府县志"调集省城,设局委员校勘,并委兰州道陈庭学总司其事"③,甘肃宁夏道也查获了一些书籍。

下列是根据档案所列的部分地区呈送的书籍分类,这个目录只是档案有记载的,并不是该州县的实际呈缴书目:

> 甘肃省:兰山道1部;
> 宁夏区:宁夏道1部(当时属甘肃);
> 陕西省:西安府2部(其中关中书院1部);
> 长安县1部;
> 宝鸡、洵阳二县4部;
> 岐山县2部;
> 武功县1部;

①《纂修四库全书档案》698条,1174-1176页。
②《纂修四库全书档案》679条,1150页。
③《纂修四库全书档案》680条,1151-1152页。

华州 1 部；

大荔 1 部；

华阴 1 部；

朝邑 2 部。

从这个简单清单中可以看出,禁书活动涉及陕西省、甘肃省以及甘肃省宁夏道。特别是在关中平原地区,禁书活动更加严重。因为禁书活动,文化水平和东南地区相比较低的陕甘宁地区遭到了一次非常严重的典籍破坏。

第四,乾隆四十六年(1781)是陕甘查缴禁书的高峰期,史料中记载呈送禁书的次数甚多。

乾隆四十八年(1783)以后,各地查缴的书籍种类和数量减少。但是乾隆帝发现《通鉴纲目续编》一书所附《发明》《广义》各条,多有谩骂和一偏之见,因此各地开始转而查缴此书,至乾隆五十八年(1793)才告结束。根据档案,全国直省查得书籍 2668 部,陕西甘肃共查缴 79 部,其中甘肃 2 部。由于陕西"地方朴陋,藏书本属无多,是以今年止据各属缴到数部"①。而甘肃则"地处边陲,藏书之家甚少",所呈两部是宁夏道与兰山书院所献②。但是后来续查尹嘉铨著作各书,仅甘肃就有 23 种③。

第五,本书根据以上档案记载粗略估计,陕西、甘肃(包括宁夏)共查缴书籍 389 部,其中零星不全的 2229 本,本书没有把零星不全者算成一部。而黄爱平统计认为当时全国禁毁书籍 3100 多种,151000 多部,销毁书板 80000 块以上,其中陕西 310 部,甘肃 304 部,共 614 部。④ 这个数字是比较准确的。比较全国其他省份,陕甘损失较小。特别是像甘肃这样的省份,土地辽阔,人烟稀少,对禁书查缴起来也并不容易。

第六,从以上书籍可以看出,陕甘境内的禁书活动可以分为以下几种:

(1)野史稗乘。如《通纪纂》《明通纪纂》《明通纪》《明通纪汇编》《历朝捷录》《古今全史》《百将传》《广百将传》《广名将谱》等书籍,多是和明朝有关的史实和人物,由于涉及明末抗击清朝的事实,所以遭到查禁。陕西巡抚毕沅"将各乡城村堡现有书籍内,除六经、正史及家塾通行读本毋庸覆查外,其余或有明

①《纂修四库全书档案》1060 条,1819 页。

②《纂修四库全书档案》1122 条,1903 页。

③任松如:《四库全书答问》,启智书局 1935 年版,61 页。

④黄爱平:《纂修四库全书研究》,78 页。

人诗文集及稗官野史、寻常不经见之书,概行开单呈送臣衙门。俟臣亲自检阅"①;

（2）文集笔记、奏疏杂纂。如焦竑《澹园续集》、陈际泰《已吾集》、钟惺《隐秀轩集》、艾南英《天傭子集》、邝露《峤雅集》等著作,其中有违碍语句,一并查缴;

（3）郡邑志乘。如陕甘等地的地方史志都被细细检阅,以防有违碍语句;

（4）"御批"书籍,主要是《通鉴纲目续编》;

（5）陕甘境内一些收有尹嘉铨、屈大均等人篇章的著作需要"摘毁",而尹嘉铨的著述则全毁。如《登华记》"屈大均有登华山记"②,因而需删除;

（6）其他书籍。如《乾坤宝典》等书"虽无悖逆之说。而望气占星之说,惑世蛊民"③,因而也加以禁毁。

二、遭到查禁的陕甘作者的著作

根据上述分析,乾隆四十六年(1781)闰五月,查获《太乙诗集》等书计44部,又零星不全者307本。这些书涉及陕西人著作3种。

但是根据《四库采进书目》"陕西省呈送书目"列出的禁毁书有5种,根据档案增加1种,根据《四库禁书丛刊》增加2种,再根据《清代禁毁书目》《清代禁书知见录》《清代禁书总述》,分别有以下书籍遭到禁毁或抽毁:

序号	书名	卷数	作者	时代	籍贯
1	太乙〔山人〕诗稿	5	张炼	明	武功
2	经济录	2	张炼	明	武功
3	欲焚草	4	胡忻	明	秦州
4	太青文集	2	文翔凤	明	三水
5	南极篇	22	文翔凤	明	三水
6	皇极篇	27	文翔凤	明	三水
7	太微经(西极篇)	9	文翔凤	明	三水
8	纲鉴金丹	不详	潘光祖	明	关中

①《纂修四库全书档案》528条,867页。

②〔清〕姚觐元编《清代禁毁书目(补遗)》(与《清代禁书知见录》合刊本),商务印书馆1957年版,323页。

③雷梦辰:《清代各省禁书汇考》,书目文献出版社1989年版,12页。该书收集并不齐全,特别是没有利用《纂修四库全书档案》的资料。但是《纂修四库全书档案》中也有大量缺少记载的,二书可互为参证。

序号	书名	卷数	作者	时代	籍贯
9	汇辑舆图备考全书	18	潘光祖	明	关中
10	溉堂前集/后集/续集/文集/诗馀	9/6/6/5/2	孙枝蔚	清	三原
11	尤瘅稿	不详	张廷玉	明	延安
12	马文庄公文集选(马文庄集)	15	马自强	明	大荔
13	张伎陵集(石蕊集)	7	张凤翔	明	洵阳
14	举业厄言	5	武之望	明	关中
15	征南草	1	王邦俊	明	鄜州
17	自愉堂集	10	来俨然	明	关中
18	王氏存笥稿(槐野先生存笥稿)	38	王维桢	明	华州
19	青铜自考	12	俞益谟	清	宁夏
20	著老书堂集/附词	8/1	张世进	清	临潼
21	山志/附大明世系	6/1	王宏撰	清	华阴
22	山志初集/二集	6/6	王宏撰	清	华阴
23	宝闲集	4	张四科	清	临潼
24	太白山人欀叶集/附录	5/1	李柏	清	郿县
25	弱水集	22	屈复	清	蒲城
26	艾陵文钞/诗钞	16/2	雷士俊	清	泾阳

总共 26 种。这几部书又分为几种情况:

第一是位列存目中而被查缴。

《太乙〔山人〕诗稿》五卷,《经济录》二卷,明武功张炼著。《总目》为《太乙诗集》五卷,《诗馀》一卷,万历间刻本。

《太青文集》二卷,《太微经》(又名《西极篇》)九卷,明三水文翔凤著。《总目》存目《文太青文集》二卷。《太微经》为万历三十四年刊本,又崇祯间刊本。

《溉堂前集》九卷,《后集》六卷,《续集》六卷,《文集》五卷,《诗馀》二卷,清三原孙枝蔚著。四库存目阙《文集》。康熙甲子刊本。

《征南草》一卷,明鄜州王邦俊著。

《自愉堂集》六卷,明关中来俨然著,《总目》载作诗六卷、文四卷误,万历己未刊本。

《王氏存笥稿》(又名《槐野先生存笥稿》《王槐野存笥稿》)三十八卷,明华州王维桢著,万历七年己卯刊本。

《山志》六卷,附《大明世系》一卷,清华阴王宏撰著。四库存目阙《大明世系》,康熙间刊本。又,《山志初集》六卷,《二集》六卷,乾隆五十三年绍衣堂刊本,二集卷一、卷六原阙。

以上书籍《总目》中都有存目和介绍,但是仍然不免被抽毁。采进本张炼《太乙〔山人〕诗稿》,诗作"源出长庆,而更加率易",位列存目中是由于"殊不类诗格",而且"涉俗"①。其《经济录》"是编上卷论捍御西北之计,皆纸上陈言",认为其所议的"以坚壁清野为上策,而我之强弱,敌之进退可勿论。世有此安边之法乎",下卷和末论更是"与经济无关"②。乾隆年间列入外省移咨应毁各种书目中。采进本文翔凤《太青文集》属于"偶然选录之本,非其完帙也"③。明文翔凤所著《太青文集》虽被禁毁,但其所著《太微经》则在《总目》中有收录和介绍。为我们留下了关于他个人履历的信息。其《东极篇》(《四库存目丛书》收录为四卷,明万历间刻文太青先生全集本,集部第 184 册),也在存目书中,但是未禁毁。

根据档案,乾隆四十六年(1781)闰五月署理陕西巡抚毕沅上奏,在查缴书籍中有"《太乙诗集》《经济录》二种,并张炼著。查张炼系武功县人,前明嘉靖二十三年进士,曾任湖广道员,所著《太乙诗集》,语句多有违碍,其《经济录》中筹边各议,俱系用兵策略,未便留存。至《槲叶集》系李柏著。查李柏系郿县诸生,国初未经出仕,诗文内亦有悖谬之处,均应查禁"④。这次共查缴《太乙诗集》《经济录》《槲叶集》三种书籍,包括板片。由于同时将这三部书报明各省一并搜查,所以在全国直省范围内对这三部陕西人的书籍进行查缴活动。

明郿州人王邦俊所著《征南草》,"集内请告上两院呈词有违碍语,应请抽毁"⑤。

其他存目后而被重新抽毁的书籍,也是因书中有"悖谬语",列入军机处奏准全毁书目或是外省移咨应毁各种书目。

这些存目书虽然被查缴,但是多数都有存世。如《四库存目丛书》就收录了很多。详见后文。关于这些作者《总目》中也多有介绍,这里不再赘述。

第二种是《总目》中没有存目的禁毁书,对此本书将较为详尽地介绍。

《太白山人槲叶集》五卷,附《南游草》一卷,清李柏著,清康熙三十四年刊本。李柏(1630—1700),初名李如泌,后更名,字雪木,自称白山逸人,晚号太白山人,陕西郿县(今眉县)人。诸生,少为酒家佣工,事母至孝。清初未出仕,避荒居洋县,入太白山读书数十年,成为大儒,为关中儒者所称"三李"(李柏、李颙、李因笃)之一。后避居山区,务农为业。常拾取橶叶书写其志。门人拾叶集曰《橶叶集》。年六十六而卒。诗文前三卷为文,包括赋、论、叙、说、记、传、跋、辨、解、语录、杂著、图、赞、祭文、书等。后两卷为诸体诗。因诗文内有悖谬之处,所以被陕西巡抚奏缴,乾隆四十六年奏准禁毁。

《欲焚草》,明秦州胡忻著,顺治甲午刊,康熙四十二年重刊。胡忻,字慕之,又字慕东,胡来缙之子。明代甘肃秦州人①,万历己丑(1589)科进士,官临汾知县,至工科给事中,太常寺卿。与李三才同为当时著名东林党人。《欲焚草》四卷除三篇"会试原卷"外,均为奏疏,涉及工商、水利等治国大事。书中有"偏谬语",列入军机处奏准全毁书目。

《文天瑞集》《南极篇》《皇极篇》,明三水文翔凤著。军机处查缴《皇极篇》二十七卷,以诗、文、子、史四部分类。书成于万历四十五年(1617),现有《文太青先生全集本》,军机处认为此书"作文怪僻,书名又题皇极,属诞妄不经。又卷八江海稿中御边策内有狂悖之语"②,奏准列入军机处第二次全毁书目。《文天瑞集》为浙江巡抚三宝奏缴,乾隆四十二年(1777)十一月初二奏准禁毁。该书分《南极篇》《东极篇》《皇极篇》,"间有触碍语句",又有一部"止《西极篇》……名《文太青集》,俱删改本"。可见,诗文集《文天瑞集》为足本。《南极篇》二十二卷,也是《九极篇》之一,约为天启间刊本,以诗、文、子分部,有《文太青先生全集》本。书中多清廷禁忌语句,如"东夷""黠虏""犬羊"等。江苏巡抚杨魁奏缴,乾隆四十四年(1779)四月初八奏准禁毁。

《舆图备考》《纲鉴金丹》《汇辑舆图备考全书》,明关中潘光祖著。潘光祖,字海虞,号大参,陕西人。《舆图备考》为崇祯间刊本。山西巡抚农起奏缴称《舆图备考》:"尊卑定论立论俱有偏谬,末有昭代纪要,系陈建注,均应抽毁。"于乾隆四十七年五月二十六日奏准禁毁。《汇辑舆图备考全书》也称《舆图备考全书》,十八卷二十四册,为潘光祖辑、清江苏江都李云翔参订。先由潘氏汇辑,未成而卒,李云翔费时三年,历五稿始成。该书采录二十九种书内容汇集而成,凡山川、建制沿革、关梁、河渠、海防、茶马等内容几乎无不涉及。卷十八《外夷》涉及了清朝先祖的活动,山东巡抚国泰奏缴称"内女直考,语多触碍"③,因此在禁

---

①胡忻,各种资料均作秦州人。仅《清代禁书总述》作南直隶凤阳府五河县人,不知何来。

②《清代禁书总述》,206页。

③《清代禁书总述》,295页。

毁之列。乾隆四十四年六月初四奏准禁毁。此书存世极少,有崇祯六年(1633)大紫堂刻本行世。

《尤癯稿》,明延安张廷玉著,明崇祯间刻本。张廷玉《理性元雅》为四库存目书,而其文集《尤癯稿》由于"书中诋触字面甚多,应请销毁"①。

《马文庄公文集选》,明大荔马自强著。道光丙午刊,同治关中敦轮堂刊本。马自强(1523—1579),字体乾,同州大荔人。嘉靖进士,隆庆中直经筵,迁国子祭酒。万历时,官吏部尚书,后入相。卒谥文庄。《马文庄公文集选》十五卷,包括诗、文、疏、书、志、碑、祭文、墓志、行状等。女真人入贡,爵赏逾额,马氏认为当对胡人申明初约,以示国威。诗歌中将女真等喻为豺狼,因此遭到禁毁。此书原有明刊全集,为避文字狱,选刊本已非原貌。现存同治时期马氏十一世重孙所刊本。同期禁毁的还有明刊《马文庄集》全本。

《张伎陵集》,明洵阳张凤翔著。该书又作《石蕊集》,七卷,为弘治间刊本。据查该书"四、五卷内,指斥字面甚多,应请销毁"②。

《举业卮言》五卷,明关中武之望著,万历己亥周氏万卷楼刊本。

《著老书堂集》,清临潼张世进著。张世进,字秩青,号啸斋。此书为诗集八卷附词一卷,卷一至卷八全部以年月标明。乾隆二十年己亥精刊本。两江总督书麟奏缴,乾隆五十三年奏准禁毁。

《宝闲集》,清临潼张四科著,乾隆间精刊本。张四科,字喆人,号渔川,寓居江都。除此外还著有《响山词》等。《宝贤集》四卷,收录作者乾隆初年所作古今体诗近四百首。此书为两江总督书麟奏缴,乾隆五十三年(1788)五月三十日奏准禁毁。

《弱水集》,清蒲城屈复著,乾隆壬戌刊。屈复《楚辞新注》,为四库存目书。而其文集《弱水集》二十二卷,"诗中多违悖语,应销毁"③,为军机处第九次奏进全毁书目。安徽巡抚闽鄂元查缴的二十四种禁书中也有该书。乾隆四十四年(1779)二月二十二日奏准禁毁。现存乾隆七年贺克章刻印本。

《艾陵文钞》十六卷,《艾陵诗钞》二卷,清泾阳雷士俊著。雷士俊(1610—1668),字伯吁。家从陕西迁居扬州,入扬州府学,尝擢第一补廪。屡应乡试不中。崇祯末弃廪贡不仕,布衣终身。曾与同里结社,皆一时杰出,制义称雄,号为"直社"。念古文绝响,乃著书明道。《艾陵诗钞》因"诗中有悖谩语",因此列入军机处第四次奏进全毁书目。《艾陵文钞》有康熙间萃乐草堂刊本,同列军机

---

①《清代禁书总述》,221 页。

②《清代禁书总述》,378 页。

③《清代禁书总述》,269 页。

处第四次全毁书目。

第三种,本不应该遭到销毁的书籍也遭到毁坏。

《青铜自考》十二卷,清宁夏俞益谟著,康熙间刊本。

《青铜自考》于乾隆四十四年(1779)七月内经湖南巡抚李湖奏请查禁,后虽经乾隆皇帝谕旨不必查禁①,但是陕甘总督仍然将宁夏府呈据伊孙武举俞良资呈缴的十二本原书、板片五十块销毁。俞益谟,字嘉言,号澹庵,宁夏人,官至湖广提督。康熙四十二年(1703),细苗为"乱",从征并率领湖南兵丁参与镇压苗人起义。破苗后著《辨苗纪略》八卷,浙江巡抚采进本,位列《总目》杂史类存目。宁夏学者对俞益谟的作品有相关的研究②。

所采集到的图书不全者,即使无违碍之处,也在销毁之列。如《西台奏议》等十三种"残缺不全,无可采取,相应一并开单送进销毁"③。《西台奏议》只因残缺不全,无可采取,竟然也不能留存于世。可见禁书政策之严厉。这样的书当然并不禁止,但是其销毁对文献的破坏还是不小的。

禁书中有一些确实是没有价值的,出于统治阶级的利益,也加以禁毁。如《乾坤宝典》,"虽无悖逆之说。而望气占星之说,惑世蛊民"④,但已属个案。

三、挖改书籍

除了禁毁书外,还有一些书籍的内容被删改。挖改书籍的地域范围比搜集图书范围更广,直省几乎无一幸免。最多是浙江 404 部,最少是甘肃 2 部,陕西则有 53 部,西北两省共挖改书籍 55 部。又如,明朝史乘多记载有西北边外部落的,往往外省的查缴不辨明是非,一概作为应毁之处。虽然四库馆拟定的《查办违碍书籍条款》九则中专门纠正此事⑤,但是风声鹤唳的诸省督抚仍然不敢放松,以至于西北的诸多史实记载多有被删改。如《关中集》,"集内阐佛备边形胜诸论,俱有偏谬语,应请抽毁"⑥。

乾隆四十六年(1781)十二月,查出印本留有空格的书籍 7 部,计 56 本。清单如下:

---

①这一说法根据《纂修四库全书档案》,而《清代各省禁书汇考》则认为此书为湖广总督奏缴,乾隆年间奏准禁毁。不知何证。

②田富军:《清代宁夏籍湖广提督俞益谟著述考》,载《宁夏社会科学》2005 年第 2 期。

③乾隆五十三年十一月二十六日军机处奏折,见于《故宫博物院》第 22 期。

④雷梦辰:《清代各省禁书汇考》,书目文献出版社 1989 年版,12 页。该书收集并不齐全,特别是没有利用《纂修四库全书档案》的资料。但是《纂修四库全书档案》中也有大量缺少记载,几书可互为参证。

⑤郭伯恭:《四库全书纂修考》,国立北平研究院史学研究会 1937 年版,25 页。

⑥〔清〕姚觐元编《清代禁毁书目(补遗)》,22 页。

《康海集》6本;

《马理集》4本;

《杨爵集》6本;

《赵崡石墨镌华》4本;

《冯从吾集》18本;

《李颙集》8本;

《李因笃集》10本。

官员将这些书中的违碍字样,都空成空格。

从上述清单可以看出,这些书籍陕西地区的作品。这些书不在销毁之列,而是查填违碍字句后发还。另外,陕甘境内遭到查禁的《通鉴纲目前编》也被删改、挖补,然后发还。发还之后,"将抽挖字句黏贴成本存俟汇齐送京销毁"①。这一活动持续的时间更长。主要负责挖改的官员是陕西巡抚毕沅。

另外,陕甘的碑刻及拓本也遭到了查禁。相当多的碑刻被扑毁,凡是"文武各官去思、德政等碑,并军民制悬匾额,自饬禁之始,即经逐一搜查,全行扑毁"②。乾隆四十三年(1778),陕西马栏镇总兵保宁奏称石门有一所名为"将军庙"的神祠,祭祀汉中郎将孟谧。到明嘉靖、万历时重修,文内多有对清朝不利的字句,因此遵照乾隆帝的旨意"碑字尽行磨去"。又如后来续查出"山西山东甘肃石刻七种"的拓本,全部查缴销毁,竖碑摩崖也全部磨毁。陕甘二省中陕西历代碑刻甚多,这次查禁,对陕西的碑刻破坏是非常严重的。

陕西与甘肃境内流行秦腔,也遭到查阅,其中违碍字句被尽行删改或是查禁。

第四节　四库副产品对西北著作的收录

《四库全书》的副产品是指在纂修《四库全书》过程中伴随而生的一些作品。如《四库全书荟要》《四库全书总目》《四库全书考证》《武英殿聚珍版丛书》等等。而这些衍生的作品对西北作者作品的处置也能够反映作品本身价值。

一、《武英殿聚珍版丛书》中收录的著作

《四库全书》纂修过程中,纂修官根据乾隆皇帝制订的标准选择了一批图书

①《纂修四库全书档案》1075条,1839页。

②《纂修四库全书档案》1360条,2202页。

呈送清朝内务府刻书机构武英殿。由金简负责,将《永乐大典》中辑录出的书籍分为应刊、应抄、应删三种,其中应抄与应刊者勘定后准备缮录正本,而应刊者则逐步刊刻。部分珍本秘籍因此于乾隆三十九年(1774)以后正式得到刊刻。这一工作的进行保存了大批珍贵典籍并弘扬了文化。在整个过程中,陆续刊刻了138种典籍。其中包括了一些西北作者的文献。列单如下:

序号	书名	时代	作者	部类	来源
1	帝范(初刻)	唐	太宗	子部	永乐大典本
2	春秋释例	晋	杜预	经部	永乐大典本
3	傅子	晋	傅玄	子部	永乐大典本
4	周髀算经/附唐李籍音义	唐	李淳风释	子部	永乐大典本
5	九章算术/附唐李籍音义	唐	李淳风释	子部	永乐大典本
6	海岛算经	唐	李淳风注	子部	永乐大典本
7	孙子算经	唐	李淳风注	子部	永乐大典本
8	五曹算经	唐	李淳风注	子部	永乐大典本
9	五经算术	唐	李淳风注	子部	永乐大典本
10	唐语林	宋	王谠	子部	永乐大典本
11	颜文忠集	唐	颜真卿	集部	永乐大典本
12	南阳集	宋	赵湘	集部	永乐大典本

武英殿聚珍版所收录的书籍全部为永乐大典本。当然,从永乐大典本所辑录的西北著作也没有全部被收入《武英殿聚珍版丛书》。后来有许多西北作者的作品也都依照"聚珍版"的程式、方法来刊刻。这些聚珍本的单行本数量比《武英殿聚珍版丛书》还要多。

二、《四库全书荟要》

《四库全书荟要》是乾隆帝考虑到《四库全书》耗费时日,为了阅览的方便,因此专门从应钞书籍中选择"菁华"编辑而成的另一部小型的丛书。为了编辑《四库全书荟要》而设立专门的荟要处,由于敏中、王际华专司其事,乾隆三十八年(1773)十月就进呈了第一批荟要缮本。

《四库全书荟要》的选择非常严格,如经部选择的是《十三经注疏》以及皇帝御纂、钦定的作品,注重反映经学源流、具有代表性、考据实证的作品;史部由于馆臣惧怕风险,因而多收录正史与皇帝御批、御定的作品;子部所收书籍适当兼收并蓄,反映各家面貌;集部首选是清朝皇帝的诗文,其他则是能够反映各家流派大致面貌的作品。

尽管受到禁书政策以及文字狱的影响,《四库全书荟要》选书标准大打折扣。但是作为一种对文献的编辑与选辑,这部书反映了被选文献的价值。因此清理出其中西北作者的作品也是非常必要的。

根据《四库全书荟要总目》的书目清单,有以下西北作者的作品被收录到《荟要》中:

序号	书名	作者	时代	部类
1	横渠易说	张载	宋	经部
2	左传注疏	杜预注	西晋	经部
3	孝经注疏	玄宗注	唐	经部
4	孟子注疏	赵岐注	汉	经部
5	史记	司马迁	汉	史部
6	汉书	班固	汉	史部
7	后汉书	李贤注	唐	史部
8	周书	令狐德棻等奉敕撰	唐	史部
9	梁书	姚思廉奉敕撰	唐	史部
10	陈书	姚思廉奉敕撰	唐	史部
11	南史	李延寿奉敕撰	唐	史部
12	北史	李延寿奉敕撰	唐	史部
13	通典	杜佑	唐	史部
14	白虎通义	班固	汉	子部
15	傅子	傅玄	晋	子部
16	帝范	太宗	唐	子部
17	素问	黄帝		子部
18	周髀算经	李淳风释	唐	子部
19	五经算术	李淳风注	唐	子部
20	关尹子	关尹喜	周	子部
21	潜夫论	王符	汉	子部
22	盈川集	杨炯	唐	集部
23	李太白集	李白	唐	集部
24	权文公集	权德舆	唐	集部
25	白氏长庆集	白居易	唐	集部

序号	书名	作者	时代	部类
26	樊川文集	杜牧	唐	集部
27	金台集	纳新	元	集部
28	石田文集	马祖常	元	集部
29	空同集	李梦阳	明	集部

以上共计29种书。其来源途径中内府藏书、私人进献本、各省采进本、永乐大典本以及通行本均有。但是《四库全书荟要》没有收录《永乐大典》中辑录的所有珍本典籍,甚至在《武英殿聚珍版丛书》中出现的大量书籍也都没有收录,反映了《四库全书荟要》的局限性。

三、《四库全书总目》

《四库全书总目》中收录了所有的著录书、存目书的情况,包括西北文献的书名、部门分类、来源、卷数、作者(姓名、生卒年、生活时代、家族、履历、迁徙、人品、学问渊源)、刊刻情况、时代、内容等等。它被认为是目录学、版本学、考据学、辨伪学、辑佚学等的集大成之作,其对西北文献的评论条分缕析、入木三分,从文献学方面来说功不可没。除了这些公认的成就外,《总目》对西北文献的分析还有一些较为特殊的内容。

首先,《总目》代表着清代人对西北的全新认识。乾隆皇帝经略西域,使当时人的耳目一新。特别是对于西北的认识更加深入。

(1)《总目》对西北战略地位有一定的重视,但是总的来说已经大大不同于前人。昔日"西北要地",到乾隆时期已发生重大变化:"昔之所谓险要者,今皆在户阈之间;昔之所谓强梁者,今皆隶赋役之籍。"①这比较前代不能不说是一大变化。

(2)乾隆皇帝兵至西域,亲身的经历使前代很多对西域的历史误会都被澄清。如对西域、河源、大漠、龙沙等地理范围、真相的阐述,极大地改观了历代对于西北的亦真亦幻、真假混杂的模糊认知,是对清朝经略西北军事、政治活动的一次文化总结。

如"明代自嘉峪关外,即以为绝域,无由西越昆仑",河源则是"远隔穷荒,前志未闻,率皆瞽说"。而《钦定河源记》"祛万世之疑,而订百世之谬"②;《钦定西

---

① 《总目》卷75,史部地理类存目四,"秦边纪略"条。
② 《总目》卷75,史部地理类存目四,"河源记"条。

域图志》"征实传信,凡前代传闻之说,一一厘正"①。

(3)《总目》不但澄清了许多对西北的误解,还以实例而考证、辨析了不少书籍。可以说,正是有经营西域的基础才使四库馆臣有了准确的西域和河源概念,使很多书籍得以判断其价值。这些都对澄清士人于西北旧的模糊认识有相当重要的作用。如评价以下书籍:

《元史》所记"耳食相沿,混淆益甚"②;

《昆仑河源考》"凡所指陈,俱不甚相远,亦可谓工于考证不汩没于旧说者矣"③;

《大唐西域记》"法显、玄奘之所记,附会佛典,更多属子虚。盖龙沙、葱雪,道里迢遥,非前代兵力所能至。即或偶涉其地,而终弗能有。故记载者依稀影响,无由核其实也",故"姑录存之,备参考焉"④;

《黄河图议》"所绘河源,仍沿《元史》之误"⑤,故存目;

《河源记》"竟以故纸置之可矣"⑥,故存目;

《使西域记》"其所载音译,既多讹舛,且所历之地,不过涉嘉峪关外一二千里而止。见闻未广,大都传述失真,不足征信"⑦,故存目。

第二,《总目》提供了一些关于西北学术发展情况的线索。

(1)西北理学家的一些讲学活动。

西北自张载以来,关学发展兴旺。至于明代,士人风气不减,尤喜讲学。综合《总目》中出现的理学家吕柟学生,有徐坤、吴遵、陶钦、马书林、韦鸾、满潮、邓诰、王廷相、程爵;讲学的内容涉及诗、书、礼、乐等多种;学生也多来自周边州县,包括山西州县,但也有休宁人。其讲学多"笃实近理"⑧。

明冯从吾刚正不阿,也喜讲学,"时官京师,会讲都城,至环听者院宇不能容,终亦以此招谤"⑨,其"讲学之作,主于明理;论事之作,主于达意,不复以辞采为工。然有物之言,笃实切明"⑩。

又如清理学家李颙,知名弟子为王心敬。心敬与弟子讲学论辩,所作语录

①《总目》卷71,史部地理类四,"大唐西域记"条。
②《总目》卷69,史部地理类二,"昆仑河源考"条。
③《总目》卷69,史部地理类二,"昆仑河源考"条。
④《总目》卷71,史部地理类四,"大唐西域记"条。
⑤《总目》卷75,史部地理类存目四,"黄河图议"条。
⑥《总目》卷75,史部地理类存目四,"河源记"条。
⑦《总目》卷64,史部传记类存目六,"使西域记"条。
⑧《总目》卷30,经部春秋类存目一,"春秋说志"条。
⑨《总目》卷96,子部儒家类存目二,"冯子节要"条。
⑩《总目》卷172,集部别集类二十五,"冯少墟集"条。

杂著,全集与续集所收录共达六十二卷。曾在湖北江汉书院讲学,其子录为《江汉书院讲义》。

《总目》所记,明马理、李梦阳、胡缵宗、韩邦奇、南轩等人皆讲学并收取弟子,而胡缵宗"师罗钦顺而友魏校、湛若水、何瑭、吕柟、马理";韩邦奇、邦靖兄弟当时"负重名。时有'关中二韩'之目,而诗则不出当日之风气"①。这些人多能"通经"。康海、马理、吕柟当时并称,如《总目》所引《明史·儒林传》杨一清"康生之文章,马生、吕生之经术,皆天下士也"②。

(2)关学的发展。

宋朝张载已经发展出了作为理学一支的关学。张载关学的诞生标志着关中文化由经济、制度、民俗层面升华为哲理层面③。至于明代更是大大发展,并以笃行履践为重要特征。

明代关西讲学"关中之学,大抵源出河东、三原,无矜奇吊诡之习。缵宗又师罗钦顺而友魏校、湛若水、何瑭、吕柟、马理"④。因此可分为河东、三原两支派。

关学最初发端于河津薛瑄(1389—1464)。薛瑄"明代醇儒,瑄为第一,而其文章雅正,具有典型,绝不以俚词破格"⑤。河东之学,"虽或失之拘谨,而笃实近理"⑥,不久从河东一派发展出了三原支派,以三原王恕(正统戊辰进士)为始,"明世关西讲学,其初皆本于薛瑄,王恕又别立一宗,学者称为三原支派。大抵墨守主敬穷理之说,而崇尚气节,不为空谈。黄宗羲所谓风土之厚,而加之以学问者"⑦。河东一派在关中代表则是高陵吕柟(正德戊辰进士),"柟师事渭南薛敬之,其学以薛瑄为宗"。其人弟子众多,成为"河津之渊源",而"为学志在格物以穷理,先知而后行"⑧,重视笃实履践。关学总结性的著作有明冯从吾《关学编》,后王心敬又补。

而《总目》又有关西道学开自杨爵之说。富平杨爵(嘉靖己丑进士)晚于薛瑄、吕柟,其时道学往往"以濂、洛、关、闽为宗",分为金溪、姚江两派,后者多言心。"案爵与罗洪先、钱德洪诸人游,以讲学相勖。然德洪等源出姚江,务阐良

---

①《总目》卷176,集部别集类存目三,"韩五泉诗集"条。

②《明史》卷282《儒林列传·马理列传》,中华书局1974版,7250页。

③赵吉惠:《三秦文化的狭义、广义及特征》,载《陕西师范大学学报》1993年第4期。

④《总目》卷96,子部儒家类存目二,"愿学编"条。

⑤《总目》卷170,集部别集类二十三,"薛文清集"条。

⑥《总目》卷93,子部儒家类三,"东溪日谈录"条。

⑦《总目》卷63,史部传记类存目五,"关学编"条。

⑧《总目》卷93,子部儒家类三,"泾野子内篇"条。

知之说,爵则以躬行实践为先。关西道学之传,爵实开之"①。至清,明武功康海之孙康吕赐"自称为姚江之支派"。

虽然关学发展,仍然不乏独立之士。与吕柟同时期的韩邦奇(正德戊辰进士)"当正、嘉之际,北地、信阳方用其学提唱海内,邦奇独不相附和,以著书余事,发为文章,不必沾沾求合于古人",其涉猎甚广博,"故其征引之富,议论之核,一一具有根柢,不同缀拾浮华"②。三原温纯,明白事理,为人正直,其学"大旨以程、朱为本,不宗姚江,而亦不甚驳姚江"③。

(3)关中文化圈的范围。

历来关中范围歧义甚多,而《总目》在解题中则明确将甘肃庆阳、天水、平凉等地,即历史地理意义上的陇西地区,归纳到关中文化圈的范畴。如称《平凉府通志》为关中诸志中最为有名,明显将平凉归入关中地理范围。

《总目》中在将王令(陕西渭南人)作品视为文翔凤之余派时云"盖沿波钟、谭,全非庆阳、武功以来秦中旧格矣"④,又云"词多塞涩,似沿其乡文翔凤余派。又好用释典,颇杂宗门语录。所作《诗话》,如纪陇西施妙玉在冥中代高素臣作诗"⑤。我们看出,陇西、庆阳这些地区在文化上都和关中有着千丝万缕的联系,受关中文化影响很深。

(4)诗歌中所谓"秦声"的特征以及流派。

《总目》在相当多的地方论述到了诗歌的秦声问题。秦声的特点是"激昂悲壮",如论明秦安人胡缵宗"其诗激昂悲壮,颇近秦声。无妩媚之态,是其所长;多粗厉之音,是其所短"⑥,而平凉人赵时春"今观其诗文,多慷慨自喜,不可拘以格律。胡松《序》所谓秦人而为秦声,亦其风气然也"。清三原人孙枝蔚"诗本秦声,对激壮之词。大抵如昔人评苏轼词,如'铜将军、铁绰板唱大江东去'也"⑦。

秦声的缺点是"亢厉"而至粗,如明三原人来俨然"酬应尺牍居其大半,他作亦多亢厉之音。朱彝尊《明诗综》不登一字,殆病其粗钝"⑧,清富平人李因笃《受祺堂集》诗作"大抵意气苍莽,才力富瞻,而亢厉之气一往无前,失于粗豪者,

①《总目》卷172,集部别集类二十五,"杨忠介集"条。
②《总目》卷171,集部别集类二十四,"苑洛编"条。
③《总目》卷172,集部别集类二十五,"温恭毅公集"条。
④《总目》卷185,集部别集类存目十二,"念雪堂诗集"条。
⑤《总目》卷185,集部别集类存目十二,"古雪堂文集"条。
⑥《总目》卷176,集部别集类存目三,"鸟鼠山人集"条。
⑦《总目》卷181,集部别集类存目八,"溉堂前集"条。
⑧《总目》卷179,集部别集类存目六,"自愉堂集"条。

盖亦时时有之。殆所谓利钝互陈者欤"①。因此,清泾阳李念慈《谷口山房诗集》诗作吐属浑雅,无秦人亢厉之气,就为《总目》所赞。

秦声"笃实"的特点使其诗歌创作不求华丽,而尚朴实。因此,秦地的作者往往更推崇杜甫和白居易,推李白者为罕。如明武功人张炼"其诗源出长庆,而更加率易"②;明许光祚《许灵长集》"诗格平易",清清涧人白乃贞"其诗叙述真朴,不加文饰",清宜君人刘尔怿"其诗刻意摹杜,然大抵在形似之间",清伏羌人巩建丰诗文"大抵平实简易,无擅胜之处,亦无踳驳之处"③。

此时《总目》所记的秦陇诗歌流派有"庆阳、武功以来秦中旧格","文翔凤余派"以及所谓"北地旧调"——"规橅唐音,浮声多而切响少,犹袭北地之旧调者也"④。

除了西北外,庆阳李梦阳影响了明成化以后的文风。当时梦阳冒险弹劾刘瑾,"气节本震动一世。又倡言复古,使天下毋读唐以后书,持论甚高,足以竦当代之耳目,故学者翕然从之,文体一变。厥后模拟剽贼,日就窠臼,论者追原本始,归狱梦阳,其受诟厉亦最深"。《总目》认为明代文风的形成是时代发展的结果,"考明自洪武以来,运当开国,多昌明博大之音。成化以后,安享太平,多台阁雍容之作。愈久愈弊,陈陈相因,遂至啴缓冗沓,千篇一律。梦阳振起痿痹,使天下复知有古书,不可谓之无功。而盛气矜心,矫枉过直",并认为从李梦阳始,"且以著风会转变之由,与门户纷竞之始焉"⑤。

（5）秦陇地方志具有史法。

《雍录》解题"明代陕西诸志,皆号有法"⑥,《平凉府通志》"考证叙述,具有史法",而即使是《总目》评价不高的《续朝邑县志》也是"观所叙录,视冗滥之舆记,尚为有法"。而康海《武功县志》则成为历代州县志乘之宗:"后来志乘多以康氏为宗。"

上两种史志为西北本土人所作,而他省作者所作陕省郡志也较为有法,如《雍大记》解题:"关中自《三辅黄图》以后,宋敏求、程大昌所作最为简雅有法。"⑦

（6）秦陇医学发展源流。

---

①《总目》卷183,集部别集类存目十,"受祺堂集"条。
②《总目》卷177,集部别集类存目四,"太乙诗集"条。
③以上均见于《总目·集部·别集类存目》。
④《总目》卷181,集部别集类存目八,"愿学堂集"条。
⑤《总目》卷171,集部别集类二十四,"空同集"条。
⑥《总目》卷70,史部地理类三,"雍录"条。
⑦《总目》卷73,史部地理类存目二,"雍大记"条。

秦陇等地号称医学滥觞。生活于黄河流域的黄帝为传说中的医家,历代托其名甚多,知名者为《(黄帝)内经》。西晋又有著名医学大家皇甫谧,其《针灸甲乙经》与《内经》并行,并刊行于海外。隋唐医学大家更是人才济济,如巢元方、孙思邈、王焘,均闻名于后世。

至金元医家分立门户,有丹溪之学与宣和局方之学之争。至明初,陕西医学家刘纯,世代行医,其父学自朱震亨,同乡冯庭榦、许宗鲁、邱克容均是陕西著名医生。因此,明初秦陇地区医学源流属南方朱震亨丹溪之学,以补益为主,以饮食色欲为戒。

(7)西北道教的发展。

西北道教虽仅限于陕甘等地,但是西北对于道教而言却是中国道教一大发源地。黄帝与老子并称黄老之学。由《总目》散见各处叙述来看,老子出函谷关,关令尹喜留而作《道德经》,后有尹喜于终南山楼观台创立楼观一派,至魏晋南北朝时期较为兴盛。尹喜之弟尹轨、后人唐尹文操均是道教重要人物。

秦汉以后至魏晋,道教不断杂入神仙家、长生之说等,后分为北宗与南宗。南宗得自东华少阳君,弟子中有唐京兆人吕岩传于咸阳王嚞,立为北宗。

王嚞,咸阳人,于金源初、正隆、大定年间,弃家学道,称于甘河镇遇仙人,自号重阳子。大定中聚徒宁海州,收弟子七人,即全真七子。这七人多为山东人。从此四方之人,凡宗其道者,皆为全真道士。此时,道教在西北也非常繁盛,活动较多,著述多出。如王嚞弟子王处一(山东牟平人)撰《华山志》,多记华山神仙故事。弟子刘处玄(山东掖县人)(《总目》又作刘处元)作《阴符经注》,以佛经杂入。弟子长春子丘处机(山东登州人)作《摄生信息论》言四时调摄之法,其出入西域,与元太祖相善。后又有元开封道士李道谦至终南山拜访,作《终南山祖庭真内传》及《甘水仙源录》,茅山道士朱象先作《终南山说经台历代仙真碑记》。

相对于道教的繁盛,《总目》中记载佛教在西北发展的文献就相对较少了。除了在隋唐至南北朝时期较为繁盛外,较少有佛教著述及其兴隆情况的记载。

(8)西北战略思想的发展。

西周以来,能威胁中原政权统治的多为西北少数民族或地方政权,特别是秦汉唐等时期。同时西北也是将相才俊辈出的地方,自古关中出相、关西出将。西北的民风淳朴强悍,培养了大批军事将领。如汉大将军、陇西成纪人李广及窦氏家族。至于三国有天水姜维,为名将。晋有杜预,学者兼将领。唐有将领李靖,著有《李卫公问对》。

同时,西北的战略地位使《总目》不得不以特别的眼光审视各种著作中的西北战略。如程大昌作《北边备对》,即"隐喻经略西北之意",《雍录》"第五卷中特创'汉、唐用兵攻取守备要地'一图。其图说多举由蜀入秦之迹,与郭允蹈《蜀鉴》所谓由'汉中取关、陕者',大旨相合。其微意固可见矣"①。《延靖镇志》"明时以延绥为重镇,设重兵以防河套。本朝顺治初年罢延绥巡抚不设",失其重要性,因此此书置于存目。《北边事迹》于临边花马池至兰州设险,并在甘肃屯田,"盖当时兵力,不能及远"②。《秦边纪略》由于清朝西北形势的发展,而"此书所述,皆无所用之。然在当时,则可谓留心边政者矣"③。

(9)西北农业。

《总目》流露出对西北农业的关注,体现了以农事为重的思想。如《长安志图》"渠泾图说详备明晰,尤有裨于民事"④。《豳风广义》叙述树桑、养蚕、织纴之法,切合秦地人民的实际,并取得了效果,"其地非不可蚕桑,而近代其法久废,故贫民恒以无衣为虞。岫之所述,盖秦民之切务。近时颇解织纴,故所作之帛,世称'秦纱',俗曰'茧子'。四方往往有之"⑤。可见其作用还是不小的。《总目》主要撰者纪昀"独以农家居四。农者,民命之所关"⑥,当然重视农业思想的出发点是经世致用,"《四库全书》中农家地位的上升,与其说是重农,毋宁说是经世实学的宗旨在发挥主导作用"⑦。

第三,从文献学方面来说,《总目》提供了一些重要的书籍线索。

(1)文献保存。

《总目》保存了一些已经亡佚的西北文献的情况,其中主要是存目书。这些文献后来由于种种原因已经不存于世。而《总目》对这些文献的介绍无疑为我们提供了一些重要的线索。

西北作者的文献,著录的不过四成,而多数书籍都被存目处理。其中有些书从此就在文化流传的发展过程中消失了。但是《总目》为我们提供了这方面的情况,特别是书籍的真实情况。如史部地理类存目《陕西镇考》,今已不传世。但是《总目》认为该书大抵从"《续文献通考·边防门》中录出"⑧,所以价值并不

---

①《总目》卷70,史部地理类三,"雍录"条。
②《总目》卷100,子部兵家类存目,"北边事迹"条。
③《总目》卷75,史部地理类存目四,"秦边纪略"条。
④《总目》卷70,史部地理类三,"长安图志"条。
⑤《总目》卷102,子部农家类存目,"豳风广义"条。
⑥〔清〕纪树馨编校、纪树馥重刊:《纪文达公遗集》卷8,《〈济众新编〉序》,清嘉庆十七年刊本。
⑦周积明:《文化视野下的〈四库全书总目〉》,中国青年出版社2001年版,38页。
⑧《总目》卷75,史部地理类存目四,"陕西镇考"条。

是很高。从《续文献通考》中就可见其书大概。

（2）文献分布的不平衡情况。

《总目》为我们提供了一些西北文献分布的基本情况。通过爬梳散见于《总目》的解题，我们可以看出西北文献的分布情况。

陕西由于为周、秦、汉、唐故都，因此文献分布较多，但是也局限在西安附近。"陕西省治本汉唐旧都，故纪载较多。如《三辅黄图》、《长安志》皆前人所称善本，而卷帙既繁，异同亦夥，至其隶辖支郡，若绥、鄜、凤、兴之类，则又地近边隅，志乘荒略，不免沿习传讹"①。陕西有丰富的历代城郭、宫室、陵墓、金石碑刻、神祠、道教神话、城堡、关隘、津梁故道、马政、寺院、遗闻旧事、名人故里等遗迹和雄壮的山川大河资源，为历代文史重要题材，四库多有著录或存目书述此。

甘肃则往往详于天水、庆阳附近，如四库存目汪来《北地纪》所载事迹诗文有关庆阳者，有81人。而其他地方文献较少，"旧闻阙略，案牍无存，其卫所新改之州县，向无志乘，尤难稽考"②。

宁夏文献则更为缺乏。清乾隆时宁夏属甘肃，雍正后才由明代宁夏卫改置宁夏府，而甘肃"卫所新改之州县，向无志乘"，则显然宁夏位列其中了。西夏虽在宁夏治理达数百年，但文献亦多为西夏文，采集多有困难。但是宁夏并非是没有地方史资料，而是采集的不全面造成的。如天一阁藏明弘治十四年刊胡汝砺《宁夏新志》八卷和清乾隆二十五年刊《中卫县志》十卷③，都没有收录。

青海"本临边之地，文献罕征"④，关于河源的记载，历代更是错误百出，但是也有一些文献记载风土物产，如四库存目清王铖《星馀笔记》。但是当时流传甚广的青海地方著作也都没有被收录。

西域历来藩国众多，在汉文化圈以外，因此文字的翻译和传播有困难。西域《七政推步》（回回历法），明洪武十七年已译，但是"传习颇寡"；《唐开元占经》所载西域九执历，"历唐迄明，约数百年，始得之挹元道人"。可见，西域不乏文献，但是翻译与为汉文化圈接受都是问题。

（3）文献利用门径。

《总目》不仅提供了关于某一种西北文献的版本、真伪、内容方面的信息，还使我们认识到一些西北文献的重要价值。《总目》并不掩饰对一些西北作者的赞赏，不仅将其著作作为解题中重要的引语，还作为某一类书的标准范本。

---

①《总目》卷68，史部地理类一，"陕西通志"条。

②《总目》卷68，史部地理类一，"甘肃通志"条。

③朱士嘉：《中国地方志综录》，商务印书馆1958年版，73页。

④《总目》卷74，史部地理类存目三，"西宁志"条。

例如《周易口义》解题,引用刘绍攽《周易详说》来说明该书说易以义理为宗,可见其书价值。但是四库因其所说多互相矛盾而存目,实不能掩其价值。

明康海《武功县志》与明韩邦靖《朝邑县志》,《总目》溢美之词不绝于书,令其他文献相形见绌。《朝邑县志》"自明以来,关中舆记惟康海《武功县志》与此志最为有名。论者谓《武功志》体例谨严,源出《汉书》;此志笔墨疏宕,源出《史记》。然后来志乘多以康氏为宗,而此志莫能继轨。盖所谓'不可无一、不容有二'者也"①。从"武功县志"条至"大德昌国州图志""朝邑县志"等条目下均有赞赏对比之词。《总目》还以《武功县志》为参照评议他著,如明黄润玉《宁波府简要志》,"体例简洁,亦康海《武功志》之亚。然《武功志》艺文散入各类中,此则仅存其篇题而文皆不录,则未免太简矣"②。

又如晋皇甫谧《甲乙经》"至今与《内经》并行,不可偏废",而唐郿县王焘《外台秘要》"其方多古来专门秘授之遗",而且许多重要医家的著作赖此以存,"古书益多散佚,今惟赖焘此编以存,弥可宝贵矣"③。

这些评论当然有一定争议,如赵怀玉就认为,《武功县志》有意新奇,破坏古法,唐太宗并非如该志所认定为武功县人,而是陇西成纪人,"然仕宦所及,及生长所在,不能牵合而为一也"④。但是瑕不掩瑜,这些缺点并不能掩盖这些著作的价值。

第四,《总目》赞赏的人品与文学的统一,集中体现为这些知识分子身上都具有鲜明的秦地人性格,即刚正不阿,性格耿直。这些西北人在仕途中往往不畏权贵,犯颜直谏,号为直臣,有些人甚至九死一生。正如陕西著名作者陈忠实所言"历史上凡是能进入当时政权的关中人,祸国殃民的奸佞之徒几乎数不出来,一个个都是坚辞硬嘴不折不挠的大丈夫"。

秦地人"高尚气力",不仅武将善战,文臣也以耿直著称,历代均不缺正直高节之士。威武不能屈的苏武和敢于当面顶撞秦桧的南宋大将韩世忠,都是西北人。西汉司马迁不屈服强权,奋发图强,"士可杀而不可辱"而成《史记》。东汉王符"独耿介不同于俗",其著作被誉为"灼然明论"⑤。西晋名士傅玄多次上书痛陈时弊,并点名指责显要官员;他秉性峻急,每次弹劾官员的奏章都是连夜赶写,然后整衣端坐,直等天明上朝。西晋初年的杜预,生性刚正,以敢于直言而

---

①《总目》卷68,史部地理类,"朝邑县志"条。
②《总目》卷73,史部地理类存目二,"宁波府简要志"条。
③《总目》卷103,子部医家类一,"甲乙经""外台秘要"条。
④〔清〕赵怀玉:《亦有生斋集》卷7,"康氏武功县志书后"条。《续修四库全书》集部第1470册,清道光元年刻本。又见于余嘉锡《四库提要辨证》,中华书局1980年版,426页。
⑤《总目》卷91,子部儒家类一,"潜夫论"条。

名闻朝野。唐宰相韩偓,"内预秘谋,外争国是,屡触逆臣之锋,死生患难,百折不渝,晚节亦管、宁之流亚,实为唐末完人"①。北宋一代爱国宰相寇准,"以风节著于时","骨韵特高"②,刚正不阿,青史留名。明朝中期李梦阳冒死弹劾刘瑾,"气节本震动一时"。其友康海为救李梦阳挺身而出,义薄云天,"崔铣、吕柟皆以司马迁比之"③。杨爵为"正直之操",因直谏下狱七年,著作"自始至终,无一字之怨尤,其所以为纯臣欤?"④冯从吾持正不阿,敢于指陈时弊,不阿权贵,疾恶如仇,不仅敢于直谏皇帝,而且不怕招致杀身之祸,"持正不阿,卓然不愧为名臣"⑤。清杨素蕴"为御史时,曾疏劾吴三桂,号为敢言"⑥。清朝的王杰与权臣和珅争斗多年,始终不屈,深得乾隆、嘉庆皇帝的信任。《总目》对这些人称赞有加,所誉之词,无以复加,甚至因其人品而存其文,以示表彰。

当然,《总目》所能够提供的思想内容远比本书阐述的要丰富,这些也都是本书在以后要更加详细挖掘的。

第五节　文溯阁《四库全书》的庋藏和西北

西北文献经过四库馆的处理后,最终写入正本,分布在各个部类,与其他省份作者的著述一道构成了一部完整的丛书。将西北文献作为丛书的一部分,也是西北文献存在的重要方式。抄写完毕的《四库全书》第一分书于乾隆四十七年(1782)藏入文渊阁;第二分书于同年秋开始分五批陆续运抵文溯阁;第三分书于乾隆四十八年(1783)藏于文源阁;第四分书于乾隆四十九年(1784)贮进文津阁。乾隆皇帝起初的想法是只抄写这四部《四库全书》,后来忽然想到江浙地区为人文渊薮,于是复命续缮三部,分藏江苏扬州大观堂之文汇阁、镇江金山寺之文宗阁、浙江杭州圣因寺之文澜阁。南三阁、北四阁,七部《四库全书》分藏七阁之中。这就形成了《四库全书》庋藏的基本格局。

宋朝以来,中国的经济文化重心集中于北方的京津地区和江浙一带,乾隆时期也不例外。所以乾隆帝选定了北方四阁和南方三阁的搭配格局。这是刻本书时代的写本,弥足珍贵。其中北四阁之书为皇室禁物,官员得特许方能进去观阅,与士民无涉;江浙三阁书成后,准许士子入阁抄录。人文荟萃之地,更

①《总目》卷151,集部别集类四,"韩内翰别集"条。
②《总目》卷152,集部别集类五,"寇忠愍公诗集"条。
③《总目》卷171,集部别集类二十四,"对山集"条。
④《总目》卷5,经部易类五,"周易辩录"条。
⑤《总目》卷172,集部别集类二十五,"冯少墟集"条。
⑥《总目》卷182,集部别集类存目九,"抚皖纪略"条。

得《四库全书》的垂荫,这对江浙文化的发展有很大的促进作用。但是,后来历史证明,这一保存图书的选择方案并不成功。进入 19 世纪后,清政府的腐败无能,导致了《四库全书》走上了悲壮的历程。1853 年,南三阁中的文宗阁和文汇阁连同藏本一起在太平天国战争中被毁,此时距乾隆皇帝离世还不到 60 年。1860 年 10 月,英法联军抢劫并烧毁圆明园,文源阁及其藏本一并化为灰烬。1861 年 12 月,太平军进攻杭州,文澜阁藏本散失过半。至此,七阁之书,在不到十年的时间内,七分之书已佚存参半。只有三部仍然完整,而文溯阁《四库全书》就是其中之一。

　　《四库全书》在北方发挥的作用是非常有限的,乾隆皇帝续缮三部全书的想法也只是方便士人就近抄录传观,发挥了南方三阁在江浙文化中的辐射作用,而其他四阁仅供乾隆皇帝一个人御览。因此,贯彻了乾隆皇帝意志的四库本书籍,在当时所起作用非常有限。江浙的许多士子也尽量使用典籍的原本而避免使用改订后的四库本,并且使没有改订过的浙本《总目》在东南流传,这确实隐含着对专制帝王意志静悄悄的反抗。

　　其中一项措施对西北地区具有重要意义,就是后来人民政府调拨文溯阁《四库全书》到西北地区的甘肃。从民国时期到新中国成立后不久,政府调拨这种行为保护了大量珍贵的古籍文献,特别是调整了《四库全书》文化资源分布不均衡的历史状况,是具有积极意义的。

　　修成《四库全书》后不久,乾隆皇帝为了表彰《四库全书》纂修过程中做出突出贡献的人员,颁赐宗室皇胄、在朝显宦以及呈献图书超过 500 部的江浙藏书家《古今图书集成》一部。当时清朝建国后第一位陕西籍状元王杰就被赐予了一部《古今图书集成》。嘉庆八年(1803),王杰带着这部书回到了陕西故里。这部珍贵的典籍在陕西落户,承载了清朝皇家的光环和陕西名臣的荣耀。这部书不仅是陕西人民的历史遗产,也是整个西北地区人民的文化资源和历史荣耀。

　　新中国成立后文溯阁《四库全书》调拨到甘肃更是改变了乾隆皇帝设定的藏书格局,改变了西北地区乃至整个西部文化建设被冷落的状态,是对西北文化建设、历史资源积累的巨大贡献。我们可以从 1966 年文化部办公厅对辽宁省文化厅的答复中看出,实际上这部书庋藏地点的选择是立足于西北地区。

　　"你们基于战备的需要,曾建议将你省图书馆所藏'四库全书'一部拨交西北地区图书馆保藏,此事业已由我们报请中央宣传部并中央文教小组批准,经与中共中央西北局商量结果,他们已指定由甘肃省图书馆收藏。关于交接手续,请你厅径与甘肃省文化局联系办理"①。

从中可以看出,《四库全书》收藏在甘肃是文化部与中共中央西北局协商的结果,是代表国家做出的决定。虽然主观上是战备的需要,但是客观上起到了调节文化资源分布的作用。辽宁图书馆当年的《文溯阁四库全书检查纪要》详细地记着:文溯阁《四库全书》共计 6199 函,36313 册,79897 卷。另有《简明目录》《总目》《考证》《分架图》等 39 函,265 册。同时还藏有《钦定古今图书集成》一部,576 函,5020 册。

到现在为止,文溯阁《四库全书》在甘肃保存已达 40 年。文溯阁《四库全书》已经融入到西北悠久的历史文化中了。甘肃省以对中华民族文化遗产高度负责的精神,先后投入大量人力物力,修建专库,配置设备,及时解决保护工作中存在的困难和问题。经受了"文革"十年动乱的严峻考验,确保了这部文化宝典的绝对安全。甘肃人民为保护、管理这套四库全书做出了巨大的贡献。兰州的气候干燥,得天独厚的湿度适合《四库全书》的保存。2000 年 12 月,甘肃省第九届人民代表大会常务委员会第十九次会议从法律上明确文溯阁《四库全书》地位。为彻底改善文溯阁《四库全书》的存藏环境,甘肃省政府斥巨资在兰州北山九洲台新建藏书楼"文溯阁《四库全书》楼"。2001 年 12 月 28 日,"文溯阁《四库全书》楼"奠基开工。2005 年 7 月"文溯阁四库全书楼"落成,文溯阁本《四库全书》入藏。这一措施对于甘肃地区乃至西北地区文化典籍的学术研究、合理利用、收藏保护、科学管理必将做出更大的贡献。

西北地区除了庋藏《四库全书》以外,在利用《四库全书》方面也取得了一定的进展。被称为"千古巨制,文化渊薮"的《四库全书》长期置于深宫,藏于秘库,显然是对文化资源的浪费。虽然有江浙地区士子在阁中抄写某些典籍,但是毕竟有限。而且《四库全书》完整保存下来的只有三部,使用不便。于是影印、选编《四库全书》就提上了日程。1919 年至 1928 年,先后有多个组织或个人计划影印《四库全书》,但终未实现。1934 年 7 月到 1935 年 7 月,商务印书馆选印出版《四库全书珍本初集》以后,文渊阁《四库全书》、文津阁《四库全书》都已经影印,大大促进了《四库全书》的利用和流传。但是完整的三部书中,只有文溯阁没有影印。直到 2004 年 10 月甘肃省图书馆精选的《影印文溯阁四库全书四种》由上海古籍出版社出版。虽然该书书写优美,影印本从纸张到装帧,严格仿古、仿真,但是所谓影印文溯阁《四库全书》不过是立足于收藏,对于文献本身的流传和广泛利用是远远不够的。

---

①中华人民共和国文化部"关于'四库全书'拨交西北地区保藏"(66)文厅图字 24 号,1966 年 3 月 17 日。

总之,西北地区文溯阁《四库全书》的收藏对于调整《四库全书》的庋藏格局,促进西北文化的发展以及提高西北保护典籍的水平都是具有重大意义的。但是甘肃省开发的《四库全书》的工作远远落后于其他阁本,可谓任重而道远。

第四章 《四库全书》西北作者及其文献简介

　　《四库全书》收录了西北地区作者的文献,包括撰者、编者、注疏者等几个群体;而《四库全书总目》中则同时包括了对存目书情况的介绍。本书为了使读者对西北作者及其文献能够有更加深入的了解,按照部类分布情况、时代分布情况、省籍地理分布情况进行总的分析,之后对作者进行简单的介绍。这一介绍根据《四库全书总目》以及一些常见的正史、地方史资料,同时在力所能及的范围内增加作者生卒年的介绍。对于常见的作者如司马迁、班固、李白等人,只简单介绍一下籍贯和生卒年。

第一节　情况分析

　　根据本书在第三章第二节的统计结果,我们可以总结出经史子集目录内西北作者文献的基本分布表、籍贯地理分布表、时代分布表。这些统计数字并不是没有意义的。这有利于我们更加深入地了解西北文献的状况。

一、目录分布情况

　　总的来说,共330种。其中著录书共154种,存目书176种。

　　经部共60种:著录20种,存目40种;

　　史部共53种:著录28种,存目25种;

　　子部共117种:著录62种,存目55种;

　　集部共100种:著录44种,存目56种。

　　其中以子部图书最多,收录到库本的书籍也是子部最多。以下列出了书籍在目录中的分布状况。

《四库全书》经部目录

易类	5(存目 11 种)
书类	0(存目 3 种)
诗类	0(存目 3 种)
礼类	1(存目 4 种)
春秋类	3(存目 5 种)
孝经类	2(存目 0 种)
五经总义类	0(存目 1 种)
四书类	3(存目 3 种)
乐类	1(存目 2 种)
小学类	5(存目 8 种)

《四库全书》史部目录

正史类	8(存目 0 种)
编年类	1(存目 3 种)
纪事本末类	0(存目 0 种)
别史类	1(存目 0 种)
杂史类	0(存目 2 种)
诏令奏议类	2(存目 6 种)
传记类	6(存目 4 种)
史钞类	0(存目 0 种)
载记类	0(存目 0 种)
时令类	0(存目 0 种)
地理类	5(存目 7 种)
职官类	1(存目 0 种)
政书类	1(存目 0 种)
目录类	3(存目 2 种)
史评类	0(存目 1 种)

《四库全书》子部目录

儒家类	10（存目 13 种）
兵家类	1（存目 1 种）
法家类	0（存目 0 种）
农家类	1（存目 1 种）
医家类	8（存目 3 种）
天文算法类	9（存目 0 种）
术数类	3（存目 10 种）
艺术类	2（存目 3 种）
谱录类	3（存目 1 种）
杂家类	5（存目 11 种）
类书类	2（存目 3 种）
小说家类	12（存目 6 种）
释家类	2（存目 0 种）
道家类	4（存目 3 种）

《四库全书》集部目录

楚辞类	0（存目 1 种）
别集类	41（存目 46 种）
总集类	2（存目 5 种）
诗文评类	0（存目 0 种）
词曲类	1（存目 4 种）

其中有些作品归属的部类是否合适,在目录学上是有争议的。五代王仁裕《开元天宝遗事》解题曰"委巷相传,语多失实,仁裕采撷于遗民之口,不能证以国史,是即其失",因此归入子部小说类;又如记载宋朝杂事的张舜民《画墁录》也被归到子部小说类,解题认为其说"颇涉琐屑。以一时之典故,颇有藉以考见者,故存以备宋人之小说一种云尔"。但是,《唐语林》"所纪典章故实,嘉言懿行,多与正史相发明"[①],却仍然归入小说类。小说这样的文体当然有杂事、异闻、琐语三种内容可以容纳,但是如《唐语林》这样的书籍是否该当归入小说类却值得进一步商榷。

---

①《总目》卷141,子部小说家类二,"唐语林"条。

二、作者省籍地理分布状况

西北几省区毕竟是一个大区域,为了清楚地了解各省区典籍具体的分布情况,按照籍贯地理分布进行新的统计显然是有必要的。从籍贯分布来看,西北地区陕西位居第一,其次是甘肃,而新疆、宁夏紧随其后,青海则呈现无著作辑录的状况。

以下是统计结果:

省份/部类	经部	史部	子部	集部	著录/存目	著录和存目合计
陕西	17/36	18/16	47/42	27/46	110/140	248
甘肃	3/3	7/7	13/13	13/10	36/33	69
宁夏	0/1	0/1	0/0	1/0	1/2	3
新疆	0/0	3/1	2/0	3/0	8/1	9
青海	0/0	0/0	0/0	0/0	0/0	0

经过对照,我们可以看出,陕西最多,249 种;其次甘肃,69 种;第三是新疆,9 种;第四是宁夏,3 种;没有的是青海。合计 330 种。

第一,从陕西的籍贯地理分布来看,多集中于长安附近地区。

总的来说,《四库全书》内西北人士的著作占据的比例远远没有江浙地区的高,而且多集中于传统的关中文化圈,即西安、咸阳附近地区。这些作者的籍贯地理多分布在长安、三原、韩城、华阴等州县,陕北和陕南的作者较为稀少。

由于西安附近是西周、秦、汉、唐等多个朝代的政治、经济、文化中心。千百年以来的文化培育了大量的知识分子。但是到了宋元以后,特别是明清时期,长安附近已经是大大落后于沿海的经济文化发展水平了。但是明清的文化典籍仍然占据了较高的比例,这是由于明清距离纂修《四库全书》时间非常近,书籍散亡情况并不严重,采集图书也更加方便。我们看到,文化典籍的数量首先集中于唐,其次是明清。

关于关中文化的情况,历代介绍和研究的著作非常多,本书在此也就不班门弄斧了。

第二,从甘肃的方面来看,以陇西(包括天水,即秦州)最多,其次是庆阳、平凉、兰州、敦煌。

天水附近地区在秦朝以来就是一些重要政权皇族的发源地。在唐代,由于皇室自称出自陇西的关系,陇西李氏俨然成为第一高门。唐高祖李渊,自称狄道人,"为凉武昭王李暠七代孙"。武德年间,李渊追封"陇西堂";贞观年间,唐太宗李世民修"氏族志",把陇西郡李氏列为李氏十三郡望之首、全国姓氏第一。《四库全书》中大量李姓作者都自称陇西李氏,这在《总目》中有明显的体现。

"然唐代士族,率题郡望,刘必彭城,李必陇西,其确生何地,则未之知"①。我国古代伟大诗人李白自道家世,称为凉武昭王第九代孙。唐太宗时期官修的《晋书》《周书》《隋书》《大唐开元礼》《唐律疏义》《初学记》等都收录到了《四库全书》中,称为御纂。唐太宗亲自写的《帝范》,唐玄宗李隆基《孝经正义》等都被收录到《四库全书》中。现在通行的《帝范》版本基本都是以四库本为底本的。

另外,由于十六国时期不少政权在河西建立政权,因此许多知识分子也集中于河西,这使得河西也产生了不少人才。其中一些作者的作品也被收录到了《四库全书》中来。

按照著录书作者的分类,可以看出,甘肃作者涉及政治、哲学、宗教、史学、文学、科技的各个领域。宗教和哲学上,周代天水人尹喜开创了魏晋南北朝时期道教的楼观派。后来唐朝成纪人李翱、明朝的庆阳人李梦阳都是当时著名的哲学家;十六国时期刘昞,唐朝李绛、李翱、权德舆,五代王仁裕,元朝余阙,明朝李梦阳都是其时代非常有名的大臣;科技方面,出现了像皇甫谧这样的伟大医学家;历史学方面出现了东晋十六国时期学者刘昞;文学上,东晋时前秦陇西安阳人王嘉《拾遗记》辞采可观,后人多引用。唐陇西李贺,世称"鬼才"。唐陇西李白的诗歌创作达到了我国古代积极浪漫主义诗歌艺术的高峰。明庆阳人李梦阳是明代诗文大家,明"前七子"的主要人物。

总体上看,《四库全书》中甘肃书籍多局限在明朝及其以前,数量上当然不能和江浙相提并论。这一点是有原因的,但是从著录书和存目书综合情况看,甘肃人在清朝以前书籍收录也毫不逊色,形成了具有鲜明特点的陇右文化和河西文化,这些人是清朝以前甘肃文化界的代表,是甘肃人民的骄傲。

第三,宁夏作者的著作比较少,但是对于宁夏而言则是非常珍贵的地方文献资源。

《四库全书》正本(著录书)中收录的宁夏籍作者的著作有:集部别集元西夏人王瀚《友石山人遗稿》1卷(编修汪如藻家藏本),《总目》记载王瀚"其先西夏人,元初从下江淮,授领兵千户,镇庐州,因家焉"②。严格意义上说,西夏的管辖范围包括了宁夏全境、内蒙古、陕西、甘肃等部分接壤地区。但是其中心地区仍然是在宁夏,所以归为宁夏人最为合理。

著录书中收集的宁夏籍作者著作仅有 1 种。清朝时期,宁夏属于甘肃管辖,这样在很多时候如采进本来源的时候就很可能包括了宁夏采进的书籍,但是由于史料缺乏,具体情况我们不得而知。

①《总目》卷 142,子部小说家类三,"集异记"条。
②《总目》卷 168,集部别集类二十一,"友石山人遗稿"条。

存目中有宁夏人著作2种：

清灵武人许体元《周易汇解衷翼》十五卷，经部易类存目四；

清宁夏人俞益谟《辨苗纪略》八卷，史部杂史类存目三。

另外，根据本书的考证，《总目》中所认为的明陕西咸宁人胡侍（《明史·薛蕙传》作宁夏人）以及陕西谢王宠，两人均为宁夏人，实际上宁夏人著作有5种。为了保存《总目》的原始面貌，仍然在行文中归为陕西人。

其中俞益谟《青铜自考》在查缴禁书期间，曾经被查禁。后来此书解禁，但是其在宁夏的裔孙仍然继续呈送该书及书板。这三部著作中只有俞益谟的著作以及生平有比较详细的研究。

第四，新疆的著作多和少数民族的作者有关，著作在经史子集四部都有分布。籍贯地理往往非常模糊。从其著作的性质来看，多是个人创作色彩比较浓厚的著作。从著作的分布时代来看，新疆的典籍集中在元朝。这在很大程度上是由于元朝时期去西域或是从西域到汉族地区的色目人比较多，而本地的作者接受了部分中原文化而有所创作的缘故。因此这仍然属于汉语创作的一个组成部分。

西域的回回历也受到重视，"在西域术中，视《九执》《万年》二历，实为精密"①。包含在西域默德讷国王玛哈穆特撰《七政推步》中，因此明李翀、吴伯宗、玛沙伊赫译，明南京钦天监监副贝琳修辑《七政推步》，而四库也加以著录。而术数类《唐开元占经》也是因为其中卷104、105全载《麟德》《九执》二历，因此才加以著录。

当然，色目人与西域不能等同。如元朝的色目人余阙世代居住在武威，与西域并无关系。元辛文房是西域人，元郭啰洛·纳新是西域塔尔巴哈台人，从其先祖就徙居浙江鄞县。元鲁明善则是西域畏吾儿人。元朝色目人丁鹤年则自称西域人，实际上一直居住在四明，后来终老于武昌山。

西域人的著作涉及了史部、子部和集部②。史部如《唐才子传》《河朔访古记》，子部如《农桑衣食撮要》，集部如《鹤年诗集》。这些有明确作者的著作都收录在库本中，显示了比较高的文献价值。

第五，青海呈现没有本地作者著作的态势。这是由于青海人口稀少，文化程度不发达造成的。当时所谓"临边之地，文献罕征"③。仅有的一部分居民也

---

① 《总目》卷106，子部天文历法类一，"七政推步"条。

② 杨家骆在《四库全书百科大辞典》中认为新疆人的著作有玛哈穆特《七政推步》、玛沙伊赫《七政推步》译本、瞻思《河防通议》三种，警官教育出版社1994年版，1—8页。

③ 《总目》卷74，史部地理类存目三，"西宁志"条。

是牧民以及屯戍的士兵。青海的佛教文献创作虽然也有一些,但是因为或晚于《四库全书》纂修才出,或是不被重视,都没有在《四库全书》中体现。

但是没有本地作者并不等于没有青海文献。一些他省的作者就试图弥补这个空白。如元济南人潘昂霄《河源记》一卷,清交河人苏铣《西宁志》三十卷。虽然当时位列存目,但是现在看来仍然是非常珍贵的地方史资料。最重要的著作当属于《钦定河源纪略》,这部书号称"祛万古之疑,而订百世之谬",改变了青海河源地区"远隔穷荒,前志未闻,率皆瞀说"的思想认识状况。

三、时代分布统计

以下是对文献时代的统计,如果出现注疏者为西北人,但是原著时代与西北注疏者时代不同时,以注疏时代为准。撰者与注疏者同时为西北人的,以撰者时代为准。

时代\部类	经部	史部	子部	集部	合计
先秦	2		6/4		8/4
汉	2	3	4		9
魏晋南北朝	3	1	5		9
隋唐	5/1	11	26/10	20	62/11
五代			1		1
宋	1	1/1	9/3	9/3	20/7
元	1	4/1	1/2	6	12/3
明	4/15	7/18	9/23	8/32	28/88
清	2/24	1/5	1/12	1/21	5/62
时代不详			1		1

将这个统计进一步精简,330 种书籍中,宋以前的著作 109 种,存目 22 种;宋以后的著作著录 45 种,存目 153 种,不知时代者 1 种。

第一,我们可以看出,《四库全书》选择图书的时候,宋以前的著述以著录为主,存目的很少;而明清二者综合起来看,著录书籍仅仅 33 种,而存目则达到了 150 种之多。著录比例 18.03%,著录比例非常的低。

第二,从时代分布来看,基本上每个时代的西北人的著作都有分布。而如果从省籍和时代结合起来看,则陕西省唐、明、清时代的著作者最多,当然存目的比例也高于著录比例。而甘肃省由于主要集中于魏晋南北朝、唐朝时期,存目书的作者又多在明清,所以著录、存目比例则达到基本持平的程度。宁夏则是元代著录一人作品,而清代存目 2 种作品。西域的著作则多集中于元朝时期,并以明清为补充。

以上的分析仅仅就目录部类的分布情况、省籍地理范围内部概况、时代分布情况作了一个简单的叙述。对于众多的西北文献来说仍然是不够的。因此就非常有必要介绍一下各个作者的生平以及作品情况。

第二节　作者及其作品简介

除了个人著作外,西北人著作散见于类书、总集、正史等汇总性质的图书中,数量庞大,如《太平广记》《全唐文》中收录陇西李朝威的《柳毅传》。本书在前文已经说过,西北文献的统计局限在个人著作中,对于汇总图书中西北的作者一概略去。

本书对知名者粗略叙述,而较为详细地介绍一些不为人所知的作者。西北文献的作者群体中,如白乃贞、杜恒灿、朱廷燧、黄谏、李应奇、吕颙、龙正、李学孔等人都是一般的陕甘地方史乘所不常见的。司马迁、李白等人妇孺皆知,没有必要浪费笔墨。这也是符合《总目》思想的。《四库全书总目·凡例》在第十条中规定了这一原则。照录如下:

> 又如汉之贾、董,唐之李、杜、韩、柳,宋之欧、苏、曾、王,以及韩、范、司马诸名臣,周、程、张、朱诸道学,其书并家弦户诵,虽村塾童竖皆能知其为人,其爵里亦不复赘。至一人而著数书,分见于各部者,其爵里惟见于第一部,后但云某人有某书已著录,以省重复。如二书在一卷之中,或数页之内,易于省记者,则第二部但著其名(如明戴原礼已见所校补朱震亨《金匮钩玄》条下,其《推求师意》二卷仅隔五条之类)。

可以看出这一凡例规定了:知名者不述其爵里、一人之书散见于各部者只在第一次出现时介绍爵里、一人之书在一卷中或数页内者也是在第一次出现处介绍爵里等介绍人物为官履历和籍贯的三个原则。当然有时作者朝代、姓名、著作性质、作者字号、籍贯、履历、学之渊源等内容,若想完全详备还必须将其著作解题读尽。由于凡例、诏书与具体操作之间的关系并不是绝对一致的。如有些知名者虽然省略履历籍贯,但往往也曰转自正史。如晋杜预《春秋释例》,总目卷二十六曰"预事迹详《晋书》本传"。

作者介绍不分省份,按照其时代次序排列。从作者的身份来看,多数是官吏士大夫知识分子,很少有平民身份的作者。帝后的作者有唐太宗李世民以及唐玄宗李隆基,他们的著作有3种。另外有一些道教徒、佛教徒的著作以及妇女的著述。官修的著作也比较多,带有浓厚的统治者的意志。

一、先秦时期

（1）黄帝

起源于姬水,与炎帝共为华夏民族的祖先,今陕西境内有黄帝陵。《四库全书》中题名黄帝的书很多,有《黄帝素问》《灵枢经》《宅经》《元女经》（《玄女经》）《阴符经解》,基本全为后人所托。由于在医学上具有一定的价值,因此多收录库本。

（2）周公

姬旦,周武王之弟。因采邑在周（今陕西岐山县）,故称周公。武王死后辅佐成王。制作礼乐,为西周制订官制与其他各种典章制度。著有《周礼》,相传《尔雅》也为其所作。四库中收录了对这2种书的注疏。

（3）尹喜

尹喜,周康王（前1067—1042）时期的大夫,字公度,西周邦（今甘肃天水）人,为周大夫,曾为函谷关令。喜好天文星象之术。在终南山结草为楼,其地遂名楼观。到魏晋南北朝发展为道教的楼观派,终南山楼观台有其故居。尹喜为函谷关关令时请老子著书《道德经》。老子归去后,尹喜也辞官归隐,领悟《道德经》真髓,写成了《关尹子》,发挥道德二经的思想。《四库全书》收录。

（4）王诩

王诩即鬼谷子,春秋时人,纵横家鼻祖,苏秦、张仪、孙膑、庞涓之师。常入云梦山采药修道。因隐居清溪之鬼谷而称鬼谷子。鬼谷所在地历代争论甚多,有扶风池阳（陕西泾阳、三原之间）、洛州城（今四川广汉）、颍川阳城等三说影响较大。今存疑不论。鬼谷子著述较多,四库著录《鬼谷子》、所注黄帝《阴符经解》2种;存目《相掌金龟卦》《贵贱定格三世相书》2种。

二、秦汉时期

（5）司马迁

司马迁（前145或前135—?）,字子长,西汉左冯翊夏阳（今陕西韩城）人。《史记》为中国历史上史学及文学名著,位列二十四史之首,为历代正史典范。

（6）班固

班固（32—92）,字孟坚,东汉扶风安陵（今陕西咸阳）人。《汉书》是继《史记》之后又一部伟大的史学著作,其妹班昭也参与了部分内容的撰述。《白虎通义》也是班固一部有重要影响的著作。四库又题班固名《汉武故事》《汉武帝内传》二作,均著录小说家类,疑伪托。

（7）王符

王符（83？—170），字节信，东汉安定临泾（今甘肃镇原）人。为官正直不阿，得罪了很多人。在不得意中，隐居著文30多篇，来讽刺时事。《潜夫论》提倡"以人为重"，揭露东汉党锢和官场的黑暗，批评当时文坛靡丽浮夸的文风。《四库全书》著录，《总目》对之评价较高，认为"多切汉末弊政"，"灼然明论，足为轻弃边地之炯鉴也"①。

（8）赵岐

赵岐（约108—201），字邠卿，东汉京兆长陵（今陕西咸阳东北）人，儒学大家。初名赵嘉，字台卿。汉桓帝永兴二年征辟为司空掾，迁皮氏长。延熹元年，因与中常侍唐衡兄、京兆尹唐玹有宿怨而避祸，于是改名赵岐。后来遇赦出仕为并州刺史，灵帝时又遭党锢之祸十余年。献帝中平元年，拜为议郎，举为敦煌太守，后迁为太仆，终于太常。有《三辅决录》《孟子章句》。而《孟子正义》之注是他在北海孙宾家避难时于夹柱所作。收录《四库全书》时已非旧本。

（9）杨彪

杨彪（142—225），字文先，东汉弘农华阴（今陕西华阴）人。汉灵帝时为议郎，与马日磾、蔡邕、卢植等著作于东观，补续《东观汉记》。献帝时官至太尉。

三、魏晋南北朝时期

（10）皇甫谧

皇甫谧（215—282），幼名静，字士安，自号玄晏先生。西晋安定朝那（今甘肃灵台县朝那镇）人。皇甫谧自幼贪玩，无心向学。后来被叔母激励，刻苦攻读。通经籍百家之言，以著述为务。朝廷屡召出仕，皆不应。《针灸甲乙经》为后世针灸学树立了规范的巨著，为"中医针灸学之祖"。另有《高士传》，所记人物从披衣开始而终于焦先或管宁，共90人左右，都是写志行、情操较为高尚的人物。另有《逸士传》《玄晏春秋》《帝王世纪》等书，多已失传。

（11）傅玄

傅玄（217—278），字休奕，封鹑觚子，西晋北地泥阳（今甘肃宁县东南，一说陕西铜川）人。幼年孤贫，博学能文，勤于著述。司马炎篡位后，命他做谏官，后迁侍中，转司隶校尉。任职期间"性刚劲亮直"。他精通音乐，诗歌以乐府见长，反映了一定的社会现实。现存诗60余首，著有《傅子》内外中篇。《四库全书》收录入子部儒家类，1卷。该书"关切治道，阐启儒风，精意名言，往往而在"②，虽然残缺但是价值颇高。

---

① 《总目》卷91，子部儒家类一，"潜夫论"条。
② 《总目》卷91，子部儒家类一，"傅子"条。

（12）杜预

杜预（222—284），字元凯，西晋京兆杜陵人（今陕西西安东南），著名将领和学者。历任河南尹、秦州刺史、度支尚书、镇南大将军都督荆州诸军事。以灭吴有功，封当阳县侯。他勤于讲武，又博学多通，尤擅精研《左传》，被称为"杜武库"。《晋书》有传。四库收录注《春秋左传正义》《春秋释例》《左传杜林合注》《春秋提要》等。

（13）王嘉

王嘉（？—约390），东晋时前秦陇西安阳（今甘肃渭源）人，字子年。方士，初隐居于东阳谷，后居终南山，弟子追随受业者数百人。符坚累征不就，后被姚苌所杀（约390年前后）。著有《拾遗记》。《拾遗记》是我国古代志怪小说集，又名《拾遗录》《王子年拾遗记》，辞采可观，"历代词人，取材不绝"①。《四库全书》著录。

（14）张湛

张湛，元魏敦煌人，字子然，崔浩荐为中书侍郎，官至光禄勋，注周列御寇《列子》8卷，为追记其师之语。

（15）刘昞

刘昞（约370—440），字延明，东晋十六国时期敦煌人，著名学者。刘昞家学渊源深厚，14岁时师从博士郭禹就学。学成后隐居酒泉授徒，受业弟子达五百多人，声名远播。刘昞生历西凉、北凉和北魏三朝，都受到最高统治者的极大重视。刘昞在西凉朝任儒林祭酒、中郎、护军等职，深得西凉王李暠的重视。北凉沮渠蒙逊拜其为秘书郎，其子沮渠茂虔尊刘昞为国师。北凉时期，还将所著的《敦煌实录》10卷、《凉书》10卷作为河西文化的典范作品，献于南朝的刘宋。可见刘昞影响之大。在公元5世纪，北魏灭掉北凉，年近古稀的刘昞再入北魏。刘昞对于北魏政权朝政和文物制度的建立多有贡献。后于凉州患病而卒。

刘昞生活在十六国后期，当时中原战乱频繁。而河西战乱较少，文化相对繁盛。前凉、西凉以及北凉的统治者都重视文教。刘昞发奋编撰史书，注释典籍，著《略记》《凉书》《敦煌实录》《方言》《靖恭堂铭》等书，注《周易》《韩非子》《人物志》《黄石公略》。这些著作在后来传播中大多数散佚，《人物志注》是他众多著述中保留最完好、传播非常广泛的一部。《四库全书》将注附录于《人物志》书后，所以卷数与原书相同，也有3卷。

刘昞为《人物志》作注出于安邦治国、经世济远的目的。通过他的著作，我

---

①《总目》卷142，子部小说家类三，"人物志"条。

们可以看出刘昞学问之深。说其为南北朝时期敦煌乃至全国的一位大儒、大学者,当是不谬的。

四、隋唐时期

（16）巢元方

巢元方（550—630），著名医学家,隋华阴人,官至太医博士。大业年间奉敕与吴景等撰《巢氏诸病源候总论》50卷。其书"深密精邃,非后人之所能及"[1],至宋天圣四年重新校定,与《内经》《素问》《难经》并列颁布印行,反映了该书的价值。

（17）杜公瞻

杜公瞻,隋京兆人,卫尉杜台卿的侄子,初官京兆尹,大业年间官至著作佐郎兼散骑侍郎,著作甚少。四库所收录《编珠》旧题隋杜公瞻撰,但是《总目》疑为后人托名。杜公瞻有《荆楚岁时纪》1卷。

（18）姚思廉

姚思廉（557—637），字简之,一说原名简,字思廉,以字行。原籍南朝陈吴兴武康（今浙江湖州）,姚察之子。陈亡后,迁家关中,遂为雍州万年（今陕西西安）人。姚思廉幼时随父姚察攻读《汉书》,打下了深厚的史学功底。姚思廉在陈为扬州主簿,入隋历任汉王府参军,河间郡司法书佐,代王侍读。唐高祖定京师,代邸僚属皆作鸟兽散,只有五十多岁的姚思廉护卫在代王左右。唐朝建立后为秦王府文学,从此成为唐太宗的文臣,历任文学馆学士、太子洗马、著作郎、弘文馆学士。后拜散骑常侍,赐爵丰城县。贞观十一年卒,赠太常卿,谥曰康。贞观三年（629）,奉诏与魏徵修梁、陈二史,撰成《梁书》《陈书》。实际上由姚察及其子姚思廉两代人撰写而成。其孙姚璹,字令璋,始创《时政记》体裁。

（19）李世民

唐太宗李世民（559—649）,陇西（今甘肃临洮）人,我国古代著名的政治家,在位期间开创了中国历史上的"贞观之治"局面。唐太宗时期官修了大量史书,《晋书》《周书》《隋书》《大唐开元礼》《唐律疏义》《初学记》等。四库收录《帝范》4卷是四库馆从《永乐大典》中辑录的本子。该书为贞观二十二年,李世民御撰以赐太子。此书一直失传,到宋散佚大半,至元时方得旧本。该书价值颇高,征引丰富,不仅采入《四库全书》,而且被武英殿聚珍版初刻。

（20）李靖

李靖（571—649）,唐雍州三原（今陕西三原）人,字药师。曾任隋马邑郡太

---

[1]《总目》卷103,子部医家类一,"巢氏诸病源候论"条。

守佐官。后归唐,参与平定中原割据势力,南伐萧铣,东讨辅公,功勋显赫。武德八年(625),出战突厥,生擒颉利可汗,肃清北境。贞观八年(634),唐太宗授其为西海道行军大总管,转战千里,平息吐谷浑。十七年(643)绘像于凌烟阁。著有《李卫公问对》3卷、《李卫公兵法》等。前者在宋神宗时被列入《武经七书》,为中国传统军事经典之一。司徒并州都督卫国景武公,著名将领。其与唐太宗论兵之作《李卫公问对》较为出名,但已失传。今多赝本,四库仍著录不弃。

(21)孙思邈

孙思邈(581—682),京兆华原(今陕西耀县)人,唐代著名医学家,被称为药王。孙氏七岁就学,日诵千言。自幼多病,屡造医门,青年时代即爱好医学。他对阴阳、推步、医药无不精通。成年以后隐居太白山。隋开皇辛丑生,卒于永淳元年,寿102岁年。一生行医,擅长诊治术、针灸、养生术。重视人之生命,认为人的生命重于千金。因此其书名为《千金方》,为历代所重视。宋仁宗时期曾经敕令校刊其书。四库名为《千金要方》,著录。另有《银海精微》,亦著录。

(22)颜师古

颜师古(581—645),唐雍州万年人,名籀,以字行,祖籍琅邪临沂(今属山东)人。著名的训诂学家。博览群书,学识广博,一生训诂书籍很多。四库收录《匡谬正俗》,注《急就章》,注《汉书》。存目《大业拾遗记(南部烟花录)》。另外其诸叔颜元孙,官至滁、沂、濠三州刺史,赠秘书监,学问也较为渊博。四库收录《干禄字书》,存目《别本干禄字书》。

(23)令狐德棻

令狐德棻(583—666),唐宜州华原(今陕西铜川)人,出身于名门望族,祖父令狐整为北周大将军。贞观年间首倡纂修梁、陈、周、齐、隋史。而令狐德棻与岑文本、崔仁师、陈叔达、唐俭等共奉敕撰《周书》。德棻五世孙令狐峘为颜真卿作《神道碑》。

(24)王绩

王绩(585—644),字无功,号东皋子,京兆人。隋大业元年(605),举孝廉,授秘书省正字,改授六合县丞,自幼喜读《周易》,好老庄。隋文帝开皇二十年(600),他16岁游历长安,拜见了大臣杨素,被在座公卿称为"神童仙子"。《补妒记》为从同类书中取材而编成,四库存目。另有《东皋子集》。

(25)李延寿

李延寿,生活于唐太宗、高宗时期,字遐龄,唐陇西人,世居相州(今河南安阳)。贞观中累补太子典膳丞、崇贤馆学士。参加编纂《晋书》《隋书》等,积功转御史台主簿兼直国史。其父仿效《吴越春秋》体例撰南北编年史,未成而卒。

李延寿就其父遗稿,以16年之力而成《南史》《北史》。后累迁符玺郎兼直国史,又著有《太宗政典》30卷。四库著录《南史》《北史》。

(26)李淳风

李淳风(602—670),岐州雍(今陕西凤翔)人。博涉群书,尤明天文、历算、阴阳之学。贞观初,授将仕郎,直太史局。制浑天仪,评论前代浑仪得失,著《法象书》进上。擢承务郎,迁太常博士,后改太史丞。贞观二十二年,迁太史令。官衔题名曰朝议大夫行太史令上轻车都尉。贞观初年李淳风、算学博士梁述及刘孝孙、助教王真儒等人奉诏刊定算经,立于学宫。所注《周髀算经》《九章算术》《孙子算经》《海岛算经》《五曹算经》《五经算术》《张丘建算经》《缉古算经》等《算经十书》,列为国子监算学生之书。国子监置算学生30人,习《九章算术》《海岛算经》3年。而唐选举制度中《孙子算经》《五曹算经》也是必修1年。因此李淳风领衔注释算学著作,功勋卓著。宋元以后多数失传或残缺不全,四库从《永乐大典》中辑录诸本,著录于库本。《乙巳占略例》《玉历通政经》《观象玩占》三书旧本题皆题唐李淳风撰,多为伪托,故四库列存目。

(27)王綝

王綝,生活于唐高宗、武则天时期,字方庆,以字行,唐咸阳人。武则天时期任鸾台侍郎,同凤阁鸾台平章事,终于太子左庶子,封石泉县公,谥曰贞。著作《魏郑公谏录》为四库著录。

(28)杨炯

杨炯(650—695或692),字不详,华阴(今陕西华县)人,排行第七。唐代诗人。聪颖早慧,唐高宗显庆六年(661),年仅11岁的杨炯被举为神童。上元三年(676)应制举及第,授校书郎。后又任崇文馆学士,迁詹事、司直。其任婺州盈川令时,为政严酷,世称杨盈川。杨炯是初唐四杰之一,诗文辞章瑰丽,他曾说自己"愧在卢前,耻居王后"。四库著录《盈川集》。

(29)李贤

李贤(653—684),字明允,为唐高宗第六子,武则天生。初封潞王,上元二年继为太子。后被武则天废为庶人,光宅二年逼令自杀。事迹见新旧《唐书》。所注《后汉书》,征引广博,训释简当。

(30)王焘

王焘(670—755),王珪之孙,唐郿(今陕西眉县)人,为著名古典方书作家。历官给事中、徐州司马、邺郡太守。喜好读书,在宏文馆阅览图籍二十余年。为人孝顺,精学医术。喜与高医交游,学其医术,因其所学而作《外台秘要》,于天宝十一年刊行。世人以之为珍品。宋时校订重刊,四库著录。

（31）苏源明

苏源明，字弱夫，武功人。天宝中登第，累迁国子司业。禄山之乱，不受伪署。肃宗复两京，擢考功郎中，终秘书少监。与杜甫、郑虔善。苏源明传北周卫元嵩《元包经传》。

（32）释道世

释道世，唐初人，俗姓韩，字元恽，上都西明寺僧。祖籍洛州伊阙（今河南洛阳南），因家历代在长安做官，遂定居为长安人。唐高宗总章元年作《法苑珠林》，四库著录。

（33）释智昇

释智昇，开元中居于长安西崇福寺。四库著录《开元释教录》。

（34）李隆基

唐玄宗李隆基（685—762），我国古代著名政治家，"开元盛世"的开创者。睿宗第三子。始封楚王，后为临淄郡王。景云元年，进封平王，立为皇太子。英武多能。在位期间，唐朝发展到鼎盛之期，而后由于"安史之乱"由盛转衰。四库收录李隆基二书：一为其所注《孝经正义》，一为《大唐六典》。

（35）李白

李白（701—762），字太白，自称与李唐皇室同宗，祖籍陇西成纪（天水秦安），生于中亚碎叶。五岁时，随家迁入四川绵州彰明县（今四川江油县）。李白是中国继屈原之后最伟大的浪漫主义诗人，达到了我国古代积极浪漫主义诗歌艺术的高峰。存诗900余首，有《李太白集》，全部为《四库全书》收录。《四库全书》还收录了对该集的补注、集注两种。

（36）颜真卿

颜真卿（709—785），字清臣，唐京兆万年人。开元进士。历官监察御史、刺史、刑部尚书等职。为官刚正不阿，直言敢谏。后官至太子太师封鲁国公。唐德宗时李希烈叛乱，奉命前去规劝，被李杀害。颜真卿以书法闻名后世。存世碑刻有《颜氏家庙碑》《颜勤礼碑》，行书有《争座位帖》，书迹有《自书告身》《祭侄季明文稿》等。四库著录《颜鲁公集》。

（37）吴筠

吴筠（？—778），为唐代著名道士，字贞节，华州华阴人，隐居南阳。唐天宝中，召至京师，请为道士，居嵩山，复求还茅山，东游会稽，往来天台、剡中，与李白、孔巢父酬唱。大历中卒，弟子私谥曰宗玄先生。新旧《唐书》皆载《隐逸传》。吴筠《宗玄集》《内丹九章经》四库皆著录。

（38）窦泊、窦蒙

两人均为肃宗时人。窦泊，字灵长，唐扶风人，官至检校户部员外郎，宋汴节度参谋。其兄窦蒙，字子全，历司议郎、安南都护，至试国子司业兼太原县令。《述书赋》原题泊撰蒙注，四库馆臣存疑不论，仍著录于全书。

（39）杜佑

杜佑（735—812），字君卿，唐京兆万年人。以荫补济南郡参军，历官至检校司徒，同中书门下平章事，加太保。谥安简。事迹见《唐书》本传。最著名者为其耗费36年时间所作政书类作品《通典》，为我国第一部专门论述历代典章制度的史书，确立了"政书"体裁。

（40）韦应物

韦应物（737—792或793），京兆人。少游太学，充宿卫，扈从游幸，颇任侠负气。兵乱后流落失职，乃更折节读书，由京兆功曹累官苏州刺史、太仆少卿，兼御史中丞，为诸道盐铁转运、江淮留后，年九十余，不知所终。四库著录《韦苏州集》。

（41）梁肃

梁肃（753—793），字敬云，唐安定泾州（今甘肃泾川）人，天宝十二年（753）生，幼时随父母居陆浑，上元年间又随父流寓吴越一带。建中元年（780）考中词科，授太子校书郎。随后，宰相肖复推荐他为右拾遗，并要他编修国史，以母亲老弱需人照顾为由，没有赴京就任。不久，淮南节度使杜佑请他担任掌书记。贞元五年（789），朝廷任命他为监察御史，后转任右补阙、翰林学士、太子诸王侍读等职。贞元九年（793），病逝长安，终年41岁，赠礼部郎中。他是唐代著名文学家，尤擅古文。唐司封郎中、常州刺史独孤及门人。编独孤及《毗陵集》。

（42）权德舆

权德舆（759—818），字载之，祖籍秦川略阳（今甘肃秦安）人，生于丹徒，后迁居丹阳。4岁能诗，15岁时作文章数百篇，编为《童蒙集》10卷。唐德宗时，召为太常傅士，后迁起居舍人。贞元十九年（802），任礼部侍郎，曾先后三次执掌礼部贡举。唐宪宗元和五年（810）升任宰相。精通经史，工诗善文，是中唐台阁体的重要作者之一。一生仕途通达，文章儒雅恢弘，时人尊为宗匠。当时王侯将相和名流的碑铭墓志，多出自其手。今传《权载之文集》50卷。诗作多为送别赠言、奉和应制、写景咏物之作。擅长五言古诗。《全唐诗》存有诗编10卷。《四库全书》收录书名为《权文公文集》，有10卷。

（43）李虚中

李虚中（761—813），魏侍中李冲八世孙，唐陇西狄道（今甘肃临洮）人，生于河南。进士及第，试书判入等补秘书正字，后授监察御史。元和年间官至殿中侍御史。历代星命之学，皆以李虚中为始祖。其注鬼谷子《命书》，广拾诸家之说，注释成集。四库著录。

（44）李绛

李绛（764—830），字深之，自称陇西成纪（天水秦安）人。历任唐朝秘书省校书郎、监察御史、翰林学士、中书舍人、中书侍郎。辅政多所匡益，后来出为河中观察使，又出任改兖海节度使。唐敬宗宝历初年，他回到长安任尚书左仆射，被李逢吉嫉恨，罢为太子少师。唐文宗即位后，又征为太常卿，出任山南西道节度使，遭遇兵乱，被杀害。现存有文集 20 卷，诗 2 首。《四库全书》收录《李相国论事集》6 卷，多为奏议和论谏。

（45）令狐楚

令狐楚（766—837），字縠士，自号白云孺子。唐朝宜州华原（今陕西耀县东南）人，祖籍敦煌。贞元七年登进士第。桂管观察使王拱辟入幕，历辟太原节度判官，召授右拾遗，官至吏部尚书、检校尚书左仆射。出为山南西道节度使，卒于官。事迹见于《唐书》本传。宪宗时奉敕编进《御览诗》，四库著录。

（46）李翱

李翱（772—841），字习之，唐朝哲学家、文学家，陇西成纪（今甘肃天水秦安县）人。贞元进士，曾任国子博士、庐州刺史、中书舍人、户部侍郎，官至山南东道节度使，谥文。曾从韩愈学古文，是韩愈的高足，当时的古文名家之一。哲学上受佛教影响颇深。所著《复性书》，糅合儒、佛两家思想。主张"灭情复性"，人人都可以成圣人。所作《来南录》，为传世很早的日记体文章，文风平易。有《李文公集》。《四库全书》收录《卓异记》1 卷，该书记载了唐朝贞元、会昌年间朝廷的盛事。又收录《李文公集》18 卷，其文章尚气质，重独创，文风凝重。

（47）崔祐甫

唐京兆长安人，德宗朝宰相，出博陵崔氏第二房，据《旧唐书》，其家以清俭礼法，为士流楷模。安禄山陷洛阳，士庶奔进，他独崎危于矢石之间，潜入私庙，负木主以窜。朱泚之乱，泚雅重其为人，乃遗其妻王氏缯帛菽粟，王氏受而缄封之，及德宗还京，具陈其状以献。作《独孤公神道铭》。

（48）白居易

白居易（772—846），字乐天，号香山居士、醉吟先生。生于郑州新郑，唐朝下邽（今陕西渭南）人，著名诗人。四库著录《白孔六帖》《白氏长庆集》。

（49）李复言

李复言（775—833），名谅，字复言，陇西人。与李朝威、李公佐同为唐代中期的重要传奇作家，素有"陇西三李"之称。四库存目有《续玄怪录》。

（50）牛僧孺

牛僧孺（779—847），字思黯，唐安定鹑觚（今甘肃灵台）人，后徙陇西狄道。贞元中，擢进士第，历相穆、敬两朝，封奇章郡公，后出为武昌节度使。文宗朝，征入再相。与李德裕相恶，牛李党争中是牛党的领袖。会昌中，贬循州长史。大中初，还为太子少师，卒。《新唐书》有传。四库存目有《幽怪录（玄怪录）》

（51）李贺

李贺（790—816），字长吉。郡望陇西，家居河南福昌（今河南宜阳）昌谷，因称李昌谷。他童年即能作词章，十五六岁时以工乐府诗与先辈李益齐名。李贺是唐宗室郑王李亮之后，但其家已没落。因迫于避讳陋俗，不能参加进士科考试。后来只做了个奉礼郎的小官，郁郁不平。他一生体弱多病，死时仅27岁。他的诗大多都是感伤之作，或寄情天国，或幻念鬼境，世称"鬼才"。他最擅长乐府歌行，词采瑰丽，意境奇特，富浪漫色彩。《全唐诗》收录他的诗5卷。《四库全书》收录《昌谷集》4卷，《外集》1卷。

（52）窦叔向

窦叔向，字遗直，京兆人，代宗时人。代宗时，常衮为相，引其为左拾遗、内供奉。衮贬，出为溧水令。五子群、常、牟、庠、巩，皆工辞章，有《联珠集》行于时。叔向工五言，名冠时辈。集7卷，今存诗9首。其五子窦群、窦庠以荐辟，窦常、窦牟、窦巩皆进士科。褚藏言编《窦氏联珠集》，四库著录。

（53）沈亚之

沈亚之，字下贤，本长安人，生于吴兴。登元和十年进士第，大和三年辟为判官。后坐贬南康尉。以诗名世，文务为险崛，喜托事寓言而隐晦本事。四库著录《沈下贤集》。

（54）苏鹗

苏鹗，字德祥，唐武功人，宰相苏颋之族。光启中，登进士第。仕履无考。有《杜阳杂编》，世多传本；《苏氏演义》久佚，四库馆臣从《永乐大典》中辑出著录。

（55）韦绚

韦绚（生卒年不详），字文明，韦执谊之子，唐京兆人。尝官江陵少尹、咸通义武军节度使。因追述长庆元年在白帝城所闻于刘禹锡，因作《刘宾客嘉话录》，四库收录。

兰州大学文库

（56）杜牧

杜牧（803—852），字牧之，京兆万年人。唐代诗人。宰相杜佑之孙，26岁时考中进士，任弘文馆校书郎。不久，任江西、宣歙、淮南等节度使幕僚，以后历任监察御史、司勋员外郎及黄州、池州、睦州、湖州刺史，终中书舍人。擅长诗文。与李商隐齐名，合称为"小李杜"。事迹附载于《唐书·杜佑传》中。四库著录《樊川文集》。

（57）韦庄

韦庄（836—910），字端己，长安杜陵（今属陕西长安县）人，昭宗乾宁元年进士，授校书郎，转补阙。年轻时生活放荡，后入蜀为王建掌书记，王建为前蜀皇帝，遂任命他为吏部侍郎、同平章事。其诗词都很有名，长诗《秦妇吟》尤其有名。四库著录《浣花集》为其弟韦蔼所编。

（58）韩偓

韩偓（844—约914后），字致尧，唐京兆万年人。十岁即能诗，登龙纪元年进士第，昭宗时官至兵部侍郎、翰林学士承旨。后忤怒朱全忠而被贬为濮州司马，再贬荣懿尉，徙邓州司马。天祐二年复故官，厌恶朱全忠不肯入朝，避地入闽而卒。韩偓为学士时，内预秘谋，外争国事，屡触逆臣之锋，死生患难，百折不渝，晚节号称"管、宁之流亚，实为唐末完人"。其诗虽局于风气，但是迥异于当时靡靡之音。在晚唐可谓"文笔之鸣凤"。四库著录《韩内翰别集》。

（59）吕岩

吕岩，字洞宾，世称纯阳真人，吕渭之孙，唐京兆人。道教八仙之一，是八仙中影响最大、传说故事最多的一位。曾以进士授县令。四库存目其《金丹诗诀》。

（60）冯贽

冯贽，唐金城（今甘肃兰州）人，始末不详。疑为后人伪托，史志无载此人。《直录书斋解题》曰天复元年作《云仙散录》，四库著录为《云仙杂记》。

五、五代十国时期

（61）王仁裕

王仁裕（880—956），五代文学家。字德辇，天水（今甘肃天水）人。开始在南方前蜀为官，做到中书舍人、翰林学士。前蜀灭亡后，前后在后唐、后晋、后汉、后周为官，为官兵部尚书、太子少保。诗作达到上万首，人称"诗窖子"。喜作笔记小说，有《西江集》100卷，不传。撰笔记《玉堂闲话》《王氏见闻录》，《太平广记》等书引录颇多。《四库全书》收录《开元天宝遗事》。

（62）陶穀

陶穀（903—970），唐彦谦之孙，避晋讳而改姓陶，五代至宋朝邠州新平（今陕西彬县）人，仕晋为知制诰、仓部郎中，仕汉为给事中，仕周为兵部侍郎、翰林承旨。入宋，仍原官加吏部尚书。事迹见《宋史》本传。采集唐及五代新颖之语而为《清异录》，四库存目。

六、宋金辽时期

（63）李成

李成（919—967），字咸熙，五代末、北宋初的山水画大家。其本族系唐宗室后裔家，先居长安，后徙青州。工画山水，周枢密王朴将举荐时因朴卒而郁郁不得志。乾德中司农卿卫融知陈州，召之，因挈族前往。画名始于五代，入宋更盛，史称"古今第一"。一生创作甚丰，仅画史著录的就有159件，然迄今留存于世的则寥寥。题名李成撰《山水诀》，为后人伪托，故四库列入存目。

（64）田锡

田锡（940—1003），生于晋高祖天福五年庚子，卒于宋真宗咸平六年癸卯，享年64岁。字表圣，祖籍唐京兆后迁至四川。宋太平兴国三年进士，官至谏议大夫。事迹见《宋史》。其著作散亡已久，明人搜集成书，四库列入存目。《咸平集》则著录。范仲淹、司马光均为其作碑铭。

（65）赵湘

赵湘（959—993），字叔灵，宋京兆人（自称祖籍南阳，《南阳集》卷1《后感知赋序》），后徙家于越，居于衢州西安。登太宗淳化三年何榜进士，为资政殿大学士赵抃之祖。官为庐州庐江尉，后追增司徒。淳化四年卒，时年33岁（《景文集》卷45《南阳集序》）。有集12卷（《宋史·艺文志》），已佚。清四库馆臣据《永乐大典》等书辑成6卷。四库著录，武英殿聚珍版《南阳集》有刻。

（66）寇准

寇准（961—1023），字平仲。宋初大臣，华州下邽（今陕西渭南）人。宋真宗朝官至宰相，在对付北方辽国的进犯问题上，力主抗敌，代表了广大军民的爱国意志，使中原地区在很长一段时期内保持了安定。寇准少年好学，通晓《左传》等经典古籍。太平兴国四年（979），进士，授大理评事，先后出任归州巴东、大名府成安县知县，后累迁枢密院直学士。寇准性情刚正，敢于直谏。事迹见于《宋史》本传。知巴东县时，自择其诗百余篇为《巴东集》。后河阳守范雍合其所作200余篇编为《忠愍集》，四库著录。

（67）田况

田况（1005—1063），字元均，其先京兆人，徙居信都（今河北冀县）。仁宗天圣八年进士。举贤良方正，累擢知制诰，迁右谏议大夫、知成都府。至和元年，充枢密副使。嘉祐三年转枢密使，次年因疾求退，以太子少傅致仕。嘉祐八年卒，时年59岁。谥宣简。有《金岩集》，已佚，今存《儒林公议》2卷，《宋史》有传。四库馆臣从内府藏本得《儒林公议》，著录全书。

(68)杜安世

杜安世（约1040年前后在世），字寿域，北宋京兆（今陕西西安）人，宋词人。词风清丽疏快，不避俚俗，有民歌风味。有《寿域词》，因不可校而存目。

(69)张载

张载（1020—1077），字子厚，原籍河南开封，后迁至陕西凤翔府郿县横渠镇，世称横渠先生。北宋哲学家，理学创始人之一。曾任著作佐郎、崇文院校书等职。青年时喜兵法，后求勤于儒家"大经"。讲学关中，故其学派被称为"关学"。著述颇丰。有《西铭》1卷、《易说》3卷、《正蒙》10卷、《经学理窟》10卷、《文集》10卷等等。四库收录为《横渠易说》3卷以及《张子全书》14卷、《附录》1卷。后者为陕西督学朱轼得自其裔孙、五经博士张绳武家中，四库据此本。

(70)刘恕

刘恕（1032—1078），字道元。生于北宋明道元年，卒于元丰元年，祖籍京兆万年，六世祖为临川令，葬于高安，于是定居于此。皇祐元年，时年18岁的刘恕登进士第。初授巨鹿主簿，不久迁为和川、翁源知县。司马光修《资治通鉴》时，特奏请以刘恕同司编纂，转著作郎。熙宁四年，因与王安石不和而乞归家终养，改秘书监，对《资治通鉴》编纂颇有贡献。四库著录《资治通鉴外纪》及其《目录》。

(71)吕大临

吕大临（1044—1091），字与叔，今陕西蓝田县人。著名的理学家，我国最早的金石学家。元祐中官至秘书省正字。他和他的三个兄长吕大忠、吕大防、吕大钧均出身于一个世代书香的官宦之家，兄弟四人人皆登及第。吕大临兄弟被公认为关学大家。吕大临与他两个兄长吕大忠、吕大钧投入张载门下求学，潜心研究《六经》，尤深于三礼（即《仪礼》《周礼》《礼记》）的精研与实践。晚年开始进行青铜器的收集与研究和文字注解。事迹附载于《宋史·吕大防传》。四库著录《考古图》《续考古图》。

(72)李廌

李廌（1059—1109），字方叔，自号太华遗民，华州人（今陕西华县，《总目》作阳翟人）。父李惇与苏轼同年举进士。他曾以文章谒苏轼于黄州，苏轼认为他的文章笔墨澜翻，有飞沙走石之势。因此为苏轼赏识，举荐为官，李廌不第，后偃塞而亡。事迹见于《宋史·文苑传》。其《德隅斋画品》历来评价甚高,四库著录;而《济南集》至明残缺,四库馆臣从《永乐大典》中辑录成问集,著录于库本中。

(73)王谠

王谠(生卒年不详,生活于宋崇宁、大观间),字正甫,长安(今陕西西安)人,宰相吕大防之婿。曾任京东排岸司,元祐四年(1089)任国子监丞,后改少府监丞。将唐小说五十家仿照《世说新语》分为五十二门,因成《唐语林》,对研究唐代历史、政治和文学,均有参考价值。《唐语林》原书在明初散佚。四库馆据明嘉靖初齐之鸾刻残本及《永乐大典》所载,加以校订增补。今传有聚珍本、《惜阴轩丛书》本、《墨海金壶》本、《守山阁丛书》本等。1957年古典文学出版社据《守山阁丛书》本标点排印。

(74)张舜民

张舜民(?—1100),字芸叟,自号浮休居士,又号碇斋,宋邠州(今陕西彬县)人。英宗治平二年进士,为襄乐令。哲宗元祐元年授秘阁校理,次年任监察御史。徽宗时擢吏部侍郎,以龙图阁待制知同州。被指为元祐党人,贬商州,后复集贤修撰。能文词,嗜画,尤工诗。诗学白居易,多讥刺时事之作,语言通俗。其词仅存4首,慷慨悲壮,风格与苏轼相近。有四库著录《画墁集》《画墁录》,从《永乐大典》辑出。

(75)韩彦直

韩彦直(生卒年不详,约生活于12世纪),字子温,宋延安人(一云绥德人)。出身将门,父亲蕲忠武王韩世忠(1089—1151)是南宋抗金名将,母亲梁红玉是当时著名的女将。登绍兴十八年进士,官至龙阁图学士,提举万寿观。以光禄大夫致仕,封蕲春郡公。事迹附见《宋史·世忠传》。淳熙中知温州时作《橘录》,为园艺学名作,四库著录。

(76)李复

李复(?—1128),字履中,先世家开封祥符,号橘水先生,一直求学于张载门下,以其父官关右,遂为长安人。登元丰二年进士,历官熙河转运史,终于中大夫、集贤殿修撰。金军占领秦州后,授秦州经略使,被害。《宋史》无传,著述久佚,四库馆臣从《永乐大典》中辑录《潏水集》著之于全书。李复继承了张载的"气本论"思想。

(77)张镃

张镃(1153—1211后),字功甫,号约斋,西秦(今陕西)人,徙居临安(今浙江杭州)。性豪侈,曾与姜夔交往。官奉议郎、直秘阁。工词,擅长咏物,细腻入神,风致萧散。有《南湖集》《玉照堂词》。四库著录《仕学规范》《南湖集》。

(78)胡次焱

胡次焱(1229—1306),字济鼎,号梅岩,又号余学,陇西李唐宗室,五代时因育于胡氏,因冒姓胡,居于江西婺源。度宗咸淳四年进士,授湖口簿,改贵池县尉。恭宗德祐元年,元兵至贵池,元帅张林以城降,乃奉母遁归,教授乡里以终。《梅岩文集》为明嘉靖中族孙胡珽、珽外甥潘滋辑编。明弘治《徽州府志》卷8有传。

(79)张炎

张炎(1248—1320),字叔夏,号玉田,晚年又号乐笑翁,南宋名将循王天水张俊之五世孙,其曾祖张镃、祖父张含、父亲张枢都是精晓音律的词家。宋室南渡后其家迁居临安。宋亡后潜迹不仕,纵游浙东西,落拓以终。平生工于长短句。有《山中白云词》,四库著录;另存目《乐府指迷》。

(80)洪瑹

洪瑹(生卒年不详,理宗时人),平凉人,字叔屿,自号空同词客。有《空同词》1卷,四库存目。《中兴以来绝妙词选》卷10录其词16首。

七、元时期

(81)杨奂

杨奂(1186—1255),字焕然,又名知章,号紫阳,元乾州奉天(今陕西乾县)人。金时凡秋试四中选,而春试辄不第,与诸名士,如赵秉文、李纯甫等交游,有"关西夫子"之称。入元,以耶律楚材荐,授河南路征收课税所长官,兼廉访使。越十年致仕归。宪宗三年,请老归乡,筑堂曰"归来"。宪宗五年卒,年70。谥文宪。事迹见《元史》本传。尝著有《还山集》《概言》《近鉴》《正统》,多已散佚。今存明人宋廷佐辑《还山遗稿》《考岁略》。

(82)鲁明善

元代畏兀儿(今称维吾尔)人,出生在一个仕宦家庭。其父迦鲁纳答思,在元世祖忽必烈在位时,曾任过翰林学士、丞旨中奉大夫和大司徒等官职,并且精通多种语言,又是著名的翻译家,当时因为信奉佛教,还以维吾尔文字翻译过许多佛教经卷。鲁明善生于内地,就按汉族的姓氏习惯,以父字鲁为氏,乳名铁柱,以字(明善)行。元仁宗延祐元年出监寿郡,为官清正廉洁,留心农事,学识广博。至顺元年作《农桑衣食撮要》,于寿阳刊行。后来升任为靖州路达鲁花赤。《农桑衣食撮要》比王祯的《农书》晚出一年,同为当时最流行的农业著作。

(83)辛文房

辛文房,字良史,西域人。泰定元年(1324)官居省郎之职。官翰林编修。

以诗见长,与王执谦齐名。《元文类》收录其诗 2 首,有《披沙集》,不传。其《唐才子传》共收唐五代诗人传记 278 篇,传中附及 120 人,合计 398 人。原书失传,乾隆时,四库馆臣自《永乐大典》中辑得 243 人传,又附传 44 人,共 287 人,厘为 8 卷。后元刊 10 卷足本在日本[①]。今有周本淳《唐才子传校正》,1987 年江苏古籍出版社出版。

(84)沙克什

沙克什,即瞻思(1278—1351),字得之,元色目人,其先为西域大食国人,后家河北真定。博览群籍,精研经史及天文、地理、钟律、算数之学。不应科举,泰定中,征至上都,以养亲辞归。文宗时,召为翰林应奉文字,进《帝王心法》。至元初年,因通晓水利而被召议河事,为陕西行台御史,改浙东廉访签事。不久病逝。著作颇丰,如《四书阙疑》《五经思问》《镇阳风土记》《续东阳志》《西国图经》《西域异人传》《金哀宗记》《至正诸大臣列传》。四库仅收录《河防通议》,原称《重订河防通议》。

(85)察罕

察罕,元西域板勒纥城人,官至平章事。《元史》卷 137《本传》云:"西域板勒纥城人也。父伯德那,岁庚辰,国兵下西域,举族。来归,事亲王旭烈,授河东民赋副总管,因居河中猗氏县,后徙解州。"板勒纥城今属阿富汗,13 世纪时已伊斯兰化,故板勒纥居民为穆斯林。察罕之父入中原因官留居山西,后以"白"氏为姓。察罕有九个孙子,出仕者二人,其余七人姓名不详。四库著录《帝王纪年纂要》。

(86)马祖常

马祖常(1279—1338),字伯庸,世为雍古部人,居靖州之天山(今新疆北部)。马祖常出生于光州。高祖锡里济苏金末为凤翔兵马判官。子孙用以官为氏之例,遂称马氏。曾祖雅哈从元世祖南征,因家于汴,后徙光州。延祐中初复科举,祖常乡贡会试皆第一,廷试第二,授应奉翰林文字,擢监察御史,劾罢丞相特们德尔,既而特们德尔复相,修怨黜为开平县尹,因避祸退居。特们德尔死,乃除翰林待制,累迁礼部尚书。寻参议中书省事。元统初拜御史中丞,转枢密副使,乞归。至正四年卒。谥文贞。事迹具《元史》本传。元大德、延祐以后,为元文之极盛,主持风气,马祖常被文宗皇帝誉为"中原硕儒唯祖常"。四库著录《石田文集》。收录诗赋 5 卷、文 10 卷。其诗才力富健,如《都门壮游》诸作,长篇巨制,回薄奔腾。还参与修撰《英宗实录》,译润《皇图大训》《承华事略》,编

---

①李裕民:《四库提要订误》(增订本),中华书局 2005 年版,83 页。

集《列后金鉴》《千秋纪略》。

（87）张铉

张铉，字用鼎，陕西人，曾为奉元路学古书院山长。其著述《至大金陵新志》写定于景定年间，《总目》对之评价甚高，因此著录库本中。集庆路学曾于天历（1328—1330）年间修《集庆路续志》，但未加详审。至正三年（1343），集庆路总管府聘张铉入局，续补《景定建康志》。

（88）纳新

郭啰洛·纳新（1309—？），原作"葛逻禄·迺贤"，字易之，号河朔外史，合鲁（葛逻禄）部人。纳新族出西北郭啰洛，因以其为氏。郭啰洛即西域塔尔巴哈台。合鲁部人东迁，元时散居天下，纳新因此寓居南阳，后随兄迁移至浙江鄞县。曾官翰林国史院编修，至正五年出游全国各地，访问名山大川，凭吊古迹。总而成《河朔访古记》，为四库馆自《永乐大典》中辑出收入库本。另亦能诗，有"诗史"之称，有《金台集》，亦著录。后人又编有《迺前冈诗集》3卷（明万历潘是仁刊宋元四十三家集本）。

（89）王翰

王翰（1333—1378），字用文，其先西夏人。元初从下江淮，授领兵千户，镇庐州，因家焉。翰少袭爵，有能名，景云元年登第，累迁江西、福建行省郎中。陈友定留居幕府，表授潮州路总管，兼督循、梅、惠三州。友定败，浮海抵交趾，不果。屏居永福之观猎山，著黄冠服者11年。洪武间辟书再至，翰以幼子托其故人吴海，遂自引决，颇有气节。明王偁辑为《友石山人遗稿》，四库著录，后附志铭表词等7篇，皆吴海所作。张说有"王翰之文，有如琼林玉"的赞誉，可见其当时才名。

（90）丁鹤年

丁鹤年（1335—1424），字永庚（一说字亦曰鹤年）。元末色目人，出自西域。曾祖与阿老丁曾叔机乌马尔为西域巨商。延祐年间（1314—1320），阿老丁由武昌移居杭州。乌马尔官至甘肃行中书左器。其祖父苦思丁做过临江达鲁花赤。其父职马禄丁任武凸达鲁花赤。鹤年以父名丁为姓丁。遭乱不求仕宦，笃尚志操，兼以孝闻。乌斯道、戴良为作传，皆以申屠蟠拟之。元亡避地四明，后归老武昌山中。《明史·文苑传》附见《戴良传》末。其诗本名《海巢集》《哀思集》，《方外集》《方外续集》各1卷，共有诗300多首。四库著录《丁鹤年集》附《丁孝子传》。《艺海珠尘》及《琳琅秘室丛书》皆收有此书。末附有鹤年长兄浙东金事都元帅吉雅摩迪音诗9首、次兄翰林应奉阿里沙诗3首，又鹤年表兄樊川吴惟善诗5首。丁鹤年于诗咏所得颇深。尤长于五七言近体，往往沉郁顿挫，逼近古人,无元季纤靡之习,是我国明朝初年一位有影响的著名回族诗人。

（91）李钦夫

李钦夫,字仁敬,生活于元大德、泰定年间,自题曰长安道人。翰林编修官王瓒中在书序中称其为"五羊道人"。该书取《子平三命渊源》中《喜忌》《继善》二篇,加以注解,配以歌诀。四库存目。

（92）余阙

余阙（？—1358）,字廷心,一字天心,西夏党项人后裔,世家河西武威。父亲名为沙剌臧卜,为官庐州,遂为庐州人。年少丧父,他只得课授生徒以养活母亲。他后来与元代儒学大师吴澄弟子张恒交往,学问日进。元惠帝元统元年（1333）,赐进士及第。曾知泗州,做过监察御史,修撰辽、金、宋史。后来余阙被拜为江淮行省参知政事,旋任淮南行省右丞,仍守安庆。在元代为官时,性格刚直,正气凛然,言峭直无忌。1357年,陈友谅功克安庆时自杀,年56岁。他也是一位著名的散文家。其文集《青阳集》为《四库全书》收录。余阙书中自称"夏人",实已汉化。

（93）刘鉴

刘鉴,元人,字士明,自署关中人。四库收录《经史正音切韵指南》。

（94）查仲孺

查仲孺,元宁州（今甘肃宁县）人,始末不详。批点宋刘达可所编《璧水群英待问会元选要》,四库存目。

（95）刘翠岩

刘翠岩,元时人,生平不详。自称"古雍刘氏"。天历己巳作《古赋题》,四库存目。

八、明时期

洪武年间

（96）张纮

张纮,字季昭,明陕西富平人。洪武初年以通经举荐京师,历任云南左布政使,吏部尚书。靖难后仍任原官,后自杀。事迹见《明史》。四库存目其所编《云南机务钞黄》及自撰《冢宰文集》。

（97）刘纯

刘纯（1363—1489）,字宗厚,号养正老人。明初医学家,淮南吴陵（今属江苏）人,后移居关中,遂为陕西咸宁人。世袭安亭侯,永乐太医。其父刘叔渊受业于名医朱震亨,有家学渊源;又从同乡冯庭翰、许宗鲁、邱克容交游学习。因此,医学源流属南方朱震亨一派,以补阴为主。尝编《医经小学》,系以韵体文将医经之要旨加以编辑,便于记诵。另将徐用诚之《医学折衷》加以补益,成《玉机微义》5卷,四库著录该书。虽采旧说旧方,但多按语。刘纯又单独撰《杂病治例》《伤寒治例》,总结行医经验,四库有存目。

正统年间

(98)王恕、王承裕

王恕,字宗贯,明陕西三原人。正统戊辰进士,官至吏部尚书。谥端毅,《明史》有传。四库著录《王端毅奏议》15卷;存目书5种:《玩易意见》2卷,《王端毅文集》9卷,《石渠意见》4卷,《拾遗》2卷,《补阙》2卷,《王介庵奏稿》6卷。其子王承裕字天宇,弘治癸丑进士,官至南京户部尚书,谥康僖。四库存目《李卫公通纂》。

天顺年间

(99)黄谏①

黄谏(1403—1465),字世臣,号卓庵,又号兰坡,明陕西兰州庄浪卫人(今甘肃兰州永登县),天顺壬戌进士,官至翰林院侍讲学士,后由于和石亨交往甚密,因而谪广州府通判。四库存目其《从古正文》以及所补元察罕《帝王纪年纂要》;所音释唐何粲《亢仓子注》为四库著录。

弘治年间

(100)康海

康海(1475—1540),字德涵,号对山、浒西山人、片东渔夫。明陕西武功人。弘治壬戌进士第一,授翰林院编修。因救李梦阳事而坐刘瑾党削籍。以诗文及杂剧闻名,成为明朝中期七才子的核心,而且在官场刚正不阿,藐视权贵,颇具秦人风范。事迹见于《明史·文苑传》。其《武功县志》为《总目》称赞。石邦教也称其"乡国之史,莫良于此"。清武功人编修孙景烈辑其文集《对山集》,亦著录。另有杂剧《中山狼》《王兰卿》、散曲集《㳙片东乐府》、诗文集《对山集》。创"康王腔",壮秦腔之基。

其孙康万民,字无泌,亦善诗文。作句读于符秦秦州刺史窦滔之妻苏蕙所作《璇玑图》回文诗,因成《璇玑图诗读法》,四库著录。

其孙康吕赐,字复斋,别号一峰,又自称南阿山人,清时人,四库存目《读大学中庸日录》《南阿集》。

(101)李梦阳

李梦阳(1473—1530),明代诗文大家,明代复古运动"前七子"的主要人物。

---

①曹正元考订黄谏字廷臣,正统壬戌进士。曹正之:《〈四库全书总目〉偶证三十例》(上),载《江苏图书馆学报》1990年第4期。

字献吉,号空同子,庆阳人。弘治年间参加陕西乡试,考中第一名,不久考中进士。弘治十三年(1500),李梦阳官拜户部主事。明朝中期,因宦官专权,李梦阳刚正不阿,疾恶如仇,不断遭到权奸的打击陷害,先后6次入狱。嘉靖初年,宁王朱宸濠谋反被诛,李梦阳受到株连,又一次被捕入狱。从此被革职削籍,结束了仕途生涯。李梦阳在哲学上反对神鬼邪说,他还是誉满天下的文学家和诗人。一生诗创作就有2100余首,赋文也很见功力,特别是墓志铭、序文、传记、书信、奏章等独树一帜。他与仲景明、徐祯卿、边贡、康海、王九思、王廷明等人反对明中期以来萎靡颓废的文风,主张"文必秦汉、诗必盛唐"。"持论甚高,足以竦当代耳目"①。他在士林中威信极高,名声很响。李梦阳著有《空同集》,四库著录。明徐宗夔编《二李先生奏议》收录李梦阳、李三才奏议,四库存目。

(102)王九思

王九思(1468—1551),字敬夫,号渼陂,一号紫阁,晚号碧山,明陕西鄠县安泰里人。弘治十才子之一,丙辰进士。由庶吉士授检讨,调吏部主事,升郎中。坐刘瑾党,降为寿州同知,寻勒致仕。事迹见于《明史·李梦阳传》。存目《渼陂集》《碧山乐府》等。

正德年间

(103)马理

马理(1474—1555),字伯循,号溪田,明陕西三原人。正德甲戌进士,授稽勋主事,调文选。因与郎中不合,引疾告归三年。起考功主事,因谏帝南巡,杖于廷。未几,送母还乡,乃设教于武安王祠。藩臬为建嵯峨精舍以居生徒,从游者众。嘉靖初,起稽勋员外郎,因伏阙争大礼,下诏狱,复杖于廷。寻转考功郎中,后官至南京光禄寺卿。陕西地震,与妻皆死。理当时名望甚高,为孝廉、游太学时,即"名震都下""名重外夷"。事迹见于《明史·儒林传》。著述有《马理集》。四库未见收录,仅存目《周易赞义》《谿田文集》。

(104)韩邦奇

韩邦奇(1479—1556),字汝节,明陕西朝邑(今陕西大荔)人。正德戊辰进士,先后任吏部考功主事,又升员外郎、浙江按察司、山西巡抚,后官至南京兵部尚书,谥恭简,《明史》有传。《四库全书》著录《易学启蒙意见》5卷、《苑洛志乐》6卷、《苑洛集》22卷。另存目《乐律举要》1卷、《洪范图解》2卷、《易占经纬》4卷、《见闻考随录》无卷数、《禹贡详略》无卷数。

①《总目》卷171,集部别集类二十四,"空同集"条。

（105）韩邦靖

韩邦靖，字汝庆，号五泉，与韩邦奇为兄弟，明人。正德戊辰进士，官至工部员外郎。事迹附见《明史·韩邦奇传》。著述有《朝邑县志》《韩五泉诗集》。前者亦为《总目》赞扬，认为与《武功县志》齐名，因此著录。而《韩五泉诗集》则存目。

（106）吕柟

吕柟（1479—1542），字仲木，号泾野，明陕西高陵人，著名理学家。正德戊辰进士第一，历任翰林院编修，吏部考功郎中，太常少卿，南京礼部右侍郎。事迹见于《明史·儒林传》。毕生著述甚丰，四库著录《四书因问》6卷、《泾野子内篇》27卷、《周子钞释》3卷、《张子钞释》6卷、《二程子钞释》10卷、《朱子钞释》2卷；另外存目《泾野集》《周易说翼》《尚书说要》《毛诗说序》《礼问》《春秋说志》等6种。另有未收录《礼问外篇》《史馆献纳》《南省奏稿》《诗乐图谱》《史约》《高陵志》《解州志》等。

（107）张原

张原，字士元，号玉坡，明陕西三原人。正德丁丑进士，授吏科给事中。任职期间因直言进谏，不畏权贵，谪贵州新添驿丞。嘉靖元年召复旧官，但仍犯颜进谏。所论奏议全部收录《玉坡奏议》，为四库著录。

（108）胡缵宗

胡缵宗（1480—1560），字世甫，自号鸟鼠山人，明陕西巩昌府秦安（今甘肃秦安）人。正德戊辰进士。历经嘉定州判官，安庆、苏州知府，左副都御史巡抚山东、河南，足迹遍及江南、中原。嘉靖元年为安庆知府，后官至河南。为官爱民礼士，抚绥安辑，廉洁辩治，著称大江南北。还是一位书法家。事迹见《明史·刘䚮传》。著述甚丰，有14部，四库存目有《嘉靖安庆府志》《愿学编》《近取编》《鸟鼠山人集》《拟涯翁拟古乐府》《拟汉乐府（舆上集）》《雍音》等。

（109）孙一元

孙一元（1484—1520），字太初，自称秦人。或传为安化王孙。踪迹诡异，当时即莫能详。尝栖太白之巅，故称太白山人。又尝西入华，南入衡，东登岳，又南入吴，与刘麟、吴玙、陆昆、龙霓并称"苕溪五隐"。晚而就婚施氏，遂卒于吴兴。其人才地超轶，其诗排奡凌厉，往往多悲壮激越之音。事迹具《明史·隐逸传》。《明史·艺文志》载《太白山人稿》5卷。四库采进本为崇祯中湖州周伯仁所刻，凡8卷，著录。

（110）龙正

龙正，明陕西阶州①（今甘肃陇南市武都区）人，明正德年间四川巡抚蓝章幕僚。当时，蓝章（山东莱阳人）驻兵汉中，遣人至鱼腹江，图八阵垒石。龙正在军中，因推演而作《八阵合变图说》，四库存目。

（111）任庆云

任庆云，明陕西商州人，明武宗正德癸酉举人，官至陕州知州。其所编修《商略》8卷，为现商洛所知的编志之始。原本散佚无存。四库存目《商略》一书。

（112）管楫

管楫（约1522前后在世），字汝济，号平田，又号竹木山人，明陕西咸宁人。正德辛未进士，官至右副都御史巡抚山东。因与严嵩相忤，辞疾家居20年。楫与薛蕙、何景明、高叔嗣诸人相唱和，故其诗颇沿七子之派。乾隆初年裔孙管锡绥辑诗文为《平田诗集》，四库存目。

（113）马如骥

马如骥，字仲房，明陕西绥德人。正德丁丑进士，改庶吉士。以谏南巡廷杖，出为泽州知州。世宗立，召还，授编修官，至礼部右侍郎。谥文简。事迹见于《明史·舒芬传》。其文集名为《西玄集》，四库存目。

（114）胡侍

胡侍，字奉之，号濛溪，明陕西咸宁人（《明史·薛蕙传》作宁夏人）。正德丁丑进士，官至鸿胪寺少卿，坐议大礼，谪潞州同知。事迹附见《明史·薛蕙传》。杂采经史故事及小说家言而作《真珠船》《墅谈》，四库存目。

（115）杨爵

杨爵（1493—1549），字伯修，号斛山，明陕西富平人。嘉靖己丑进士，官至山东道监察御史。因上书反对符瑞之说而下诏狱，七年后获释，《明史》有传。其人正直不阿，品行高尚，被称为"纯臣"。杨爵为三原学派的代表人物之一。黄宗羲对其气节深为嘉许，谓其"刚大气，百折不回"（《明儒学案》）。四库采录《周易辩录》4卷为其在狱中所作，诗文汇为《杨忠介集》13卷，另外存目书、明富平县知县刘兑编《频阳四先生集》对其作品也有收录。

（116）周宇

周宇，字必大，明陕西西安左卫人，自称关中人。嘉靖己酉举人，官户部主事，擅长识别古文奇字。四库存目《字考启蒙》及《认字测》。

----

① 《总目》该书解题作武都人。《总目》纂修时称为阶州，今改。

（117）张士佩

张士佩，字濒滨，生卒年待考，明陕西韩城芝川镇人，嘉靖丙辰（1556）进士，官至南京户部尚书。后与礼部尚书徐学谟一同被邹元标参奏罢官。任绍兴推官时，重视教育，设书院，招生员，培养人才。任御史时，上疏论当世急务，为皇帝采纳。任山西布政使时，兴修水利。四库存目《六书赋音义》。

（118）南轩

南轩，字叔后，号渭上先生，明陕西渭南人。嘉靖癸丑进士。历翰林院庶吉士、吏部文选司郎中，终于山东参议。子南师仲、孙南居益三代，均官至尚书。四库存目《通鉴纲目前编》，另有《关中文献志》。

（119）赵时春

赵时春（1509—1567），字景仁，号浚谷，明陕西平凉（今甘肃平凉）人。嘉靖五年会试第一，选庶吉士，历兵部主事。以言事切直，黜为民。久之授翰林编修，复以言事黜。京师被寇，起官，擢金都御史，官至右副都御史巡抚山西。事迹见于《明史》本传。赵时春《平凉府通志》在关中诸志中最为有名，但是由于四库采本已不可缮写，因此只得存目。四库另存目《赵浚谷集》以及《别本赵浚谷集》。

（120）王学谟

王学谟，字子扬，明陕西朝邑人，嘉靖癸丑进士，官至大同左卫兵备道。有继韩邦靖之作的《续朝邑县志》，四库存目。

（121）王献

王献，字惟从，号南沣，又自号木石子，明陕西咸宁（今陕西西安）人。嘉靖癸未进士，官至山东巡查海运副使。有《胶莱新河议》，四库存目。

（122）张炼

张炼，字伯纯，明陕西武功人，嘉靖甲辰进士，官至太仆寺卿。其诗作源出白居易，而更加率易。其《经济录》《太乙诗集》为四库存目，后为禁毁书。

（123）吕颙

吕颙，字梦宾，明陕西宁州定原（今甘肃）人。嘉靖癸未进士，嘉靖中任四川布政司参政。官至奉天府尹。其所编《世谱增定》为乡塾读物，故四库存目。

（124）孙丕扬

孙丕扬，字叔孝，明陕西富平人。嘉靖丙辰进士，万历二十二年（1595）官至吏部尚书，为官廉洁清正，谥恭介。事迹见《明史》本传。四库存目《格物图》《论学篇》。

（125）王维桢

王维桢（1507—1556），字允宁，号槐野，明陕西华州平定里人。嘉靖己未进士，选授翰林院庶吉士，三年后授翰林院检讨官，至南京国子监祭酒。《明史·文苑传》附见《李梦阳传》中。博学多才，广涉古文辞，有《王氏存笥稿》，四库存目后禁毁。

（126）赵统

赵统，字伯一，明陕西临潼人，嘉靖乙未进士，官至户部郎中。诠释杜甫七言律诗，名为《杜律意注》，另有《骊山集》，四库皆存目。

（127）李宗枢

李宗枢，字子西，号石叠，明陕西富平人。嘉靖癸未进士，官至右金都御史，巡抚河南。明富平县知县刘兑编《频阳四先生集》对富平张纮、李宗枢、杨爵、孙丕扬四人诗文均有收录。

万历年间

（128）温纯

温纯（1539—1608），字希文（一作景文），号亦斋。26 岁时举三秦乡试第一，嘉靖四十四年（1565）进士，出任山东寿光县令，劝民耕耘，使风俗淳厚。后由寿光知县征为户科给事中，屡迁兵科都给事中。倭陷广东广海卫，大掠而去。总兵刘焘以战却闻，纯劾焘欺罔。不久官至南京吏部尚书，为官忠清正直，著有《宪纪》，旨在整顿吏治。晚年兴修三原龙桥，创建耆英会，讲究《雅约》，使三原乡俗为之一变。一生为学讲求精一一贯与为仁之旨。著有《历官谏草》《学一堂全集》《杜律一得》《大婚礼汇笔记》等书。有《温恭毅公文集》传世，四库著录为《温恭毅公集》。

（129）武之望

武之望（1552—1629），字叔卿，号阳纡，自号阳行山人，自称关中（陕西临潼，祖籍陕西白水）人。万历十六年（1588）中解元，次年中进士。历任安徽霍丘、江苏江都知县，吏部考功主事，太常寺少卿，山东按察司副使，吏部考选司主事、大理寺右少卿等，号称"关中鸿儒"。因幼年多病，遂习岐黄，《内经》以下至金元诸家医籍无不熟读，精通医学，尤长于妇科。根据王肯堂《证治准绳·女科》，加以重订条列，遂成《济阴纲目》，对后世有较大影响。另著《疹科》（或作《慈幼纲目》）1 卷，已佚。酷爱诗文，学问经济为人称道。现存《游温泉》《登骊山观虎斑石》2 首，是咏赞临潼佳山丽水之作。四库存目《济阴纲目》。其《举业卮言》为禁毁书。

（130）杨梧

杨梧，字凤阁，一字峄珍，明陕西泾阳人。万历壬子举人，官青州府同知。四库存目《礼记说义集订》。

（131）王邦俊

王邦俊（约 1589 年左右在世），字虞卿，明陕西鄜州（今陕西洛川，《大慈恩寺志》题曰岷州卫学生）人，万历甲戌进士，官至贵州兵备参政。当时贵州局势动荡，用其巡抚贵州，因作《征南草》，四库存目。

（132）冯从吾

冯从吾（1556—1627），字仲好，号少墟，明陕西长安人，号少墟。万历己丑进士，改庶吉士，又授御史，以耿直著称。后以上书言明神宗之失遭削籍。家居25 年，杜门谢客，学术造诣颇深。光宗即位后，起尚宝卿，进副都御史，与邹元标共建首善书院讲学。天启四年（1624）出为南京都御史，起工部尚书，以疾辞，后受魏忠贤党攻击而削籍。及阉党败落，诏复官，谥恭定。有著作数种，是明代关学中的重要学者。四库收录《元儒考略》《冯少墟集》，存目《冯子节要》《古文辑选》等，基本齐全。

（133）王绍徽

王绍徽，明陕西咸宁人。万历戊戌进士，官至吏部尚书。事迹见《明史·阉党传》。四库存目《东林点将录》。

（134）刘懋

刘懋，字养中，别号渭溪，明陕西临潼人。万历癸丑进士。官至兵科给事中。四库存目《兵垣奏疏》。

（135）赵崡

赵崡（1564—？），字子函，明陕西周至人。万历乙酉举人。一生喜好石刻，多拓取并访宦游四方者，积累 30 余年，所蓄甚多。因成《石墨镌华》6 卷，四库著录。

（136）郭宗昌

郭宗昌，字允伯，明陕西华州人。平生喜欢谈论金石之文以及搜集古刻。但是郭宗昌所集大概只相当于赵崡所积累的五分之一。四库著录《金石史》。

（137）来濬

来濬，字梅岑，生活于明万历时，自称关中人，疑为三原来氏族人。四库存目其《金石备考》。

（138）阎士选

阎士选，字立吾，明陕西绥德州人。万历庚辰进士（1580），官至山东按察使。官莱州府知府时欲借苏轼以重莱州,乃采苏轼在胶西诗文,刻为一帙,名为《东坡守胶西集》,四库存目。

（139）杜泾

杜泾,明陕西西安人。始末不详。《对制谈经》成于万历甲午。为改编自宋叶时《礼经会元》原本,多有汰节,四库存目。

（140）王庭撰

王庭撰,字敬卿,明陕西华州人,万历庚辰进士,官至翰林院编修,年未四十而没,故诗文皆未成就。四库存目《松门稿》。

（141）来俨然

来俨然,字望之,明陕西三原人,万历乙未进士,官兵部主事。弟庭谕,皆同科进士,又同胞也,古今所稀。子来复临所刊其父文集,除应酬尺牍外,诗作多亢厉之音,因其粗而四库存目。其《自愉堂集》四库存目,后禁毁。

（142）许灵袥

许灵袥,字灵长,明陕西人,万历壬子成《许灵长集》,四库存目。

（143）耿志炜

耿志炜,字明夫,别号逸园,明陕西武功人。万历癸丑进士,官至提督四译馆少卿。归田后作《逸园新诗》《咏怀诗》,四库存目。

（144）文翔凤

文翔凤,字天瑞,号太青,明陕西三水（今陕西旬邑）人。万历庚戌进士,官至太仆寺少卿。四库存目《太微经》《东极篇》《文太青文集》,而《南极篇》则列入禁毁书,后存目书也禁毁。

天启年间

（145）王徵

王徵（1571—1644）,明陕西泾阳鲁镇人,字良甫,号葵心,又号了一道人,支离叟。明末著名的发明家和翻译家。天启壬戌进士,官至扬州府推官。尝询西洋邓玉函以器法,邓玉函因以其国文字述,王徵译为汉文《奇器图说》。后王徵自撰《诸器图说》。二者均被四库著录。

崇祯年间

（146）卫桢固、卫子蒲

卫桢固,字紫岚,明陕西韩城人。崇祯甲戌进士,历官云南道监察御史。其著作《真定奏疏》为其子卫执蒲刊刻,并附录己疏 1 卷。卫执蒲,字禹涛,清顺治辛丑进士,官至左都御史。

未分类

（147）马自援

马自援，明末云南沾益人，原籍陕西，自称籍本秦而生于滇，学在江浙，作品自立新意。四库存目《重订马氏等音外集》《内集》。其父马宝，字城璧，为当地豪侠。马自援为人恭敬谨慎、学识渊深、温和文雅，著有诗集在世上流行。《续修四库全书》经部第 257 册影印中国科学院图书馆藏抄本，第 258 册经部小学类有录。

（148）杨庆

杨庆（1621—1704），字宪伯，一字有庆，初号理斋，继号潜斋，又自称雍野逸民。明秦州（今甘肃陇西县）人，明诸生，崇祯秀才。生平笃学，以穷理慎独为归。坐立举止，皆中规矩。中年去科举之业，凡制度典章无不探索原委①。著述较丰，四库存目有《古韵叶音》《佐同录》《大成通志》《潜斋处语》《蒙训》等5 种。

（149）张光孝

张光孝，字维训，号左华，自称关中人。四库存目《西渎大河志》。

（150）李应奇

李应奇，字鹤崖，明陕西平凉（今甘肃平凉）人。官延州、庆州知州，开封教授。万历十三年（1585）编纂成第一部《崆峒山志》，四库存目。

（151）张廷玉

张廷玉，字汝光，号石初，明陕西延安人，官至工部郎中。善为琴谱，因作《理性元雅》，四库存目。《尤瘝稿》，则为禁毁书。

（152）严尧黻

严尧黻，字汝仪，号槐亭，明陕西朝邑人。官至房县主簿。四库存目《槐亭漫录》。

九、清朝时期

顺治年间

（153）李学孔

李学孔，字瞻黄，清甘肃渭州人，顺治中尝官大宁卫断事。四库存目《皇王史订》，清顺治思补堂刻本。

（154）杨素蕴

杨素蕴，字筠湄，号退庵，清陕西宜君人。顺治壬辰进士，授直隶东明知县，

---

①杨家骆：《四库全书百科大辞典》，肆—1140 页。

官至湖北巡抚。四库存目《西台奏议》《京兆奏议》《曲徙录》《见山楼诗文集》《抚皖治略》《抚楚治略》《穀城水运纪略》。

（155）杜恒灿

杜恒灿，字杜若，号苍舒，清陕西三原人。顺治戊子副榜贡生，考职授通判，未仕而卒。人多惜其才。有《春树草堂集》，四库存目。

（156）朱廷燝

朱廷燝，字山辉，清陕西富平人。顺治己丑进士，官至河南布政司参政。诗文汇为《循寄堂诗稿》，四库存目。

（157）周灿

周灿，字星公，清陕西临潼人。顺治己亥进士，官至南康府知府。文集为《愿学堂集》，四库存目。

（158）张晋

张晋，字康侯，清甘肃狄道（今甘肃临洮）人。顺治壬辰进士，官丹徒县知县。是甘肃自清朝以来第一位进士，诗学李白及李贺，有《张康侯诗草》，四库存目。

（159）白乃贞

白乃贞，字廉叔，号蕊渊，清陕西清涧人，顺治壬辰进士，官至翰林院检讨。其诗作真朴，不加文饰。有《懋斋存稿》，四库存目。

（160）李念慈

李念慈，字屺瞻，号劬庵，清陕西泾阳人。顺治戊戌进士，授河间府推官。后改补新城县知县，以催科不力免职。吴三桂叛乱时，康熙兵驻荆襄，以奉檄运饷有功，再授天门县知县。康熙己未，荐举博学鸿词，试不入格而罢。四库存目《谷口山房诗集》。

（161）宋振麟

宋振麟，字子桢，号中岩，清陕西淳化人。顺治中拔贡生。殁后其女孙存其残稿《中岩集》（乾隆十六年王文昭刻本），而女孙之子刊于福建。四库存目。《清史稿》记载："同州李士滨、张珥，朝邑王建常、关独可，咸宁罗魁，韩城程良受，蒲城甯维垣，邠州王吉相，淳化宋振麟，皆笃志励学，得知行合一之旨。至乾隆间，武功孙景烈亦能接关中学者之传。"

康熙年间

（162）孙枝蔚

孙枝蔚（1620—1687），字豹人，清陕西三原人。康熙己未举博学鸿词，以老病不能入试，授中书舍人，罢归。曾与乡里少年一起反李闯王。四库存目《溉堂前集》《溉堂后集》《溉堂续集》《诗馀》等。后遭禁毁。

（163）王宏撰

王宏撰，字无异，号山史。清陕西华阴人。明诸生，康熙己未曾被举荐为博学鸿词，授检讨。明朝南京兵部侍郎左都御史王之良的第五子，博通经籍，善写文章，且工书法，一生著述颇多。四库收录《周易筮述》8 卷及《正学隅见述》1 卷，存目有《山志》6 卷，后遭禁毁。

（164）李颙

李颙（1627—1705），字中孚，别号二曲，清陕西周至人。父亲李可从，以勇力过人被称"李壮士"，为明军一武官，在与李自成农民起义军作战中，战死于河南襄城。康熙己未元年荐举博学鸿词，以年老不能赴京城而罢。康熙四十二年，康熙西巡召见，当时李颙已经衰老，遣子进见，并以《二曲集》《反身录》奏进。康熙赐"操志高洁"以嘉奖。有王心敬等弟子。著述较多，四库存目《四书反身录》及《二曲集》。

（165）刘绍攽

刘绍攽，清陕西三原人。四库仅存目《周易详说》《春秋笔削微旨》《春秋通论》《二南遗音》等数种。

（166）王明弼

王明弼，字亭二，清陕西人。康熙年间官至凤翔府教授。四库仅存目《易象》《周子疏解》2 种。

（167）刘鸣珂

刘鸣珂，字伯容，清陕西蒲城人，理学家。自小有志于圣贤之道，凡是有心得必录之。其论颇醇正，对所谓圣贤作为有所疑，因此为四库馆臣不容。四库存目《易图疏义》及《砭身集》。后者卷首有临潼教谕王修所作传记。

（168）王承烈

王承烈，字复庵，清陕西泾阳人，康熙己丑进士，官至翰林院检讨。四库存目《复庵诗说》。

（169）刘荫枢

刘荫枢（1637—1724），字乔南，清陕西韩城人。清康熙十五年（1676）丙辰进士，授河南兰阳知县，后历任吏部、刑部给事中，屡上议疏，提出为官必须严立科条、厉廉戒贪，皆被采纳。1698 年出任江西赣南道。1703 年后为按察使，广东布政使，又调补云南布政使。1708 年晋升为贵州巡抚，省徭役，重视文化教育和交通运输，创设南笼厅学，兴办苗学。雍正帝登基，召见赐金归里。因其有惠于贵州，当地百姓挂其夫妇画像于堂前祭祀，称"刘爷爷，刘婆婆"。四库存目有

《大易蓄疑》《春秋蓄疑》二书。

（170）王建常

王建常，字仲复，号复斋，朝邑人。清陕西渭南人，耗四十余年作《律吕图说》，四库存目；另存目《小学句读记》。《清史稿》称其与"武功冯云程、康赐吕、张承烈，同州李士滨、张珥"传承关中之学。

（171）卫执毂

卫执毂，字子觐，清陕西韩城人，四库存目《字学同文》。

（172）俞益谟

俞益谟（1653—1713 年），字嘉言，号澹庵，别号青铜。宁夏广武营人，官至湖广提督。康熙四十二年率兵镇压苗人起义。志载其"生而颖异""少英敏"，喜读兵法韬略，又工于诗文。有多部著述传世，人誉之"一代名将，千古文人"。四库存目《辨苗纪略》。另外一部著作《青铜自考》则被查禁。另有《康熙朔方广武志》等著。

（173）褚峻

褚峻，字千峰，清陕西郃阳人。工于镌字，以贩鬻碑刻为业。走深山穷谷败墟废址之间，搜求金石之文。凡是前人未及录或是录而未能目击，均据所亲见绘制其状，摹其字画。因成《金石经眼录》，为四库著录。后清牛运震增补而成《金石图》，不及原书，故四库存目。

（174）窦文炳

窦文炳，字质民，清陕西长安人，其《叙天斋讲义》曾五朝国史馆，因名《进呈叙天斋讲义》，四库存目。

（175）谢王宠

谢王宠，字愚斋，清朝陕西人，疑宁夏人。

康熙四十一年（1702），谢王宠乡试中举。康熙四十五年（1706）进京赶考，又金榜题名，高中进士，被授予翰林院庶吉士。雍正元年（1723），授山西雁平道（今山西大同）道台。

雍正六年（1728），任光禄寺少卿，升翰林院侍读学士，后任顺天府府尹，仍兼国子监祭酒。十月，又加授都察院左副都御使头衔。

谢王宠主要著有《孝经择要明伦录》《善利图说补理学入门》《荒政录》《学要治要》《四书遵注指要》《知性录》《何事易学指要》《反经录》等。但是基本上都没有流传下来。四库存目《愚斋反经录》。

（176）王梓

王梓，字琴伯，清陕西郃阳人。官崇宁县知县。四库存目其所编王守仁著述,名为《三立编》。

（177）王令

王令,字仲锡,清陕西渭南人。由拔贡生官至广东按察使。四库存目《念西堂诗集》《古雪堂文集》2 种。

（178）李因笃

李因笃(1661—?),字子德,又字天生,清富平籍洪桐人。明庠生。博学强记,贯串注疏。康熙己未召试博学鸿词,授翰林院检讨。因笃精于经学,著诗说,顾炎武称之曰:"毛、郑有嗣音"。四库存目《受祺堂诗集》《汉诗音注》《汉诗评》。关中儒者咸称"三李"(三李者,李颙及富平李因笃、郿县李柏)。

（179）刘尔惮

刘尔惮,字敬又,清陕西宜君人。康熙己未尝荐举博学鸿词。其诗作刻意模仿杜甫,因成《雪石堂诗集》,四库存目。

（180）雷铎

雷铎,字伯觉,清陕西蒲城人。康熙丙子举人。侍奉继母甚孝,常终日不食,以免使其母缺乏供养。家虽贫,养从兄弟、姊妹甚勤。有《克念堂文钞》,四库馆臣因人而存目其文。

（181）巩建丰

巩建丰(1673—1748),字子丈,号渭川,又号介亭,清巩昌府伏羌(今甘肃甘谷)人,清前期教育家。康熙癸巳进士,官至翰林院侍读学士。雍正二年(1724),主持四川乡试,被赞为"当代伯乐"。雍正四年出任云南学政,起草《滇南课土条约》。晚年以讲学著书为务,以灌园吟咏为乐。在县城文庙设坊教徒,远近学者纷纷登门请教。坐而论道,被奉为"关西师表"。诗文平易,有《朱圉山人集》,四库存目。另有《伏羌县志》等。

（182）杨屾

杨屾(1687—1785),字双山,清陕西西安人,始末不详。为一介布衣,《清史稿》无传,著名农学家。《续修陕西通志》和《重修兴平县志》等记其在家乡推广桑蚕及学术成就。其作《豳风广义》紧贴"秦民之切务",叙述了植桑、养蚕、纺织的方法。但四库馆臣并不重视农业科技,仅存目。当时与孙奇逢、黄宗裁并称"三大儒"的李颙主讲关中学院,他拜师李颙门下,颇得其师理学心传。他一生绝大部分时间是在家乡设馆教学,先后从学弟子达数百人,致力农桑,从事著述。现存只有《知本提纲》《豳风广义》和《修齐直指》。

雍正年间

（183）上官章

上官章，字闻然，清陕西乾州人，雍正时人。四库存目《周易解翼》。

（184）袁仁林

袁仁林，字振千，清陕西三原人。雍正年间贡生。《三原县新志》卷6《人物志》有记载。雍正壬子作《古文周易参同契注》，四库存目。另有《虚字说》中华书局有刊，为我国语法学的一部虚词研究专著。

乾隆年间

（185）王心敬

王心敬（1656—1738），字尔缉，学者称丰川先生，清陕西鄠县（今陕西户县）文义村人，25岁时，负笈拜周至李颙为师。乾隆元年荐举贤良方正，以病老不能赴京城而作罢。其注经颇多，喜讲经。黔、粤、吴、楚等地的巡抚都以优厚待遇聘为讲习。应湖北巡抚陈铣之邀，讲学于江汉书院。丰川一生勤于著述，现存的有《易说》《江汉书院讲义》《尚书质疑》《诗经说》《春秋原经》《诗草》《礼记纂》《关学汇编》《文献揽要》《历年》《荒政考》《洗冤录》《南行述》《家礼宁俭编》，四库多存目。其注《难经》则在未收录书之列。他的著作以孔孟学说为宗旨，反对空谈玄虚之说，并能注意研究农业，经世致用。王功述，为王心敬之子。湖南新田县令任上，曾集著《蚕桑成法》一书，教民栽桑养蚕。四库存目其述乃父讲学之作《江汉书院讲义》。

（186）许体元

许体元，字御万，清陕西灵武（今宁夏灵武）人。四库仅存目《周易汇解衷翼》1种。

（187）张祖武

张祖武，清陕西长安人，乾隆戊午举人，四库存目《来易增删》。

（188）王琰

王琰，清陕西渭南人，乾隆乙酉举人。81岁撰成《周易集注》并附录《图说》，四库存目。

（189）屈复

屈复（1668—1745），初名北雄，后改复，字见心，号晦翁，晚年号翁，清陕西蒲城人。工文善诗，在清初诗坛上以托物寄兴为特征，与"神韵说""格调说""肌理说""性灵说"相抗衡。颇能解楚辞题外之意。因楚辞旧注新解而成《楚辞新注》，四库存目。其《弱水集》则遭禁毁。早年参加县童子试取得第一后，便放弃功名，27岁辞乡漫游，著书授徒达50余年。其著述甚丰，有《弱水草堂诗集》收诗作 2217 首,还有《楚辞新注》《唐诗成法》《南华通》《乐府新解》《明四家诗选区》等十余种。

（190）史调

史调,字匀五,号后斋,晚号云台山人,清陕西华阴人。乾隆丙辰进士,官仙游县知县。有《史复斋文集》,四库存目。

（191）王杰

王杰,清陕西韩城人,见第三章介绍。王杰等奉敕编高宗御制《御制诗集》五集。

第五章 《四库全书》与西北诸省的关系

第一节 《四库全书》与陕西文化

　　《四库全书》与陕西的关系,不是一篇文章所能够概括的。如果要作详细的论述,其篇幅可能和具有本书一样的规模。但是陕西本地的学者对于《四库全书》与陕西之间关系的研究却是处于空白的领域。这不能不说是一种极大的遗憾。

　　陕西文化是我国古代文化的一朵璀璨的奇葩。中华文明是全世界唯一从未中断的古老文明,陕西是中国最重要的古代文化中心地区,所以陕西文化不仅是中国古代文化的一个载体,也是陕西这片沃土灿烂辉煌历史的再现以及中华传统文化的一种延伸。上自周秦,中有汉唐,近有延安革命的圣火,十三代帝都形成的关中文化、陕南的秦楚文化、陕北的游牧文化以及各种文化的交融杂糅,形成了陕西文化特有的神采。因此,经过三千多年的文化积累、沉淀,到清乾隆时期,虽然陕西文化比江浙地区略有逊色,但是雄风不减当年。《四库全书总目》中使用了大量的笔墨来阐述关中文化的特点和发展情况。同时,陕西地方也对《四库全书》书籍的采集工作非常重视。陕甘总督、陕西巡抚采集图书,两次就进呈了 102 种,乾隆四十一年陕西巡抚、兵部侍郎兼都察院右副都御史毕沅还亲自操笔,撰写了《关中胜迹图志》32 卷呈送给四库馆。

一、清陕西的行政建制

　　根据雍正时期编修的《陕西通志》,清朝初年的陕西布政使司管辖西安府、延安府、凤翔府、榆林府、兴安州、商州、同州、华州、耀州、邠州、鄜州、绥德州、葭州等四府九州。

　　康熙二年,陕西布政司分置左右布政司。左布政司治省城西安,领西、延、凤、汉四府,兴安一州。雍正三年,改西安所属商同等六州,延安所属鄜、绥等三州为直隶州;九年改榆林为府。

陕西在清初仍辖今甘肃、宁夏和青海东部地区。康熙二年(1664),陕西右布政使移驻巩昌,六年改为巩昌布政使,次年又改为甘肃布政使,移驻兰州,从此陕、甘两省分治。陕西的分省与甘肃的地理环境及清朝对蒙古的战略有很大的关系,甘肃地区"山川雄壮,……为新疆之孔道,实天府之要区"①,它依托河西走廊直接深入蒙古族聚居区内部,将漠南蒙古与青海的厄鲁特蒙古分隔开来,又为清朝控制天山南北的蒙古各部提供了通道。将甘肃独立建省能更好地发挥甘肃在军事上的优势,对于稳定西北和西南意义重大。

到了乾隆时期,陕西的分省已经固定了下来,并且延续了100多年,政治结构基本稳定了下来。但是甘肃、宁夏和青海东部地区仍然保存了陕西管辖的痕迹。最明显的体现就是设立陕甘总督。陕甘总督,正式官衔为总督陕甘等处地方提督军务、粮饷,管理茶马兼巡抚事,是清朝九位最高级的封疆大臣之一,总管陕西和甘肃两省的军民政务。有清一代历任陕甘总督是岳钟琪、刘统勋、杨遇春、邓廷桢、林则徐、左宗棠、杨昌浚、谭钟麟、升允、长庚。但是实际上,清朝历任陕甘总督远不止这几人,一般的陕西研究者做陕甘总督统计时均遗漏了乾隆时期的重要人物:乾隆三十一年(1772)陕甘总督吴达善和乾隆三十七年陕甘总督勒尔谨。陕甘的采集、禁毁图书,多与勒尔谨有关。

虽然甘肃后来有自己的巡抚,清康熙五年(1666)甘肃巡抚为刘斗。乾隆时期,甘肃事务却是由陕甘总督管理的。乾隆十九年(1754)陕甘总督移驻巩昌府,陕甘总督勒尔谨兼甘肃巡抚。当时担任甘肃布政使的是著名的贪官、山西临汾人王亶望(?—1781)。总督与巡抚皆为地方军政大员,合称督抚。但总督权力较巡抚大,多数地区巡抚位于总督之下,亦有总督兼巡抚者。总督辖区较巡抚广,一般都在一省以上,明末时有管辖五省、七省者;总督级别较巡抚高,地方总督多由部院正官中推选。在明代政治中,总督举足轻重,入则为朝廷显官,出则为一方军政之首,故时人称文帅第一重任。总督的作用是以文臣钳制武臣,协调各省、各镇关系,统一事权,防止各省、各镇互不相属,互相推诿,体现了中央对地方军事控制权的加强。总督在清代为地方最高级长官,总管一省或二三省,位在巡抚之上,正二品。清初总督额数及辖区并不固定,乾隆以后成为定制,全国设有八个总督:直隶、两江、陕甘、闽浙、两湖(即湖广)、两广、四川、云贵。总督一般均带兵部侍郎(或尚书)、右都御史衔,其职掌综理军民事务、统辖

①《大清一统志》卷251,《甘肃统部》,参见《续修四库全书》,第618册,第232页。陈漫:《清初(1644—1684)省级行政区研究》,东北师范大学2007年中国古代史硕士研究生论文。

文武、考核官吏,为一方军民高级长官,世称封疆大吏。

从这个分析来看,实际上乾隆时期陕西对甘肃、宁夏、青海东部西宁府的管辖并未彻底终止,而是一直在延续。这一点相当重要,等于说清朝乾隆时期的《四库全书》"西北"几乎可以等同于大陕西的行政管辖范围再加上青海办事大臣、伊犁将军辖区。下面是清乾隆时期整个西北地区的行政建制情况表:

序号	省级行政区	管辖范围
1	陕西总督辖区	今天陕西全省、甘肃大部、宁夏全区、青海东部
2	青海办事大臣辖区	今天青海的中西部
3	伊犁将军辖区	今天新疆全区、甘肃玉门关以西

二、陕西和《四库全书》编纂之间的关系

陕西和《四库全书》编纂之间的关系在本书中已经有非常详尽的叙述。本节就其中一些需要补充的问题进行补充。关于《四库全书》纂修和陕西的关系,主要强调以下几点;

1.陕西是西北地区采集图书的主要负责地区,也是采集、禁毁图书行为的主要活动区域。其中从采集、禁毁、陕西人参与《四库全书》编纂等等过程,几乎都和陕西人有着极密切的联系。

为《四库全书》陕西文献的收集、整理工作做出贡献的人物中,有两位官员是不能不提及的。一个是勒尔谨,另外一位就是时任陕西巡抚毕沅。

勒尔谨(?—1781),清满洲镶白旗人,宜特墨氏。乾隆初,从翻译进士授刑部主事,历任直隶天津道、陕甘总督。曾统兵镇压甘肃河州(今临夏)黄国其、王伏林等回民起义及循化苏四十三领导的回民起义,后闻苏四十三将进攻兰州,他还师守城,被朝廷责为观望失机,革职论斩,改监候。旋因甘肃捏灾冒赈等贪污案,赐死。据《纂修四库全书档案》收录有《陕甘总督勒尔谨等奏购访遗书情形并进呈书目褶》。

毕沅(1730—1797),字秋帆,又字梁蘅,自号"灵岩山人",镇洋(今江苏太仓)人。乾隆二十五年(1760)进士(一甲状元)。历任翰林院侍读学士,迁太子左庶子,实授甘肃巩秦阶道员。曾随总督明山出关勘查屯田。后调安肃道道员。三十五年,擢陕西按察使。三十六年,擢陕西布政使。三十八年,擢陕西巡抚。四十五年,署理陕西巡抚,官至兵部尚书、湖广总督。毕沅积二十年之力,四易其稿,编纂了一部 220 卷的《续资治通鉴》和 300 卷的《史籍考》,完成了王隐《地道记》和《太康三年地志》的辑佚、《山海经新校注》等书。在金石学方面编辑成《关中金石记》《中州金石记》《山左金石志》《三楚金石志》《两浙金石志》等书。对先秦诸子,也素有研究,著有《墨子注》《道德经考异》《晏子春秋注》《吕氏春秋注》等,皆为各种注疏中的佳作。他还是一位杰出的诗人,有《灵岩山人诗集》传世。同时毕沅聚集了一批能人才子,主持编写了《传经表》《经典文字辨正》《老子道德经考异》《夏小正考注》《晋书地理志新补正》《三辅黄图》《关中胜迹图志》《中州金石记》《西安府志》《湖广通志》等,其中尤以《山海经校注》为生平得意之作。这些图书中有一些著作是关于陕西的,如《关中金石记》《三辅黄图》《关中胜迹图志》《西安府志》等,其中《三辅黄图》《关中胜迹图志》被《四库全书》收录,《四库全书总目》认为"守土之臣得乘边圉宁谧、民气和乐之馀,行部川原,询求旧迹。订讹鼇舛,勒成是编,以上呈乙览。视儒生著述,披寻于断碑碎碣之间,研索于脱简残编之内者,其广狭固有殊矣。其书以郡县为经,以地理、名山、大川、古迹四子目为纬,而以诸图附于后。援据考证,各附本条,具有始末。臣等谨为录副,登诸秘阁,亦古者郡国地志藏在太史之义也"①。但是由于《四库全书》成书早于《续资治通鉴》等著作的成书时间,因此像这样的一些著作没有能够被《四库全书》收录。

清乾隆时被列入四库禁毁书目的,有陕西人所著三部诗文集:《溉堂集》《槲叶集》和《弱水集》。其作者孙枝蔚、李柏、屈复,是清初陕西诗坛的中坚人物,其中孙枝蔚、李柏在遗民诗界也享有盛誉,屈复虽生于清初,因其同样强烈不屈的民族气节,也被误归入明遗民,同出一脉的反清思想是三部诗集遭禁毁的根本原因。②

2. 陕西人为《四库全书》的纂修完成做出了自己的贡献。四库馆吸收了很多文人学者,而且召集了大量办事人员,组成一个庞大的机构,前后达 400 人的规模,其中有一些是陕西籍的文人学士。在最重要的正副总裁、总阅官、总纂官、总校官的组成人员中,陕西韩城人王杰任副总裁,其他有任缮书处分校官的陕西绥德人张秉愚等等。关于王杰和张秉愚的生平,本书前面已经有详细的介绍。

三、《四库全书》陕西文献评价

乾隆时期纂修的《四库全书总目》正文中提及"陕西"有 199 段文字,足以说明陕西的分量。我们从陕西和《四库全书》的关系可以看到有以下的几个特点:

1. 从文献的总量上看,陕西作者的文献在《四库全书》西北文献整体中具有领军式的地位。综观《四库全书》西北文献,陕西作者的文献占据了 90% 以上的种数。从时代上看,从周秦到明清,几乎无所不包。从来源上看,从陕西巡抚采进本到内府藏本、大典本,来源全面。谨以陕西巡抚采进本为例,除了少数甘

---

①《四库全书总目》卷 70,史部二十六,地理类三,"关中胜迹图志"条。

②相关的研究参见郎菁:《四库禁毁书目中的三部清初陕西诗文集——〈溉堂集〉、〈槲叶集〉和〈弱水集〉》,载《图书馆杂志》2005 年第 10 期。

肃、宁夏典籍以及题诸葛亮的一种外,其余全部是陕西籍作者的著作:

序号	书名	卷数	作者
1	周易筮述	8 卷	国朝王宏撰
2	易说	6 卷	国朝惠士奇撰
3	大易蓄疑	7 卷	国朝刘荫枢
4	易象	2 卷	国朝王明弼
5	周易详说	19 卷	国朝刘绍攽
6	周易解翼	10 卷	国朝上官章
7	周易汇解衷翼	15 卷	国朝许体元
8	来易增删	8 卷	国朝张祖武
9	周易集注、图说	11 卷、1 卷	国朝王琬
10	复菴诗说	6 卷	国朝王承烈
11	丰川诗说	20 卷	国朝王心敬
12	春秋蓄疑	11 卷	国朝刘荫枢
13	春秋笔削微旨	26 卷	国朝刘绍攽
14	春秋通论	5 卷	国朝刘绍攽
15	四书酌言	31 卷	〔明〕寇慎
16	读大学中庸日录	2 卷	国朝康吕赐
17	江汉书院讲义	10 卷	国朝王功述
18	律吕图说	9 卷	国朝王建常
19	古韵叶音	6 卷	国朝杨庆
20	佐同录	5 卷	国朝杨庆
21	皇王史订	4 卷	国朝李学孔
22	兵垣奏疏	1 卷	〔明〕刘懋
23	真定奏疏	1 卷	〔明〕卫桢固
24	西台奏议、京兆奏议、曲徒录	3 卷	
25	大成通志	18 卷	
26	关中胜迹图志	32 卷	
27	平凉府通志	13 卷	〔明〕赵时春
28	续朝邑县志	8 卷	〔明〕王学谟

序号	书名	卷数	作者
29	泾野子内篇	27 卷	明吕柟
30	正学隅见述	1 卷	国朝王宏撰
31	周子疏解	4 卷	国朝王明弼
32	小学句读记	6 卷	国朝王建常
33	愿学编	2 卷	〔明〕胡缵宗
34	近取编	2 卷	〔明〕胡缵宗
35	格物图	1 卷	〔明〕孙丕扬
36	论学篇	1 卷	〔明〕孙丕扬
37	南阿集	2 卷	国朝康吕赐
38	叙天斋讲义	4 卷	国朝窦文炳
39	愚斋反经录	16 卷	国朝王宠
40	心书	1 卷	旧本题〔汉〕诸葛亮
41	雅述	2 卷	〔明〕王廷相
42	经济录	2 卷	〔明〕张炼
43	潜斋处语	1 卷	国朝杨庆
44	蒙训	1 卷	国朝杨庆
45	南华通	7 卷	国朝孙嘉淦
46	古文周易参同契注	8 卷	国朝袁仁林
47	楚辞新注	8 卷	国朝屈复
48	空同集	66 卷	〔明〕李梦阳
49	杨忠介集	16 卷附录 6 卷	〔明〕杨爵
50	杜律意注	2 卷	〔明〕赵统
51	渼陂集、续集	19 卷	〔明〕王九思
52	对山集	19 卷	〔明〕康海
53	拟涯翁拟古乐府	2 卷	〔明〕胡缵宗
54	拟汉乐府	8 卷	〔明〕胡缵宗
55	平田诗集	2 卷	〔明〕管楫
56	骊山集	14 卷	〔明〕赵统

序号	书名	卷数	作者
57	太乙诗集	5 卷	〔明〕张炼
58	征南草	1 卷	〔明〕王邦俊
59	文太青文集	2 卷	〔明〕文翔凤
60	逸园新诗,咏怀诗	2 卷	〔明〕耿志炜撰
61	溉堂前集、续集、后集、诗馀	23 卷	国朝孙枝蔚
62	循寄堂诗稿	无卷数	国朝朱廷燡
63	愿学堂集	20 卷	国朝周灿
64	见山楼诗文集	无卷数	国朝杨素蕴
65	抚皖治略、抚楚治略、毂城水运纪略	3 卷	〔清〕杨素蕴
66	张康侯诗草	11 卷	国朝张晋
67	愗斋存稿	4 卷	国朝白乃贞
68	谷口山房诗集	10 卷	国朝李念慈
69	受祺堂诗集	34 卷	国朝李因笃
70	雪石堂诗草	无卷数	国朝刘尔惮
71	朱圉山人集	12 卷	国朝巩建丰
72	丰川续集	34 卷	国朝王心敬
73	史复斋文集	4 卷	国朝史调
74	念西堂诗集	8 卷	国朝王令
75	雍音	4 卷	〔明〕胡缵宗
76	频阳四先生集	4 卷	〔明〕刘兑编
77	二南遗音	4 卷	国朝刘绍攽编
78	碧山乐府	5 卷	〔明〕王九思

2.从陕西文献在西北文献中的比例构成来看,《四库全书》西北文献研究,可以近似地看作《四库全书》陕西文献研究。

陕西文献毕竟不能代表西北文献整体,正如多数人的意见不能代表全体人的意见一样。《四库全书》陕西文献和其他省份的文献一样,也存在着鱼龙混杂、泥沙俱下的现象。从总体比例上看,陕西文献的存目比例比江浙一带要低得多。对于不同版本的价值,谨慎地讲,是越古越好,而对于同一版本,也不能等量齐观。但是唯古是美,则是历史学研究的笑话。

那么,我们应该怎样避免任意地使用文献来证明陕西文献的价值,同时又各取所需地选择那些伪书、劣书来贬低陕西文献的价值呢?本书认为,重要的方法就是统计文献整体被《四库全书》的著录率。根据第三章第一节的分析,整个《四库全书》西北文献的著录率为46.7%。而陕西文献则是著录110种,存目140种,著录率为44.4%,基本上和西北文献的平均著录率相当。

当然,对于陕西文献的价值,由于其总量较大,也可以采取随机抽取数本书来评价的方法。从文献统计学的角度来看,随机抽出的样本,只要具有代表性和广泛性,就可以用来去估计总体,也能够反映总体的一些特征,但不能一定就代表总体。如果抽出的样本能够代表总体,那么这个抽样过程就是合理的;如果不能代表总体,则是不合理的。在抽样调查中,如何通过抽样设计来减少抽样误差,提高样本的代表性,就成为调查研究成功的关键。唯有按随机原则设计的概率抽样方法,才能根据统计理论比较精确地估算出抽样误差,实现由样本推论总体。

3. 从陕西文献的整体质量上看,《四库全书》中陕西籍作者文献高度体现了《四库全书》西北文献的价值。《四库全书》中的陕西文献,有价值很高的《陕西通志》,有一些广泛流传的图书,更有一些从内府藏本和《永乐大典》中辑录出来的珍贵文献。以《永乐大典》中陕西作者撰写的著作为例:

序号	书名	卷数	作者	时代	籍贯	部类	著录情况
1	春秋释例	15	杜预	西晋	杜陵	经部春秋	著录
2	东观汉记	24	杨彪续补	东汉	华阴	史部别史	存目
3	傅子	1	傅玄	晋	北地泥阳	子部儒家	著录
4	苏氏演义	2	苏鹗	唐	武功	子部杂家	著录
5	唐语林	8	王谠	宋	长安	子部小说	著录
6	南阳集	6	赵湘	宋	京兆	集部别集	著录
7	潏水集	16	李复	宋	长安	集部别集	著录
8	画墁集	8	张舜民	宋	邠州	集部别集	著录
9	济南集	8	李廌	宋	华州	集部别集	著录

那些这些书的价值如何呢?为了让读者清晰地看到这些著作的价值,体味把玩其中的意味,根据《四库全书总目》列表如下:

序号	书名	失传情况	价值
1	春秋释例	自明以来,是书久佚。惟《永乐大典》中尚存三十篇。	《春秋》以《左传》为根本,《左传》以杜解为门径,《集解》又以是书为羽翼。
2	东观汉记	北宋时尚有残本四十三卷。自元以来,此书已佚。	惟赖兹残笈,读史者尚有所稽。则其有资考证,良非浅鲜,尤不可不亟为表章矣。
3	傅子	宋已亡一百一十七篇。元明之后,藏书家遂不著录,盖已久佚。	皆关切治道,阐启儒风,精意名言,往往而在,以视《论衡》《昌言》皆当逊之。残编断简,收拾于阙佚之馀者,尚得以考见其什一,是亦可为宝贵也。
4	苏氏演义	此书久佚。	古书亡失,愈远愈稀,片羽吉光,弥足珍贵。
5	唐语林	明以来刊本久佚。	所纪典章故实,嘉言懿行,多与正史相发明。
6	南阳集	著作散佚。并《南阳集》之名,知者亦罕。	大抵运意清新,而风骨不失苍秀。虽源出姚合,实与彫镂琐碎、务趋僻涩者迥殊。其古文亦扫除排偶,有李翱、皇甫湜、孙樵之遗,非五季诸家所可及。沈埋晦蚀几数百年,今逢圣代右文,复得掇拾散亡,表见于世。岂非其精神足以不朽,故光气终莫可掩钦!
7	潏水集	后散佚无存,谈宋文者多不能举其名氏。	今观是集,如谓扬雄不知道,谓井田兵制不可遽言复古,皆确然中理。其他持论,亦皆醇正,不止朱子所称一条。又久居兵间,娴习戎事,故所上奏议,大都侃侃建白,深中时弊,亦不止洪迈所称二疏。至其考证今古,贯穿博洽,于易象、算术、五行律吕之学无不剖晰精微,具有本末,尤非空谈者所可及。在宋儒之中,可谓有体有用者矣。

序号	书名	失传情况	价值
8	画墁集	而自明以来,久佚不传。	盖其著作在当日,极为世重。而自明以来,久佚不传。惟《永乐大典》尚间载之。计其篇什,虽不及什之一二。然零玑断璧,倍觉可珍。谨蒐辑排比,釐为八卷,用存崖略。其《郴行录》乃谪监酒税时纪行之书,体例颇与欧阳修《于役志》相似。于山川古迹,往往足资考证。今亦并附集末焉。
9	济南集	则南渡之初,已为罕觏。后遂散佚不传。	其议论奇伟,尤多可取,固与局促辕下者异焉。其幸而未佚者,固尤足珍矣。

可以说,《四库全书》为保存陕西的宋元珍本古籍,不至于使这些珍贵图书湮灭无闻做出了巨大的贡献。

当然,《四库全书》中的一些涉及陕西史地的文献,虽然作者不是陕西人,但是价值仍然很高。这里从《四库全书·史部地理类》中的著录书籍中举出几个例子:

序号	书名	卷数	作者	《四库全书总目》评价该书的价值
1	陕西通志	100	〔清〕刘於义等监修	订古证今,详略悉当,视他志之攕掇附会者较为胜之。书中间有案语,以参考同异,亦均典核可取云。
2	雍录	10	〔宋〕程大昌撰	然其蒐罗既富,辨证亦详,在舆记之中固为最善之本也。明代陕西诸志,皆号有法,其亦以是数书者在前欤?
3	长安志图	3	〔元〕李好文撰	凡汉、唐宫阙陵寝及渠泾沿革制度皆在焉。总为图二十有二,其中渠泾图说,详备明晰,尤有裨于民事。

155

序号	书名	卷数	作者	《四库全书总目》评价该书的价值
4	关中胜迹图志	32	〔清〕毕沅撰	援据考证,各附本条,具有始末。臣等谨为录副,登诸秘阁,亦古者郡国地志藏在太史之义也。

可以说,对于后世研究陕西地方文献的学者,《四库全书》中收录的陕西文献是无法回避和绕开的,或者直接引用,或者是间接地使用四库本,也是编纂陕西本地的省志《陕西通志》《雍录》必备的参考书籍;从研究西安的城市发展史、陕西的名胜旅游开发的方面来说,《长安志图》和《关中胜迹图志》也都是重要的辅助资料。

以上三点从陕西文献的总量、陕西文献在西北文献中的比例分量以及陕西文献的质量分析了《四库全书》陕西文献的价值和意义。可以说,陕西文献是《四库全书》西北文献的支柱和核心部分,这一点是不能否认的。

第二节　《四库全书》甘肃籍作者著作及陇右文化

《四库全书》中收录的陇籍人士的著作在整个西北文献的省籍构成中位列第二。这并不奇怪,可以说,甘肃也是一个文化大省。明清时期的陇东地区,如平凉、庆阳、天水等地,就深受秦文化的滋养和熏陶。该地区的地方史乘,在四库馆臣的视野中属于关中文化的范畴,被称为"关中诸史,历来号称有法"。

从现实来看,至今保存下来三部半《四库全书》中有一部收藏于甘肃省图书馆,即文溯阁本。文溯阁《四库全书》在甘肃保存已近四十年。甘肃是一个历史文化悠久的省份,文溯阁《四库全书》已经融入甘肃悠久的历史文化中了。甘肃人为保护、管理这套四库全书做出了自己的贡献。为彻底改善文溯阁《四库全书》的存藏环境,甘肃省在兰州九洲台新建文溯阁《四库全书》藏书楼,已于2005年7月落成。文溯阁《四库全书》收藏在甘肃是甘肃人民的骄傲。但是我们对文溯阁《四库全书》的研究工作还不够深入,特别是统计《四库全书》中所收录的甘肃籍作者的著作在甘肃地方历史学界几乎无人问津。关于《四库全书》著录书的甘肃籍作者和简介,本书作者已经做了初步的统计并发表在《河西学院学报》2005年第4期上,但是有关著录书和存目书二者综合的情况却没有进一步详细的统计,本文正是该文基础上的完善之作。

一、清朝乾隆时期的甘肃行政建制

根据《清史稿》,甘肃省在明代属于陕西布政使司及陕西行都指挥使司地。

清朝顺治初年,沿袭明制,设甘肃巡抚,驻宁夏。宁夏巡抚因此裁撤。顺治五年(1648),将甘肃巡抚迁移到兰州。康熙三年(1664),分陕西为左、右布政使司,以右布政使司驻巩昌,领四府。康熙六年(1667),改陕西右布政使司为巩昌布政使司。七年,又改甘肃布政使司,徙治兰州。雍正三年(1725),裁行都指挥使司及诸卫所,改置甘州、凉州、宁夏、西宁,升肃州及秦、阶二州为直隶州。乾隆三年(1738),废临洮府徙兰州,因更名。二十四年(1759),置安西府。二十九年(1764),裁巡抚,以陕甘总督治兰州,行巡抚事。

乾隆三十七年(1772)开始下令开四库馆时,整个甘肃省共设有九府,三个直隶州。兰州府、平凉府、巩昌府、庆阳府、宁夏府、西宁府、凉州府、甘州府、安西府、阶州直隶州、秦州直隶州、肃州直隶州。在《四库全书》编纂期间,甘肃省的行政建制一直处于变动之中。乾隆三十八年,置镇西府于巴里坤、迪化直隶州于乌鲁木齐,甘肃省此时管辖了整个新疆东北部地区。三十九年,降安西府为直隶州。四十二年,升泾州为直隶州。同治十一年(1872),置化平川直隶。十二年,升固原州为直隶州。光绪十二年(1886),新疆改建行省,割迪化、镇西为新疆省管辖区域。此时,甘肃省已经是八府六州的格局了。

清朝乾隆时期的甘肃省行政建制对《四库全书》征集图书、禁书、挖改图书是有很大影响的。关于这一点,本书已经在第二章第一节中对以往学术界认为甘肃没有进献图书的说法进行了辨析。

二、《四库全书》甘肃籍作者文献辑录

根据第四章的总体情况分析,《四库全书》甘肃籍作者文献共有 69 部,其中著录书 36 部,存目书 33 种,著录率为 52.2%,高于西北文献的平均著录率46.7%。但是实际上,这里面有大批的著作并非是甘肃籍作者亲手撰写的,而是编纂、注释、音义其他人的。因此,从实际的著作者来看,《四库全书》正本(著录书)中甘肃籍作者共 14 人,著作 17 种,共 182 卷。存目书中甘肃籍作者共 16人,著作 26 种,共 188 卷。列表如下:

序号	著录情况	作者人数	著作种数	卷数
1	著录书	14	17	182
2	存目书	16	26	188
合计		30	43	370

1. 著录书汇总

据统计,《四库全书》正本(著录书)中甘肃人著作有:

朝代	人名	籍贯	著作	部类	来源
周	尹喜	天水	《关尹子》1卷	子部道家	两淮盐政采进本
东汉	王符	安定临泾	《潜夫论》10卷	子部儒家	江苏巡抚采进本
晋	皇甫谧	安定朝那	《高士传》3卷	史部传记	江苏巡抚采进本
			《甲乙经》8卷	子部医家	两淮盐政采进本
晋	傅玄	北地	《傅子》1卷	子部儒家	永乐大典本
前秦	王嘉	陇西安阳	《拾遗记》10卷	子部小说	内府藏本
西凉	刘昞	敦煌	《人物志注》3卷	史部传记	副都御使黄登贤家藏本
唐	李绛	陇西	《李相国论事集》6卷	史部传记	浙江孙仰曾家藏本
唐	李翱	陇西成纪	《论语笔解》2卷（韩愈同注）	经部四书	浙江郑大节家藏本
			《卓异记》1卷	史部传记	内府藏本
			《李文公集》18卷	集部别集	浙江鲍士恭家藏本
唐	李贺	郡望陇西	《昌谷集》4卷《外集》1卷	集部别集	浙江巡抚采进本
唐	李白	郡望陇西	《李太白集》30卷	集部别集	安徽巡抚采进本
唐	权德舆	天水	《权文公文集》10卷	集部别集	内府藏本
五代	王仁裕	天水	《开元天宝遗事》4卷	子部小说	兵部侍郎纪昀家藏本
元	余阙	祖籍武威	《青阳集》4卷	集部别集	编修励守谦家藏本
明	李梦阳	庆阳	《空同集》66卷	集部别集	陕西巡抚采进本

　　共收录甘肃作者14人的著作18种,共182卷。《太平广记》《全唐文》中还收录陇西李朝威的《柳毅传》等,一些著作的散篇断简分布在一些综合性的著作中。

　　2.存目书汇总

　　除了著录书以外,存目类还收有甘肃籍作者牛僧孺、胡缵宗、赵时春等人的多部著作。为了研究的方便,本书列出了《四库全书》收录的存目书情况。

朝代	人名	籍贯	著作	部类
唐	李翱	陇西成纪	《五木经》1 卷	子部艺术类存目
唐	牛僧孺	安定鹑觚	《幽怪录》1 卷	子部小说类存目
唐	李复言	陇西	《续幽怪录》1 卷	子部小说类存目
			《续玄怪录》4 卷	子部小说类存目
唐	李垕	陇西	《续世说》10 卷	子部小说类存目
宋	洪瑹	平凉	《空同词》1 卷	集部词曲类存目
明	赵时春	平凉	《平凉府志》13 卷	史部地理类存目
			《赵浚谷集》16 卷	集部别集类存目
			《别本赵浚谷集》17 卷	集部别集类存目
明	黄谏	兰州	《从古正文》5 卷	经部小学类存目
明	李梦阳	庆阳	《二李先生奏议》2 卷	史部诏令奏议类类存目
			《空同子》1 卷	子部杂家类存目
			《空同子纂》1 卷	子部杂家类存目
明	胡缵宗	巩昌府秦安	《嘉靖安庆府志》30 卷	史部地理类存目
			《愿学编》2 卷	子部儒家类存目
			《鸟鼠山人集》29 卷	集部别集类存目
			《拟涯翁拟古乐府》2 卷	集部别集类存目
			《拟汉乐府》8 卷	集部别集类存目
			《雍音》4 卷	集部总集类存目
明	李应奇	平凉	《崆峒山志》3 卷	史部地理类存目
明	吕颙	宁州	《世谱删定》2 卷	史部史评类存目
明	龙正	武都	《八阵合变图说》无卷数	子部兵家类存目
明	沈云翔	庆阳	《楚辞评林》8 卷	集部楚辞类存目
清	李学孔	渭州	《皇王史订》4 卷	史部编年类存目
清	张晋	陇西狄道	《张康侯诗草》11 卷	集部别集类存目
清	巩建丰	巩昌府伏羌	《朱圉山人集》12 卷	集部别集类存目

另外,阮元《研经室外集·四库未收书提要》中补充了甘肃安定人皇甫枚《三水小牍》2 卷的提要。这些甘肃作者中,洪瑹、黄谏、李应奇、吕颙、龙正、沈云翔、李学孔等人都是一般的甘肃地方史乘所不常见的。

159

三、《四库全书》甘肃籍作者文献总体印象

从著录书中,我们可以看到甘肃籍作者著作的几个特点:

第一,从时代上看,五代以前的珍本较多。从周、汉、晋,一直到唐、五代、元、明、清时期的著作,都有收录,但是以五代之前的著作为主要组成。以存目书为例,五代以前的只有 5 种甘肃籍作者的文献。但是著录书就有 15 种,收录的比例很高,说明宋元以前的本子多珍本。而存目书多以明清时期为主,反映了四库馆臣"厚古薄今"的文献选择观。可以说,修四库时,厚古薄今,宋元善本多得收录,而于明清则严加遴选,去取虽未见公平,但大抵来讲,选入者较落选者文学价值要高不少。而明清著作,并不依赖四库乃能流传,以今人编纂《四库全书存目丛书》及《禁毁书丛刊》两丛书而论,禁毁者固未彻底,而未选入者未必不大行其道。四库成书后不足三十年,阮元即在浙江搜罗 175 种未收书,编成《宛委别藏》,其他未录未缴者殆可概见。况且古书流传,本来就有时限,置诸三阁,供士人任意传钞,与藏诸名山,听其自败,孰利孰弊,其意不言自明。这种"厚古薄今"的文献取向,仅在甘肃籍作者文献中我们就可以管窥一二了。

第二,我们可以看到,这些作者的乡贯分布,主要集中于甘肃的渭水流域,即陇中、陇东部分,就是今天庆阳、平凉、天水、定西等地区。

乡贯	天水地区	庆阳地区	定西地区	平凉地区	合计
人数	9	8	6	3	26

《四库全书》甘肃籍作者共有 30 人,仅这四个地区的作者就占去了 26 人,比例达 87%。而且我们从中发现了一个规律,越靠近陕西文化中心区的地区,产生的文化名人越多。现代文化学有文化扩散的理念。文化扩散是思想观念、经验技艺和其他文化特质从一个社会传到另一个社会,从一地传到另一地的过程,又称文化传播,是基本的文化过程之一。T. 哈格斯特朗在 1953 年发表的《作为一种空间过程的革新传播》中提出"革新波"的概念,把文化扩散过程比做海浪的运动。文化的扩散作用随着与源地的距离的增加和时间的延长而逐渐减弱,呈现时间—距离衰减现象。我们将关中文化的核心区:关中平原比喻为源头,那么这个源头必然向周边扩散,甘肃中东部就是其外围的边缘。从这一点上,就不难理解为什么《四库全书总目》将庆阳、天水、平凉、定西地区归入"关中文化"的概念体系里了。

那其余的 4 位作者分布情况如何呢,我们将上面的表继续列出:

乡贯	兰州地区	酒泉地区	武威地区	陇南地区	合计
人数	1	1	1	1	4

这是一个很有意思的现象,今天甘肃省的多数地级单位,都有作者的著作被收录,说明这些地区的文化并没有因为是边地、战乱而磨灭。

第三,从部类上看,以集部最多,子部其次,史部再次,经部最少。

门类	经部	史部	子部	集部	合计
部数	2	10	15	16	43

我们从中可以看到,从作品的分布部类上看,甘肃籍作者作品数量排比恰恰是集、子、史、经,是一个经史子集的反结构。

第四,以个人作品而言,胡缵宗的作品收录最多,但是都在存目书行列。甘肃的一些研究者以此津津乐道胡缵宗的文学才能,实际上是不足为训的。我们不妨罗列一下对胡缵宗著作的评价情况:

书名	卷数	来源	存目原因
嘉靖安庆府志	30	两淮盐政采进本	是志一循古文,无复分门立类之规也。然第四卷已作《职官表》,第七卷又作《职官志》,则于例亦颇不纯。
愿学编	2	陕西巡抚采进本	然核其全书,大抵皆先儒所已言也。
近取编	2	陕西巡抚采进本	是编取《朱子要语》厘成二卷,名曰《近取》者,谓取诸切近日用,以救宗金谿者之弊。
鸟鼠山人集	29	两淮马裕家藏本	其诗激昂悲壮,颇近秦声,无斌媚之态,是其所长,多粗厉之音,是其所短。
拟涯翁拟古乐府	2	陕西巡抚采进本	缵宗游李东阳之门,乃取《东阳古乐府》二卷,以次属和,立题指事,率由"东阳"之旧,亦间有所釐正。
拟汉乐府	8	陕西巡抚采进本	缵宗乃于千年以外,求汉乐府之音节,不愈难而愈远乎?
雍音	4	陕西巡抚采进本	分体排纂,以合于雅音者为内编二卷,未尽雅驯者为外编二卷。然李陵、苏武诸诗概列之外编中,其进退殊不甚可解也。

我们可以发现,胡缵宗的文学并没有一些学者说的那样"诗文优秀"①,《四库全书总目》对其肯定的也多从其人品、文品方面来进行评价。胡缵宗的诗文弊病主要是三大方面:一是体例较杂,如《嘉靖安庆府志》《雍音》;二是多数都是模仿,没有自己的特色,或者是从别人文集中抄录的便携手册,或者是多数别人已经说的观点,或者是模仿乐府,如《愿学编》《近取编》《拟涯翁拟古乐府》《拟汉乐府》;三是"粗厉",高急而壮猛,从贬义上讲多指粗鲁、直接而尖厉,如《鸟鼠山人集》。从这个角度上讲,《四库全书总目》确实点出了胡缵宗诗文的一些要害。尽管我们不能唯《四库全书总目》马首是瞻,但是我们这个时代的学者无论视野、学识都是和清代《四库全书总目》总编纂官纪昀不能比的。我们不能因以地、一省之私就失去任何分辨、批判的能力了。

四、《四库全书》与陇右文化

1. 北地文化

秦朝时期在今甘肃庆阳地区设置了北地郡,因此产生了浓厚的北地文化。《四库全书》中收录的庆阳籍作者达8人,其中被收录到《四库全书》正本中的有4名作者的5种著作②:

朝代	人名	乡贯	著作	价值
东汉	王符	镇原县	《潜夫论》10卷	灼然明论,足为轻弃边地之炯鉴也。
晋	皇甫谧	镇原县	《高士传》3卷	流传既久③。
			《甲乙经》8卷	至今与《内经》并行,不可偏废。
晋	傅玄	宁县	《傅子》1卷	皆关切治道,阐启儒风,精意名言,往往而在。
明	李梦阳	庆阳	《空同集》66卷	持论甚高,足以竦当代之耳。

汉魏曹时期的王符,是北地土地之上站立起来的哲学大师。在宇宙观上,王符接受了著名学者王充的元气自然论学说,肯定气是世间万物之源,一切自然现象"莫不气之所为也"。在治国之策方面,他提出了"务农富民"的思想。对于学习态度,他强调"学而知之",反对圣人的"先知"邪说。镇原恬山淡水,养育了聪明的王符,更哺育了他耿介的性格和不逢迎权贵、附阿朝廷的超然气质。王符在柏树森森的"夜月台"上,大声疾呼:"夫国以贤兴,以谄衰,君以忠

①《〈四库全书〉中的甘肃学人》,载《兰州晨报》2008年8月28日。

②这里需要注意的是,关于皇甫谧和傅玄的籍贯,宁夏、陕西和甘肃是有争论的。由于笔者并不掌握更多的资料,主要以《四库全书》为参考,实在无法回避的,两省兼采之。

③《四库全书总目》对《高士传》颇为重视,在《高士传》《逸民传》《衡门晤语》《古欢录》《续高士传》《史通》《甲乙经》《嵇中散集》《杜诗详注》《竹斋集》等10种书提要中均对该书有所提及。

安,以佞危,然衰国危君,继踵不绝者,岂时无忠信正直之士哉,诚若其道不得引者。"王符循循思辨、针砭时弊的思想,振聋发聩,其名声在朝内外大震,更赢得了人们的歌颂。这从唐代大散文家韩愈在王符久世之后对其的祭文中可窥一斑:"王符节信,安定临泾,好学有志,乡人所轻,愤世著论,潜夫是名,述赦之篇,以赦为贼,良民之甚,其旨甚明,皇甫度辽,闻至乃鹜,衣不及带,徙履出迎,岂若雁门,不仕终家,吁嗟先生。"

傅嘏,北地泥阳(今宁县)人氏,虽系汉景帝时忠实的卫道士,但其思想并未被高高在上的皇帝所禁锢,许多方面都有独到的见解。他主张衡量与鉴别人物,以"实力"为主,指出:"言远而情近,好辩而无诚者,乃利口覆邦国之人。"他既"达治好正",又"清理识要",曾主持进行"才性同异"的论战。他还认为人的本性无主体,才能的外部表现就是性,才与性是统一的。傅嘏的这些观点,集中反映了他朴素的唯物主义哲学思想。

李梦阳是明中叶文学复古运动的倡导者,"前七子"领袖。他亲率史称"前七子"的骨干人物何景明、徐桢卿、康海、王九思、王廷相和以李攀龙、王世贞为首领的"后七子",首倡与发动了声势浩荡的旨在恢复文学真实、清新之风的文学复古运动。时人曾称其为"小李白"。

2. 陇西文化

甘肃经济文化中心现在是兰州,但在公元 1669 年以前,甘肃军政文化的中心基本在陇西,陇西在两千多年的历史上是西出长安的第一大军政文化重地。陇西是历史上陇西郡的所在地。陇西不光在甘肃就其全国而言都是中国历史文化为数不多的典范地域之一,它承载着民族千古以来的典籍文化。陇西郡、陇西成纪、渭州、巩昌府、巩昌总帅府、巩昌布政使司,历史文化名人层出不穷,也是秦文化、唐文化的发源地。

唐代,由于皇室自称出自陇西的关系,陇西李氏俨然成为第一高门。秦、汉以来,李氏以分布地形成了十三郡望,陇西李氏即其中之一。陇西李氏是最初扎根于临洮(古陇西郡治在狄道)并随后扩展到全国各地的我国人口最多的家族,这个家族肇兴于秦汉,大发展于魏晋北朝,臻盛于唐代。创建李唐王朝的唐高祖李渊,自称狄道"为凉武昭王李暠七代孙"。武德年间,李渊追封"陇西堂"。贞观年间,唐太宗李世民修"氏族志",把陇西郡李氏列为李氏十三郡望之首、全国姓氏第一。在绵延一千多年的历史长河中,伴随着社会经济政治的发展,陇西李氏成为关陇集团中一支鼎门盛族,涌现出一大批对我国社会发展卓有贡献的英雄人物,他们对这一时期政治生活的发展产生过重大的影响。《四库全书》中大量李姓作者都自称陇西李氏,这在《总目》中有明显的体现。我国古代伟大诗人李白自道家世,称为凉武昭王第九代孙。唐太宗时期官修的《晋书》《周书》《隋书》《大唐开元礼》《唐律疏义》《初学记》等都收录到了《四库全书》中,称为御纂。唐太宗亲自写的《帝范》,唐玄宗李隆基《孝经正义》等都被收录到《四库全书》中。现在在通行的《帝范》版本基本都是以四库本为底本的。

我们可以从《四库全书》的著录书中看到,这些陇西籍的作者一概姓"李"。

朝代	人名	籍贯	著作	部类	来源
唐	李绛	陇西	《李相国论事集》6 卷	史部传记	浙江孙仰曾家藏本
唐	李翱	陇西成纪	《论语笔解》2 卷（韩愈同注）	经部四书	浙江郑大节家藏本
			《卓异记》1 卷	史部传记	内府藏本
			《李文公集》18 卷	集部别集	浙江鲍士恭家藏本
唐	李贺	郡望陇西	《昌谷集》4 卷《外集》1 卷	集部别集	浙江巡抚采进本
唐	李白	郡望陇西	《李太白集》30 卷	集部别集	安徽巡抚采进本

3. 天水文化

也称"秦州文化"或"伏羲文化",天水是中国古代文化的发祥地,享有"羲皇故里"之称,文化古迹甚多,文化名人也相当繁盛。我们仍以著录书为例:

朝代	人名	乡贯	著作	价值
周	尹喜	天水	《关尹子》1 卷	又谓其文峻洁,而颇流于巧刻,则所论皆当。
前秦	王嘉	秦安县	《拾遗记》10 卷	历代词人,取材不竭。
唐	权德舆	秦安县	《权文公文集》10 卷	其文雅正而弘博①。
五代	王仁裕	礼县	《开元天宝遗事》4 卷	采摭民言。

4. 平凉崆峒文化

历史上,平凉和崆峒山是边疆要地,是各种军事力量争夺的焦点。从周秦、汉唐以来一直是拱卫关中帝京和边关战场的重要战略地区。这一地理位置养成了平凉人民崇尚勇武、英勇善战的传统习惯。但是平凉文化更多地受到关中文化的浸染,同时具有自身的浓厚特色,其主要体现就是崆峒文化。一种地域文化,更是一种民族文化,它是生活在陇山地区、泾河上游的众多的民族共同创

---

① 刘昫等:《旧唐书》卷148,列传第九十八,《权德舆传》。

造的。战国时期,《庄子·在宥篇》记载了黄帝登崆峒山问道的传说。张春溪《崆峒山志》介绍了包括黄帝、广成子、赤松子、玉子等传说中的仙人,也记录了宋元以来有名的道人如黄居士、张三丰等。唐宋时期,崆峒山道教有较大的发展,而明朝平凉韩王崇信道教,捐资修建宫观,使崆峒山道教发展进入了最盛时期。

《四库全书》就体现了平凉的这个特色,但是《四库全书》的著录书没有收录平凉人的著作,只在存目书中有。那么我们就从存目书审视一下:

朝代	人名	籍贯	著作	与崆峒山之间的关系
宋	洪璨	平凉	《空同词》1卷	宋洪璨撰。璨字叔玙,自号空同词客。
明	赵时春	平凉	《平凉府志》13卷	是书以平凉为西北要地,旧未有志,因创修之。
			《赵浚谷集》16卷	
			《别本赵浚谷集》17卷	
明	李应奇	平凉	《崆峒山志》3卷	崆峒山在平凉府城西。一山之志。

《四库全书总目》中还记载通行本《太素脉法》是"原序称,唐末有樵者于崆峒山石函得此书"。我们从中可以看出,基本上所有的平凉籍作者的著作都和崆峒山有着一定的联系。

综合起来,按照著录书作者的分类,可以看出,甘肃作者涉及政治、哲学、宗教、史学、文学的各个领域。

一是宗教和哲学上,周代天水人尹喜开创了魏晋南北朝时期道教的楼观派,其声名昭著是因为尹喜在做函谷关关令时请老子著书《道德经》。老子归去后,尹喜也辞官归隐写成了《关尹子》9篇,发挥道德二经的思想。"其说颇诞",但是"其文峻洁"①。后来唐朝成纪人李翱、明朝的庆阳人李梦阳都是当时著名的哲学家。

二是政治方面,不仅有精彩的政治评论还有伟大的政治家。东汉镇原人王符《潜夫论》揭露东汉党锢和官场的黑暗,批评当时文坛靡丽浮夸的文风。《潜夫论》论证透辟,文笔流畅,除了思想价值外也具有一定的文学价值。《四库全书》收录10卷,《总目》对之评价较高,认为"多切汉末敝政""灼然明论,足为轻弃边地之炯鉴也"②。后来十六国时期刘昞,五代王仁裕,唐朝李绛、李翱、权德舆,元朝余阙,明朝李梦阳都是其时代非常有名的政治家。

---

①《四库全书总目》卷146,子部56,道家类,1244页。

②《四库全书总目》卷91,子部1,儒家类1,772页。

三是科技方面，出现了像皇甫谧这样的伟大医学家。皇甫谧（215—282），幼名静，字士安，自号玄晏先生。晋安定朝那（今灵台县朝那镇）人。他在原有的医学理论的基础上，写出了一部为后世针灸学树立规范的巨著《针灸甲乙经》，简称《甲乙经》。《四库全书总目》盛赞皇甫氏这部著作"与《内经》并行，不可偏废"①，给予这本书很高的地位。除《针灸甲乙经》外，皇甫谧还有不少文史方面的著作，因而在医学史上和文学史上都享有盛誉。其中《高士传》所记人物从披衣开始而终于焦先或管宁，共90左右人，都是写志行、情操较为高尚的人物，为《四库全书》收录。

　　四是历史学方面出现了一些著名的史学大家。东晋十六国时期敦煌学者刘昞是南北朝时期敦煌乃至全国的一位大儒、大学者。他在河西受业弟子达五百多人，声名远播。刘昞生历西凉、北凉和北魏三朝，都受到最高统治者的重视。刘昞对于北魏政权政治和文物制度的建立也多有贡献。他发奋编撰史书，注释典籍，著《略记》《凉书》《敦煌实录》等书，注《周易》《韩非子》《人物志》等。《人物志注》是他众多著述中保留最完好、传播非常广泛的一部。唐陇西成纪（天水秦安）人李绛（764—830）著《李相国论事集》6卷，多为奏议和论谏，具有史料价值。同时期成纪人李翱（772—844），不仅是哲学家还是文学家、政治家，其被《四库全书》收录的《卓异记》1卷记载了唐朝贞元、会昌年间朝廷的盛事。

　　五是文学上，出现了一批足资称道的作品。实际上，以上所列举的人物作品都具有文学价值。此外，晋北地泥阳人（今宁县）傅玄（217—278）存诗60余首，以乐府见长，反映了一定的社会现实，著有《傅子》内外篇。《四库全书》收录1卷。东晋时前秦陇西安阳（今渭源）人王嘉（？—约390）所著《拾遗记》是我国古代志怪小说集，共10卷。记载了自上古庖牺氏、神农氏至东晋各代的奇闻逸事，保存了不少神话传说，文字绮丽，辞采可观，后人多引用，"历代词人，取材不绝"②。五代时期天水人王仁裕（880—956）有《开元天宝遗事》4卷，记载唐玄宗年间的遗闻逸事。《四库全书》特意将其收录进子部小说类，就是认为"不能证以国史"③，其诗作达上万首，人称"诗窖子"。唐陇西李翱文章尚气质，重独创，文风凝重，有《李文公集》18卷。唐陇西李贺（790—816）世称"鬼才"，其《昌谷集》词采瑰丽，意境奇特，富浪漫色彩。唐陇西李白（701—762）的《李太白集》达到了我国古代积极浪漫主义诗歌艺术的高峰，存诗900余首，基本全部为《四库全书》收录，有30卷。《四库全书》还收录了对该集的补注、集注，显

　　①《四库全书总目》卷103，子部13，医家类1,857页。
　　②《四库全书总目》卷142，子部53，小说家类3,1207页。
　　③《四库全书总目》卷140，子部50，小说类1,1187页。

示了其文集的分量。唐秦川略阳(今秦安)人权德舆(759—818)精通经史,工诗善文,是中唐台阁体的重要作家之一,时人尊为宗匠。今传《权载之文集》50卷,《四库全书》收录为《权文公文集》10卷。元河西武威人余阙(?—1358)是西夏党项人后裔,著名的散文家。其文集《青阳集》为《四库全书》收录。明庆阳人李梦阳(1473—1530)是明代诗文大家,明"前七子"的主要人物,一生诗作就有2100余首。其文"持论甚高,足以竦当代耳目"①。著有《空同集》66卷流传于世,《四库全书》收录齐全。

总体上看,《四库全书》中甘肃书籍多局限在明朝及以前,数量上当然不能和江浙相提并论。这一点是有原因的,但是从著录书和存目书综合情况看,甘肃人在清朝以前书籍收录也毫不逊色,形成了具有鲜明特点的陇右文化和河西文化,这些人是清朝以前甘肃文化界的代表,是甘肃人民的骄傲。

第三节 《四库全书》与新疆之间的关系

乾隆时期,清朝完成了对新疆分裂势力的平定工作,新疆重新回到中央政权的管辖之下。由于对新疆地区的平定叛乱是乾隆时期的一件大事。因此,《四库全书》中对此有着极其敏锐的反应。其突出表现就是一系列涉及新疆著作的出现。

在论述这个问题之前,我们先简单地回顾一下清乾隆时期对新疆的政治管辖情况。

一、政治上,乾隆时期重新管辖新疆地区

2000多年前,西域和祖国内地发生密切联系。公元前60年,中央政府设西域都护,作为代表西汉王朝统辖西域的最高军政长官管理西域。自此以后,西域便成为中国不可分割的一部分。唐朝时,西域和内地的经济、文化往来频繁。1206年,铁木真(成吉思汗)建立蒙古汗国,不久成吉思汗率军进入新疆,把他征服的地方分封给次子察合台,建立四大汗国之一的察合台汗国。14世纪初期,察合台汗国开始分裂为东、西两部。东部包括喀什、吐鲁番一带;西部以撒马尔罕为中心,统治帕米尔高原以西地区。今天的新疆绝大部分地区在东察合台汗国统治之下。明朝建立后,西域即今新疆仍然在东察合台汗国统治之下。明朝中叶,东察合台汗国演变为叶尔羌汗国(1514—1678),直到清朝初年才被由瓦剌演变而来的漠西蒙古所灭。所以,明朝时期,西域地区并没有直接归明

①《四库全书总目》卷171,集部24,别集类24,1497页。

朝中央政权管辖,是在我国境内的少数民族蒙古族的一支统治之下。

乾隆继位初期,西北准噶尔部发生内乱,乾隆决定利用这一有利时机,出兵西北平定叛乱,恢复对西域的管辖。满洲大臣傅恒在军机处主持西北军务,并举荐满洲大臣兆惠、富德、阿里衮、舒赫德、阿桂出任西北疆臣。经过乌鲁木齐之战、叶尔羌之战、伊西洱库尔淖尔之战等平定了叛乱,完成了清代国家的统一,此时的西域被称为"新疆",意思是新开拓的疆土,实际上是重新恢复了汉唐以来中央政权对西域的管辖。

清朝对新疆的治理以及引起的社会变革也是历史上极为空前的。1644 年清朝建立之初,清朝使臣同当时控制天山南北各地军政事务的察合台汗后裔进行联系,哈密、吐鲁番等地的察合台汗后裔表示臣服,并派遣使臣前往内地朝贡,两地关系和睦,经济交流不断。至东察合台汗国后期,察合台汗后裔争权夺利,内讧迭起,伊斯兰教和卓干预汗国政事,导致政局更加动荡。1680 年,白山派首领阿帕克和卓引导蒙古准噶尔首领噶尔丹部众南下,推翻东察合台汗国,天山南北各地皆处在准噶尔部贵族统治之下。

准噶尔是西蒙古一部,明末清初,已经发展成为四部之首,在兼并其他各部势力范围之后,力量逐渐强盛起来。噶尔丹违背国家统一的趋势,在独霸天山南北之后,多次向清朝挑衅,欲同清朝分庭抗礼。为了维护清朝的统治,康熙、雍正和乾隆皇帝多次派兵讨伐。1690 年,康熙皇帝亲率大军于乌兰布通大败噶尔丹,1755 年清军又征伐达瓦齐获胜,为此在昭苏县格登山上立纪功碑。不久,西蒙古的阿睦尔撒纳再度起兵反叛,并占领了伊犁,清军于 1756 年攻占伊犁,平定了阿睦尔撒纳之乱。至此,清朝终于彻底平息了骚扰西北边疆安全的准噶尔割据政权的叛乱。

清朝平定准噶尔割据政权后,依然继续让大、小和卓管理天山南路各地事务。大、小和卓依靠清朝政府的威望,达到控制南疆各地事务的目的之后,便于1757 年公开举起反叛的旗帜,公然同清朝作对。大、小和卓倒行逆施的行动引起各族人民的强烈反对。1758 年,清朝出兵再平大、小和卓叛乱。翌年,清军攻占天山南麓诸城,大、小和卓之乱一举平定。清朝大体完成了天山南北各地之统一。清政府开始在各地置官立府,行使中央政府对天山南北各地的管辖治理。1762 年始设伊犁将军管理西域诸地军政事务,府治驻惠远城,伊犁因此成为当时清朝统治天山南北的政治中心。全疆各地军政事务则分设都统、参赞、办事、领队大臣进行管理。西域与内地的军政体制基本一致,国家的统一局面得到进一步的加强。

清朝对天山南北的统一奠定了近代中国国家西北疆域的基础。建省之举则使新疆同内地行政建制一致起来。

二、"新疆""西域"名称与《四库全书》

1.《四库全书》纂修时期"新疆"还不是专称

在我国史籍中,对新疆一直通称为西域。清朝统一新疆之后,曾一度有西域、西疆、西陲、新疆等四名并用,如:《西域图志》《西疆水通记》《西陲要略》《新疆识略》等等。光绪十年(1884)新疆建省之后,就一直通用新疆一名。

清朝统一中国后,它所统辖的版图的几个地区均曾一度被称为新疆。如云南乌蒙地区、贵州黔东南古州一带,贵州安顺与镇宁附近一带等。四川大渡河上游的大小金川地区也曾被称为新疆。从历史上看,西域连同四川、云南、贵州等省的一些地区自古以来都是中国的领土,都是中国的"旧疆"。清朝皇室所以把它们名之曰"新疆",只是由于它们对清朝皇室来说是新统治的地区罢了。后来左宗棠收复新疆,认为"他族逼处,故土新归"①,从而使该地区在建省后通用新疆这个名称。

我们通过"新疆"名称的变迁可以看到,在《四库全书》编纂时期,"新疆"一词并没有成为今日新疆维吾尔自治区的专门名称。如《四库全书总目》提到,"《再与泸南安抚手简》称'祗役新疆,苟摄支邑'"②,而"乃特命四库全书馆总纂官内阁学士今升兵部右侍郎臣纪昀、光禄寺卿今升大理寺卿臣陆锡熊、翰林院编修今升山东布政使臣孙士毅、总校官詹事府少詹事今升内阁学士臣陆费墀等,考证排次,辑缀是编,分目悉准今制。凡长贰僚属具列焉,明纲纪也;其兼官无正员,而所掌綦重,如军机处之类,亦别有专表,崇职守也;八旗及新疆爵秩,前所未有者,并详加胪考,著圣代之创建,远迈邃古也。"③

2."西域"也不是《四库全书》纂修时期对今日新疆维吾尔自治区的专称

"西域"在中国古代文献中多指中国玉门关、阳关以西的诸多国家和地区,在丝绸之路影响下,西域被特指汉、唐两代中国政府安排的行政机构所管辖的今中国新疆大部及中亚部分地区,位于欧亚大陆中心,是丝绸之路的重要组成部分,其文化特征依然可见于现在新疆地区的遗址及中国敦煌的壁画。该地对东西方国家的贸易文化交流起到中转站的重要作用。

因此,"西域"这一概念更类似于"西边的疆域",分为狭义和广义两种。狭义上是指玉门关、阳关以西,葱岭即今帕米尔高原以东,巴尔喀什湖东、南及新疆广大地区。而广义的西域则是指凡是通过狭义西域所能到达的地区,包括亚

---

① 《为什么清朝将西域改称新疆》,载《新疆日报》2006 年 4 月 16 日。

② 《四库全书总目》卷 155,集部八,别集类八,"跨鳌集"条。

③ 《四库全书总目》卷 79,史部三十五,职官类,"钦定历代职官表"条。

洲中、西部,印度半岛的地区。

在《四库全书》的概念体系中,狭义和广义的概念是几乎同时使用的。如乾隆二十一年奉敕撰《钦定皇舆西域图志》52卷中在"疆域"一条中,分为四路:"一曰安西南路,嘉峪关外州县隶焉;一曰安西北路,哈密至镇西府迪化州隶焉;一曰天山北路,库尔喀喇乌苏至塔尔巴哈台、伊犁隶焉;一曰天山南路,关展至和阗诸回部隶焉。"①其地位范围,基本上和后来的新疆省相吻合(也包含今日甘肃省的一小部分)。但是乾隆二十八年奉敕撰《钦定西域同文志》24卷,西域的范围就更加广泛了:"先是,乾隆二十年威弧遥指,戡定伊犁。续又削平诸回部。昆仑月窟,咸隶黄图。琛赆旅来,狄鞮重译。乃命考校诸番文字,定著是编。其部族之别,曰天山北路,曰天山南路,曰青海,曰西番。"②在这里,西域包含了新疆、青海、中亚等地区。

可以说,在《四库全书》的概念体系里,还间杂着其他的一些称呼,如"回部""天山各部"等一系列的词语。

三、《四库全书》总纂官纪昀和新疆

纪昀(1724—1805),字晓岚,直隶河间献县(今河北沧县)人。据史书记载,他一生诙谐、滑稽,机敏多变,才华出众,给后世留下许多趣话。他是清代著名的学者、诗人、目录学家和小说家,官至礼部尚书,协办大学士。

纪昀曾经被乾隆皇帝流放到过新疆。清代有不少名人被流放到过新疆,这给新疆的历史增添了光彩,纪晓岚即是早期著名人物之一。纪昀在扬州两淮盐运使司亏空盐税案中,以向姻亲卢见曾漏言泄密而获罪。他于乾隆三十三年(1768)底到达乌鲁木齐,三十六年(1771)初获释返京,在新疆生活了两年。因他曾是翰林院侍读学士,所以受到当时乌鲁木齐最高军政长官办事大臣的礼遇,任为秘书官,负责起草奏折檄文,并可签发一般公文,处理一般政务。对于这一段经历,无论是当时还是事后,他都十分珍视。东归途中整理出《乌鲁木齐杂诗》160首,并详加注解,厘为风土、典制、民俗、物产、游览、神异六个部分,以诗来显示清朝统一新疆仅十年所出现的兴盛局面,向后人展示出一幅清代前期乌鲁木齐地区社会状况和风土人情的历史画卷。回京后复职为编修,两年后奉命主持纂修《四库全书》,历时13年告成,同时完成《四库全书总目》,晋升为左都御史、礼部尚书。嘉庆初年调兵部尚书,充高宗实录馆副总裁,又以礼部尚书兼协办大学士加太子太保管国子监事。纪晓岚阅历很深,交游既广,学问又博,堪称大手笔。晚年写成近40万言的《阅微草堂笔记》24卷,包罗丰富,无所不

①《四库全书总目》卷68,史部二十四,地理类一,"钦定皇舆西域图志"条。
②《四库全书总目》卷41,经部四十一,小学类二,"钦定西域同文志"条。

谈,其中收入在乌鲁木齐期间搜集的志怪传闻近百条。纪昀在新疆期间留意西域历史遗迹,《槐西杂志·三》记喀什噶尔"三仙洞"的汉代壁画及踏勘唐代北庭都护府故城(今吉木萨尔北破城子);《滦阳续录·二》考证唐代巴里坤古镜,都留下边地历史的悲凉印痕;同时,《阅微草堂笔记》还记载了新疆的物产、婚姻、风俗、地理情况。这些内容对我们了解和研究当时的新疆历史状况很有高的文献价值。

《四库全书总目》为我国古代最巨大的官修图书目录,又称《四库全书总目提要》,或简称《四库提要》。《四库全书总目》虽然题为"永瑢、纪昀等编纂",但是实际上纪昀是主要的撰写者。当然有学者认为该书并非一人之力。但是退一万步讲,纪昀在其中至少起到了修改手稿、统一全稿的作用。全书200卷,著录图书3401种,79309卷,存目6793部,93551卷,其中涉及西域的内容颇多,大约有58部典籍提及西域,可见流放乌鲁木齐对纪昀的重大影响。同时,乾隆统一新疆,也是《四库全书》编纂时的国家大事,是无法绕开的。

新疆学术界已经有人意识到了《四库全书》编纂和新疆的关系。如周轩先生就认为纪昀奋笔歌颂统一西域、诗俄与砚铭、一个人与一个部落的东归等方面证明了纪晓岚流放前后与新疆有着极密切的关系。"当然不仅仅限于这些了,比如我们从他歌颂统一西域的诗文中,可知他对西域典籍多有涉猎,在任《四库全书》总纂官时,对西域典籍又多有收录。"①

四、《四库全书》收录的西域人的著作

上文提到,乾隆皇帝重新确立中央政府对西域的管辖具有重要的意义,促进了一批有关新疆文献的产生。

1. 西域人或新疆人的著作

前文分析过,《四库全书》收录的西域人著作,共9种,涉及经史子集四个门类。列表如下:

书名	卷数	著者	籍贯	来源	著录情况
帝王纪年纂要	1	〔元〕察罕	西域板勒纥城	户部尚书王际华家藏本	存目
唐才子传	8	〔元〕辛文房	西域	永乐大典本	著录
河防通议	2	〔元〕沙克什	西域	永乐大典本	著录

①周轩:《纪晓岚流放前后与新疆之关系》,载《新疆大学学报》(社会科学版)2002年第2期。

书名	卷数	著者	籍贯	来源	著录情况
河朔访古记	2	〔元〕纳新（迺贤）	塔尔巴哈台	永乐大典本	著录
农桑衣食撮要	2	〔元〕鲁明善	畏吾儿	永乐大典本	著录
七政推步	7	玛哈穆特	西域默德讷国王	浙江范懋柱家天一阁藏本	著录
石田集	15	〔元〕马祖常	靖州天山	两淮马裕家藏本	著录
金台集	2	〔元〕迺贤危素编	西域	江苏巡抚采进本	著录
丁鹤年集	3	〔元〕丁鹤年	西域	直隶总督采进本	著录

从以上表格中,我们可以看出西域人著作的几个特点:

第一,著录比例很高。8名西域作者9种著作,8种著录,只有1种存目,著录比例还是非常高的,也说明了文献的价值。

元察罕的《帝王纪年纂要》之所以没有被著录,是因为太过简略。"然简略太甚,不足以资考订也"①,实际上这本书的流传很广,主要是作为工具书来使用的,方便查找和使用。

第二,能够确定为新疆籍的作者实际上只有4人,其他多数都是其他国家的人。

序号	著者	籍贯	生平
1	〔元〕察罕	今阿富汗的巴尔赫	西域板勒纥城人也。父伯德那,岁庚辰,国兵下西域,举族来归。事亲王旭烈,授河东民赋副总管,因居河中猗氏县,后徙解州。赠荣禄大夫、宣徽使、柱国、芮国公。②
2	〔元〕辛文房	今新疆	字良史,西域人。其始末不见于史传。
3	〔元〕瞻思（沙克什）	今阿拉伯联盟、伊朗等地	字得之,其先大食国人。国既内附,大父鲁坤,乃东迁丰州。太宗时,以材授真定、济等路监榷课税使,因家真定。③

①《总目》卷48,史部四,编年类存目,"帝王纪年纂要"条。

②宋濂等:《元史》卷137,列传第二十四,《察罕传》。

③宋濂等:《元史》卷190,列传第七十七,《瞻思传》。

序号	著者	籍贯	生平
4	〔元〕纳新	今新疆塔城	纳新族出西北郭啰禄,因以为氏。郭啰洛者,以《钦定西域图志》考之,即今塔尔巴哈台也。元时色目诸人,散处天下,故纳新寓居南阳,后移于鄞县。初辟为浙东东湖书院山长,以荐授翰林编修官,出参桑戬失里军事,卒于军。
5	〔元〕鲁明善	今新疆	威吾儿人,以父字鲁为氏,名铁柱,以字行。于延祐甲寅出监寿郡。
6	玛哈穆特 1	今沙特阿拉伯麦地那	西域默德讷国王
7	〔元〕马祖常	今新疆北部	字伯庸,世为雍古部人。居靖州之天山。高祖锡里济苏金末为凤翔兵马判官。子孙用以官为氏之例,遂称马氏。曾祖雅哈从元世祖南征,因家于汴,后徙光州。延祐中初复科举,祖常乡贡会试皆第一,延试第二,授应奉翰林文字,擢监察御史,劾罢丞相铁木迭儿,既而特们德尔复相,修怨黜为开平县尹,因避祸退居。特们德尔死,乃除翰林待制,累迁礼部尚书。寻参议中书省事。元统初拜御史中丞,转枢密副使,乞归。至正四年卒。谥文贞。
8	〔元〕丁鹤年	疑为今新疆人	色目人。本世家子。遭乱不求仕宦,笃尚志操,兼以孝闻。乌斯道、戴良为作传,皆以申屠蟠拟之。元亡避地四明,后归老武昌山中。

　　丁鹤年的祖籍实难考证。元朝称西域各族人和西夏人为色目人,意为色目相异之人。色目人种类繁杂,其中以回回人最多。回回人之外,还有汪古人(今内蒙古大青山一带)、西夏人(今宁夏、甘肃一带)、畏兀儿人(当时主要在新疆东部)、哈剌鲁人(中亚巴尔喀什湖南一带)、康里人(中亚咸海以北一带)、钦察人(中亚里海以北一带)、阿速人(西亚高加索北部)、阿尔浑人(中亚七河流域至楚河流域一带)等。

第三,我们可以发现,几乎全部的作者都是元时人。即使是《七政推步》也是元朝时期翻译进入中原,后来经贝琳修订而成的。可以说,这个时期是整个东西方文化交流频繁的时期,大量的中西亚文献流入中原,是一种对文明的极大促进。《四库全书》收录的著作,只不过是冰山上的一角。

元朝统治者对汉人、南人在政治上实行多方面的防范和控制。达鲁花赤必须由蒙古人担任,若蒙古人中无人才,可从色目人中选用。路、府、州、县执掌实际权力的达鲁花赤,唯蒙古人、色目人才能担任。同时元朝规定在科举考试科目中,蒙古、色目人仅考两场,汉人、南人则需考三场。在民族政策上,元实行四等人制,即蒙古人、色目人、汉人、南人四等。第二等为色目人。据陶宗仪的《辍耕录》记载,色目人中包括钦察、唐兀、阿速、图八、康里、畏兀儿、回回、乃蛮、乞失迷儿等 31 种。[①] 书中所载 31 种色目人中亦有同名重出或异译并存之误。大德八年规定,除汉、高丽、蛮子外,俱系色目人[②]。元时期在政治上居于统治地位,享有特殊利益的是蒙古人,色目人中的上层分子次之。他们是蒙古统治者的得力助手[③]。由于元朝与中亚、西亚地区的蒙古势力保持着来往关系,东西方海运及陆路交通十分畅通,使得西方与元朝中国的交往更加频繁,技术交流更加迅速。此时的色目人多数在元朝廷担任官吏,其中相当部分的人接受了汉文化,从名字的变化上我们就可以看出来民族融合的痕迹;同时,这一时期,也是回族的重要形成时期。

第四,来源广泛,传播很广。这九种书没有一种是陕西巡抚采进本,四种是《永乐大典》中辑录的,其他书分别是从浙江、江苏、河北(直隶)、北京等省份采集的,说明西域人的著作在元代以后已经散播到全国南北。

序号	书名	来源	传播地区
1	帝王纪年纂要	户部尚书王际华家藏本	北京、浙江杭州
2	唐才子传	永乐大典本	北京
3	河防通议	永乐大典本	北京
4	河朔访古记	永乐大典本	北京
5	农桑衣食撮要	永乐大典本	北京
6	七政推步	浙江范懋柱家天一阁藏本	浙江宁波
7	石田集	两淮马裕家藏本	江苏
8	金台集	江苏巡抚采进本	江苏
9	丁鹤年集	直隶总督采进本	河北

①陶宗仪:《南村辍耕录》卷 1,《氏族》,中华书局 1959 年版。
②《元典章》卷 49《刑部·女直作贼刺字》十一。
③内蒙古社科院历史所:《蒙古族通史》,民族出版社 2001 年版。

第五,其中一些作者非常有才干。如元赡思,"系出西域,邃于经学,天文、地理、钟律、算数无不通晓"①。

序号	著者	《总目》对其人的评价
1	〔元〕察罕	博览强记,通诸国字书②。
2	〔元〕辛文房	惟陆友仁《研北杂志》称其能诗,与王执谦齐名。
3	〔元〕沙克什	邃于经学,天文、地理、钟律、算数无不通晓。
4	〔元〕纳新	初辟为浙东东湖书院山长,以荐授翰林编修官,出参桑戬失里军事。
5	〔元〕鲁明善	明宪纪之任,取所藏《农桑撮要》,刊之学官。
6	玛哈穆特	
7	〔元〕马祖常	盖大德、延祐以后,为元文之极盛,而主持风气,则祖常等数人为之巨擘云。
8	〔元〕迺贤	天才宏秀,去元好问为近。
9	〔元〕丁鹤年	笃尚志操,兼以孝闻。惟覃思吟咏,故所得颇深。

2. 新疆人著作的价值

西域是中原地区和中亚、西亚交流的重要渠道,这些国家的文化、物产通过西域到达中国中原地区。如《七政推步》,就是一部研究回历和阿拉伯天文学的重要资料。那么其他的著作价值如何,我们看看《四库全书总目》的分析;

书名	卷数	著者	书籍的价值
帝王纪年纂要	1	〔元〕察罕③	自太皞以下诸帝王,各载其在位年数,而略述兴废大旨于每代之前。
唐才子传	8	〔元〕辛文房	然较计有功唐诗纪事,叙述差有条理,文笔亦秀润可观。传后间缀以论,多揄撅诗家利病,亦足以津逮艺林。于学诗者考订之助,固不为无补焉。
河防通议	2	〔元〕沙克什	条列品式,粲然咸备,足补列代史志之阙。

---

①《总目》卷69,史部二十五,地理类二,"河防通议"条。

②宋濂等:《元史》卷137,列传第二十四,《察罕传》。

③《元史》记载有两察罕,一是西夏人,姓唐兀乌密氏(卷120《列传第七》);另外一个是西域板勒纥城人(卷137《列传二十四》)。根据其著作及事迹,当为后者。

续表

书名	卷数	著者	书籍的价值
河朔访古记	2	〔元〕纳新	然据今所存诸条,其山川古迹,多向来地志所未详。而金石遗文,言之尤悉,皆可以为考证之助。谨汇而编之,核其道里疆界,各以类从。真定路为一卷,河南路为一卷,仍录刘仁本原序冠之。虽残缺之馀,十存一二,而崖略宛在,条理可寻,讲舆地之学者犹可多所取资焉。
农桑衣食撮要	2	〔元〕鲁明善	明善此书,分十二月令,件系条别,简明易晓,使种艺敛藏之节,开卷了然。盖以阴补《农桑辑要》所未备,亦可谓留心民事,讲求实用者矣。
七政推步	7	玛哈穆特1	在西域术中,视九执万年二历实为精密。今以两本互校,著之于录,用存术家之一种,而补《明史》所未备焉。
石田集	15	〔元〕马祖常	其文精赡鸿丽,一洗柔曼卑冗之习。其诗才力富健。
金台集	2	〔元〕迺贤、危素编	故气格轩鬑,无世俗猥琐之态。其名少亚萨都剌。核其所作,视萨都剌无不及也。
丁鹤年集	3	〔元〕丁鹤年	尤长于五七言近体,往往沉郁顿挫,逼近古人,无元季纤靡之习。

在这里,我们只对新疆籍作者的著作做一些简要分析:

第一,《唐才子传》被列为国学入门必读书目。

《唐才子传》是唐五代诗人简要评传汇集。此书对中、晚唐诗人事迹所记尤详,也包括部分五代诗人。按诗人登第先后为序。书中保存了唐代诗人大量的生平资料,对其科举经历的记叙更为详备。传后有对诗人艺术得失的品评,多存唐人旧说,其中颇有精辟之见。但所述多有失实、谬误之处,如谓骆宾王与宋之问唱和灵隐寺,《中兴间气集》为高适所编,李商隐曾为广州都督等。也有因误解材料而造成错误,如刘长卿传,记权德舆称刘长卿为"五言长城",而据权德與《秦徵君校书与刘随州唱和诗序》,实是刘长卿"自以为五言长城"等。

该书成于元大德八年(1304)。原本 10 卷,明初尚存,《永乐大典》在"传"字韵内曾录其全书。但此部分《永乐大典》今亦佚。清《四库全书》馆臣从《永乐大典》其他各韵中辑出 243 位诗人的传记,附传 44 人,共 287 人,编为 8 卷。日本《佚存丛书》有 10 卷本,有 278 位诗人的传记,附传 120 人。有清陆芝荣等《佚存丛书》校刻本。又有清《指海》本,以日本本为底本,校以《四库全书》本,1957 年古典文学出版社用日本刊本重印,另附《指海》本校记。

后人傅璇琮所编《唐才子传校笺》以日茂元刊十卷本为底本,校以日藏五山本、正保本、《佚存丛书》本以及《四库全书》本、三间草堂本、《指海》本等海内外世传版本、校订精审,堪称定本。笺证的重点在探索史料来源、纠正史实错误、补考原书未伯重要 + 事迹,以全书所收近 400 位唐代备的重要事迹,以全书所收近 400 位唐代重要诗人的生平和创作为基本架构,通过对他们生平事迹、诗文创作、作品流会心等基本史料来龙去脉、是非真假的逐条考证,起到了了唐一代诗人事迹资料库的作用。此书是中国二十多位唐代文史学者多年协作研究的结晶,集中代表了 21 世纪唐代诗人群体研究的最高成就。

《唐才子传》今人整理的主要版本有:周本淳《唐才子传校正》、王大安校订《唐才子传》、舒宝璋校注《唐才子传》、孙映逵《唐才子传校注》、李立朴《唐才子传全译》。孙映逵就是《唐才子传校笺》的校勘者。几种校本,以周本为上;王本《前言》是一篇全面评价的文字,不多见①。

第二,考古学实地调查的典范著作:《河朔访古记》。

《河朔访古记》是中国元代记录和考订古代遗迹、碑刻的著作。至正二十三年(1363)成书。为入仕中国的色目人葛逻禄迺贤所撰。共 16 卷。是作者在黄河流域和北方各地考察古代城郭、宫苑、寺观、陵墓,搜求古代名碑,结合文献考订后写成。明初曾收入《永乐大典》,后即不传。清代修《四库全书》时从大典中辑出 130 余条,编成 3 卷;现存 132 条。该书突破宋以后金石学家闭门考订铭刻文字的学风,注重实地调查,是中国考古学史上比较重要的著作。

目前,新疆学术界对于迺贤的研究非常深入,取得了丰硕的成果。据石晓奇先生考证:迺贤(1309—1368),字易之,别号河朔外史,是西北少数民族——葛逻禄部的后裔。葛逻禄在元代的音译是"合鲁",汉名马易之。故元人著述中又称他为葛逻禄易之,合鲁易之,或马易之。在正史上,迺贤是个不见经传的人物,但在元代文坛却堪称一家。有《金台集》《前冈集》《河朔访古记》等著述传

―――――――――

①以上介绍请参见辛文房:《唐才子传》(中国文学参考资料校丛书),古典文学出版社 1957 年版,见于该书的前言部分。

世。作为一个少数民族诗人，他用汉语创作的诗歌，成就尤为突出①。

第三，中国月令体农书中最古的一部：《农桑衣食撮要》。

1314年，元代鲁明善著《农桑撮要》（亦称《农桑衣食撮要》）刊行。《农桑衣食撮要》又名《农桑撮要》《养民月宜》，它是在当时农业生产比较发达，农学著作大批涌现的形势下产生的。当时由于元政府奖励农耕，农业生产得到了恢复与发展，农学著作据史书记载除《农桑辑要》和王祯《农书》外，尚有十余种。鲁明善自幼生长于中原汉族地区，具有较高汉文化修养，研读了当时可见的大批农学著作，加之他曾任职的肃政廉访司按元制兼有劝农职责，使他能利用工作之便对江浙一带农业情况作了详细调查。他根据淮北地区的实际情况，按十二个月叙述农事，记载了农作物、蔬菜、果木的栽培以及畜牧、桑蚕、养蜂和农产品加工等技术。

该书在至顺元年（1314）正式刊行。鲁明善编纂的《农桑衣食撮要》重在实用，所以与《齐民要术》，陈旉《农书》《农桑辑要》等书不同，它是直接继承崔寔的《四民月令》的体制，以农家的月计划为主体的。在此之前，元政府编纂颁布的《农桑辑要》对于岁月杂事仅列为卷末一篇，王祯的《农书》也只是绘制了一幅《授时指掌活法之图》。《农桑衣食撮要》全书按月编纂，极方便农家使用，所以正好可补这些书的不足。同时，《农桑衣食撮要》也补充了《农桑辑要》岁月杂事之不足，是研究中国科技发展史的重要资料。该书被列为元代著名三大农书之一，享有很高的荣誉。

在新疆学者的研究中，鲁明善被称为维吾尔族农学家。据研究，鲁明善祖籍在今我国新疆地区，其祖父是个信仰佛教的维吾尔族人，其父名迦鲁纳答思，是元代著名的翻译家，曾任翰林学士承旨、中奉大夫、大司徒等官职。鲁明善系以其父名为氏，名铁柱，字明善。他于仁宗延祐元年（1314）任安丰路（今安徽寿县）肃政廉访司监察官，后又曾任靖州路达鲁花赤。《农桑衣食撮要》就是他在安丰路任职期间所编纂②。

第四，新疆穆斯林用汉语创作文学的杰作《金台集》。

迺贤的《金台集》被一些学者认为是回族文学的代表，实际上清代的回回主要指的是穆斯林，因此迺贤的《金台集》实际上是新疆穆斯林用汉语创作文学的

①石晓奇：《论葛逻禄诗人迺贤》，载《新疆师范大学学报》（哲学社会科学版）1985年第1期。齐冲天：《论元代民族诗人迺贤》，载《内蒙古社会科学》（汉文版）1980年第3期。

②参见阎崇年：《维吾尔族农学家鲁明善》，载《中央民族学院学报》1978年第2期。魏良弢：《鲁明善和〈农桑撮要〉》，载《新疆大学学报》（哲学人文社会科学版）1979年第1期。张克武：《鲁明善的〈农桑衣食撮要〉及其经济思想》，载《民族研究》1982年第6期。高栋梁：《鲁明善与〈农桑衣食撮要〉研究》，中央民族大学2007年硕士研究生毕业论文。

杰作。

迺贤是元代颇有影响的诗人。《金台集》中的一些诗作表现了各族人民受压迫受剥削的悲惨生活。迺贤生于南阳,童年生活也是在南阳度过的,所以他自称南阳人。"我家南阳天万里,十年不归似江水。秋来忽作故乡思,裹剑囊衣渡扬子。"(《巢湖述怀寄四明张子益》)诗中视南阳为故乡,满怀深切思念之情。"南阳有布衣,杖策游帝乡"(《发大都》)。迺贤的诗名在当时很盛,且为人旷达,处世厚道,同时代人贡师泰、危素、黄溍、程矩夫等皆对他的人品、文品给予肯定与赞美。迺贤的思想中有积极入世的一面:早年渴求仕进以图报国,遭遇坎坷时有怀才不遇的感慨,直面现实,忧国忧民。但他又有避世消遣的一面:随着他对元王朝统治腐败、官场黑暗、社会矛盾的认识深刻,随着对宦游生活的失意、厌倦,最终避世去官。其卒年不明,即归隐故也。

其诗歌思想内容丰富,风格多样,和另两人的字、画被人并称作"江南三绝",在元代文学史中占有重要地位。《金台集》收诗 222 首。其中有不少应景酬答之作,价值不大;真正代表诗的创作成就的是他描写社会现实、抒发慷慨胸怀的诗。我们可把迺贤的这些诗分作三类:类新乐府诗、感遇诗和其他杂诗。

迺贤诗作当中社会价值最高、最具影响力的当属他的反映民生疾苦、暴露社会丑恶问题的诗。这类诗多为七言古体,颇有白居易新乐府的遗风,故名之为类新乐府诗,代表性的诗作有《新乡媪》《新堤谣》《卖盐妇》等。此类诗大部分当是诗人游历河朔时而作。

关于迺贤的诗歌创作,明代徐火勃在《元人十种诗序》中把他与萨都剌并称,极赞其才情。清代四库馆臣们也将迺贤和徐火勃相提并论:"其名少亚萨都剌,核其所作,视萨都剌无不及也。"但也正如《元代文学史》中所言:如果把"核其所作"改为"核其佳作",可能更符合实际。应该说,无论从内容上,还是从艺术上,迺贤的诗歌在元诗中应属于上品。

第五,改变时代文风的典范:《石田集》。

《石田集》15 卷是马祖常是因作者所居号"石田山房",故名。其包括诗赋 5 卷、文 10 卷、附录 3 篇,既有对劳动者疾苦的同情,又有对当时社会的抨击,还有对家乡山水风光的描绘,保留了许多研究元史的重要史料,其中《建白一十五事》及杜瑛、元明善、忙兀的斤、伯颜、燕铁木儿等碑铭,均可补正史之阙。元人苏天爵编撰《元文类》,选其文集中篇章多达 21 篇。还有一些反映民间疾苦的诗作,如《石田山居》《室妇叹》等。现存版本有至元五年(1339)扬州路儒学刻本,系苏天爵编次马祖常诗文,请于御史台,交付扬州路学所刊行的。另有明弘治六年(1493)熊翀刻本,凡 15 卷,附录 1 卷,是《四库全书》所依据的本子。通行的版本是古书流通处影印的《元四大家集》本。

马祖常和姚燧、元明善等作文取法先秦两汉,诗学汉魏盛唐,扫除宋金末年南北文士习气。诗风清壮,"后生争慕效之,文章为之一变"。他的诗文在当时颇有影响。马祖常的散文简洁新奇,条理明晰。《记河外事》一文,字句简短,层次分明。全文采取问答体,通过计吏、听者一问一答的形式,揭明"菽日益贵,民日益病,而有司索赋之日益急也",指出当时马政之弊。马祖常的诗"圆密清丽",大篇、短章都朗朗上口,具有极高的艺术价值。

马祖常是元代著名的少数民族作家,在当时和后世都颇负盛名。在元、明、清三代,马祖常的成就受到相当的推崇。进入 20 世纪,对他的研究,在西域诗文作家中相对是较多的。特别是近些年的研究,出现了高水准的成果,但亦仅限于诗文研究,涵盖其家世生平、思想心态及文学地位、影响的全面研究论著,则几乎付诸阙如。对马祖常研究显然缺乏系统性、全面性,这也是目前元诗研究中普遍存在的问题,着重宏观而微观作家研究不足,一些重要问题,如马祖常作品的存佚、版本流传以至于其家世研究,现阶段的成果较少,且大都是诗文研究的附属产品①。

第六,元朝色目人文学创作的证据:《丁鹤年集》。

《丁鹤年集》一直被认为是回族的典籍。"回回"泛指回族或信奉伊斯兰教的人和国家,亦指伊斯兰教。北宋沈括《梦溪笔谈》中已出现此词,一般指回鹘,也有指唐兀(西夏)的。南宋周密《癸辛杂识》与元人所修《辽史》指伊斯兰教徒和伊斯兰教国家,如南蕃回回、回回蕃客、回回国、回回大食部等。《元史》及《元典章》则主要指伊斯兰教和伊斯兰教徒,如回回法、回回寺、回回令史、回回人等。明清两代文献主要指回族,如回回人(简称回人或回民);有时指伊斯兰教,如回回教门、回回教(简称回教)。清代又对信奉伊斯兰教的其他少数民族多加称回,如称新疆维吾尔等族为缠回,称甘肃东乡族为东乡回,称青海撒拉族为撒回,并把新疆天山以南地区称作回疆、回部等。

《丁鹤年集》4 卷,1 册,85 页,元末明初湖北武昌丁鹤年撰,元明之际回回诗人的诗集。丁鹤年(1335—1424),字永康,号有鹤山人,也称"西氏垅"。祖籍西域,生于湖北武昌。一生博学广闻,精通诗律。《丁鹤年集》共分 4 卷,分别为:《海巢集》《哀思集》《方外集》《续集》,共收集其诗作 200 余首,并附录吉雅谟丁、爱理沙、吴惟善等人诗及乌斯道撰丁孝子传。其诗作取材广泛,具有较强的现实主义精神,以忧国忧民、关心人民疾苦为主要内容。有多种版本,其中艺

---

① 李言:《马祖常与〈石田集〉研究》,南京师范大学中国古典文献学 2006 年硕士学位论文。

海本 3 卷,名为《丁孝子集》。其诗作不仅在我国民族文学史上有重要位置,在中国文学史上也有较大影响。中华民国 26 年(1937)上海商务印书馆王云五据琳琅元刻四卷本刊行,草纸,楷体,页面 17.5cm×11.5cm,版框 14.5cm×8.5cm,15 行,每行 40 字有校讹,保存完好。西安马斌藏。1987 年天津古籍出版社出版,丁声俊以四卷本为主重加编著的点校本,题名《丁鹤年诗辑注》(晓月文)。

五、《四库全书》西域地方史料

除了一些西域人的著作以外,《四库全书》中还收录了一些西域的地方史料,这些史料对于研究今日新疆有着极重要的参考价值。这里,仅举其中重要的几部说明如下:

1.《钦定西域同文志》

《钦定西域同文志》24 卷,是一部满文、汉文、蒙古文、藏文、维吾尔文、托忒蒙古文等 6 种文字的人名、地名的对译辞书。全书按地区编排,依次为新疆地区、青海地区、西藏地区。内容主要包括新疆、青海和西藏等地区的地名、山水名及准噶尔部、回部等各部上层人物名的解释。本书词条横排,分为天、地、山、水、人 5 类,每一词条都用 6 种文字对照。首列满文,次列汉文,并详注词义(用汉文注释语源、含义、转音、地方、沿革、地理位置、人物世系和简历等内容),其次用汉文三合切音字标满文标准音,再依此排列蒙文、藏文、托忒蒙古文、维吾尔文等,各注译语、对音。本书是清代统治者平定西域后为扫清语言障碍、巩固西北边疆的统治而编撰的,由乾隆皇帝亲自审定,是研究西北少数民族历史地理的重要工具书。

2.《钦定皇舆西域图志》

《钦定皇舆西域图志》是清代官修地方志之一,52 卷。乾隆二十年(1755),清廷平定准噶尔,天山南北尽入版图。次年二月,清高宗弘历下令编纂《西域图志》,以大学士刘统勋主办其事,派都御史何国宗等率西洋人分别由西、北两路深入吐鲁番、焉耆、开都河等地及天山以北进行测绘。收集资料工作在乾隆二十六年结束后,令交军机处方略馆进行编纂,于乾隆二十七年十一月完稿。乾隆四十二年,高宗下令增纂《西域图志》,历时五年,于四十七年五月告成。高宗亲自审定,即今本《钦定皇舆西域图志》。首 4 卷为天章,汇录有关论述西域全局的御制诗文;自此以下 48 卷,分为图考列表、晷度、疆域山水、官制、兵防、屯政、贡赋、钱法、学校、封爵、风俗、音乐、服物、土产、藩属、杂录十九门。自疆域、山、水至藩属,计有总图、分图 21 幅,历代西域图 12 幅。由于收集了所有正史、有关书籍和清代西域军营奏章、地方大吏的文告等资料,并且进行了实地测量和调查,故《西域图志》内容周详,文章质实,精确完备,足以拓人视野,激我壮怀,对于治西域史地者有更重大的参考价值,是研究中国汉代至清代前斯新疆地区人口、行政的一部很重要的历史地理文献。

3.《使西域记》

《使西域记》是中国明人出使西域各国的见闻录。一作《西域番国志》。明成祖时吏部员外郎陈诚撰。作者于永乐十二年(1414)与户部主事李暹等奉命出使哈烈(今阿富汗赫拉特),历经新疆及中亚地区17国,接触了20余个民族和部落。历时近10个月,于永乐十三年回到北京。约于永乐十四年(1416)将途中见闻编撰成篇,名曰《使西域记》。分哈烈、撒马儿罕、俺都淮、八刺黑、迷里迷、沙鲁海牙、塞兰、渴石、养夷、别失八里、于阗、土尔番、崖儿城、盐泽、火州、鲁陈、哈密、达失干、卜儿花等19目。所记有关民族源流、经济状况、宗教信仰、民族风俗、山川景色、城镇分布、物产、交通等,均系实地考察记录。全书共2卷,一为《西域番国志》,一为《西域行程纪》。《西域番国志》中一半以上的内容,记叙了帖木儿帝国的都城哈烈。其余部分记载了上述地区的一般情况。其中有大量的伊斯兰教史料:(1)关于伊斯兰教信仰与礼仪。(2)关于穆斯林的饮食禁忌和习俗。(3)关于帖木儿帝国大力推行伊斯兰教的记载。(4)关于苏菲派游方苦修者的记载。《西域行程纪》记载了陈诚等于永乐十二年自肃州起程,远至撒马尔罕,再西南下至赫拉特的全过程。沿途耳闻目睹,按日记实,对明代西域一带的山川景色、城乡交通、名胜古迹等都有记叙,而以山川道路为主,是明代中国西北地区和中亚地理的重要史料。《使西域记》关于伊斯兰教在西域的传播情况及穆斯林社会、宗教生活的种种记载,说明了15世纪丝绸之路仍然十分繁荣,伊斯兰教已深入社会生活的各方面,是当时中国人介绍西域穆斯林社会情况的第一手珍贵资料。为研究明代西域的民族史、宗教史、地方史和阿富汗西北民族史提供了重要依据。该书传世有明抄本,20世纪初有北平图书馆据明抄本影印的《独瘭国稿》本行世。

4.《大唐西域记》

《大唐西域记》,简称《西域记》,为唐代著名高僧唐玄奘口述,门人辩机奉唐太宗之敕令笔受编集而成。《大唐西域记》共12卷,成书于唐贞观二十年(646),为玄奘游历印度、西域旅途19年间之游历见闻录。其中,包括玄奘游学五印,大破外道诸论的精彩片段,高潮迭起。

《大唐西域记》系唐太宗钦定,玄奘亲自编撰,由弟子辩机整理而成。贞观二十年(646)秋七月,玄奘在翻译出佛经的同时,终于完成了著名的《大唐西域记》,于十三日进表于太宗。言道:"所闻所历一百二十八国,今所记述,有异前闻,皆存实录,非敢雕华,编裁而成,称为《大唐西域记》共十二卷。"据悉,该书记述 128 个国家和地区的都城、疆域、地理、历史、语言、文化、生产生活、物产风俗、宗教信仰,此外还记述了其他十余个国家的情况。本书是继晋代法显之后又一取经游记巨著。书中除生动描述了阿富汗巴米扬大佛、印度雁塔传说、那烂陀学府以及诸如佛祖成道、佛陀涅槃等无数佛陀圣迹,还有很多佛教传说故事。内容全面系统,翔实生动,先后被译为英、法、德、日等国文字广为传播,是研究中外文化交流、佛教历史及交通史、民族史的珍贵资料。《大唐西域记》实际是一部玄奘西行的实录。在西行求法的征程中,经历了数年时光,所到国家上百,山河城关成千上万,观礼佛寺宝塔成千上万,亲历故事和接触的人物不计其数,而《大唐西域记》里连同他每走一地所处方位、距离、国体民情、风俗习惯、气候物产、文化历史都写得清清楚楚,就连哪个寺院所奉某乘某宗,僧众多少,是何人讲什么经、多少卷等,都写得十分详尽,准确无误。这些记载又被后来的历史文献和文物考古所佐证。依据玄奘所撰《大唐西域记》记载提供的线索,对著名的印度那烂陀寺、圣地王舍城、鹿野苑古刹等遗址进行考古发掘,出土了大量的文物古迹,成为考古史上一大奇迹。这些都充分证明,玄奘当年在险恶艰难的求法途中,将所经历的大量信息和各类资料准确无误地记录在案。

《大唐西域记》对印度历史的影响相当重要,因为印度民族虽然创造了相当重要的古代文化,但从来不注重记录历史,玄奘的记载对研究印度历史是不可多得的宝藏。印度历史学家阿里教授说:"如果没有法显、玄奘和马欢的著作,重建印度历史是完全不可能的。"印度目前的国徽狮头柱和国旗上的法轮图案,都是来源于鹿野苑的考古发掘,而包括鹿野苑、那烂陀寺、菩提伽耶阿育王大塔、桑奇大塔等几乎所有印度著名佛教遗址的现代发掘,都是英国考古学家亚历山大·卡宁厄姆等人自 19 世纪始,依照玄奘的描述找到的。特别要提到的是,玄奘在书里描述了在 2001 年被阿富汗塔利班政府所毁的巴米扬大佛。印度古代统一印度的唯一一位印度人,今天所见历史书里印度引以为傲的阿育王的事迹,也基本是来源于玄奘的记载。

第四节 《四库全书》与宁夏

《四库全书》与宁夏的关系,是一个较大的题目;然而全书涉及宁夏地方的资料却较为稀少。从《四库全书》来看,收录的著作中专涉宁夏的著作非常罕见,分量极低。《四库全书总目》凡是涉及宁夏地方的重点篇目,都得到了重点勾勒。

一、清乾隆时期的宁夏建制

明初期,在今宁夏回族自治区中北部设宁夏府;洪武九年,改置宁夏卫。清初设为宁夏镇、宁夏后卫、宁夏中卫。在今宁夏回族自治区的南部西海固地区,设置了固原州,属甘肃省平凉府管辖。乾隆三年(1738)以后,甘肃省宁夏府辖宁夏县、宁朔县等四县一州。此时固原直隶州仍属甘肃平凉府。

因此,在清朝撰修《四库全书》时期,宁夏没有直省级别的行政建制,隶属于乾隆发布诏书征集图书典籍的"十八直省"中的甘肃省。因此,宁夏人和有关宁夏地方的典籍只能是将西北文献中的宁夏典籍辑录出来,从而挖掘出一些新的材料。

二、宁夏籍作者的著作

本书在第四章中对宁夏作者的著作情况进行了分析,这里不再赘述。其中提到了 3 部著作,涉及经史集,著录到四库正本中 1 部,存目 2 部。

书名	卷数	作者	时代	著录情况	部类
友石山人遗稿	1	王瀚	元	著录	集部别集
辨苗纪略	8	俞益谟	清	存目	史部杂史类存目三
周易汇解衷翼	15	许体元	清	存目	经部易类存目四

俞益谟《青铜自考》在查缴禁书期间,曾经被查禁。后来此书解禁,其在宁夏的裔孙仍然继续呈送该书及书板。这 3 部著作中只有俞益谟的著作以及生平有比较详细的研究。这里,我们需要对《四库全书总目》中称为"陕西人"的谢王宠和胡侍进行一下辨析。

1. 谢王宠(1671—1733)

字宾予,号观斋。清朝康熙、雍正年间,被《四库全书总目》称为"陕西人",实际上是宁夏盐池县惠安堡镇人,人称"谢翰林"。其中一个重要的证据就是在盐池县城西南86公里的惠安堡古城西墙正中发现残碑,为谢王宠手笔,现存盐池县博物馆。另外,在《大慈恩寺志》卷 15《雁塔题名(二)》中发现有"谢王宠宁夏习易"的字样,足以证明其宁夏人的身份。

2. 胡侍(1492—1551)

关于胡侍的籍贯,从明代开始就存在宁夏、咸宁两说。关于胡侍的基本情况,部分晚明文献偶有述考,但多语焉不详。张时彻辑《皇明文范》于胡侍名下题曰"胡侍,咸宁人,号蒙溪,鸿胪寺少卿"。凌迪知编《国朝名公翰藻》称"胡侍,字永之,陕西咸宁人,鸿胪寺少卿"。陈子龙等编《皇明诗选》则说"胡侍,陕西人,嘉靖中进士,官监察御史"。清初,钱谦益汇辑有明一代诗歌文献,编成《列朝诗集》,对胡侍作了比较具体的介绍。《列朝诗集·丙集》胡侍小传谓:"胡判官侍:侍字承之,咸宁人。"《明史》卷 191《薛蕙传》附胡侍传载曰:"胡侍,宁夏人，举进士，历官鸿胪少卿。"中国科学院文献情报中心藏有古籍善本《胡蒙路集》和《胡蒙路续集》善本编号集。其中，《胡蒙路续集》附录有《胡蒙黔墓志铭》，题《明故奉政大夫鸿胪寺右少卿蒙努胡公墓志铭》，由胡侍挚友许宗鲁撰。志曰："公姓胡氏，讳侍，字承之，别号蒙井，应天府溧阳人也。国初讳士真者，明医术坐累请戍陕西宁夏卫，历四世皆为宁夏人。至司马公卒，赐葬陕西咸宁，子姓得守家墓，遂为韦曲里人。公少治书，为县学生员，正德癸酉，举乡试，丁丑，举进士。"

这篇墓志铭对胡侍的字、号、生平作了比较完整的交代，它对胡侍籍贯的说明，也与《明清进士题名碑录索引》胡侍籍贯及祖籍的标示完全吻合，当属确切。

根据以上材料可知，胡侍，字承之，号蒙路或作檬溪、蒙溪山人，祖籍应天府籨阳。祖上曾谪戍陕西宁夏卫，后人入籍陕西咸宁今西安。胡侍生于弘治五年，正德十二年举进士，授刑部云南司主事；十六年，晋广东司员外郎。嘉靖元年，晋鸿胪寺右少卿；三年，因"大礼议"案谪山西潞州同知；四年，因宗室憾攻而入狱，夺官编民；十七年诏复。嘉靖三十二年考终，寿六十二。①

而根据宁夏大学中国古代文学 2003 届硕士苏丽华的学位论文《胡侍及其文言小说研究》认为，根据史料可以确定胡侍为宁夏人。胡侍的祖籍在江苏溧阳，其高祖因"明医术坐累"，被贬谪宁夏，"历四世而为宁夏人"，其父胡汝励官至兵部尚书，并曾撰写《弘治宁夏新志》，胡氏家族为宁夏的发展作出了很大贡献。②

三、宁夏地方史料

除了宁夏人的著作以外，《四库全书》还收录了一些非宁夏人的著作，这些著作和宁夏地区有着密切的关系，有 9 种，一些《四库全书》收录的综合性著作，如正史、编年史等都没有计算在内：

书名	卷数	作者	来源
北楼日记	2	无名氏	浙江巡抚采进本
西夏事略	1	王偁	编修程晋芳家藏本
使西日记	1	都穆	浙江范懋柱家天一阁藏本
茶马类考	6	胡彦	两淮马裕家藏本
对山集	10	康海	湖北巡抚采进本
杨道行集	17	杨于庭	浙江巡抚采进本
蓉川集	6	齐之鸾	两江总督采进本
片玉集	4		江西巡抚采进本
范文正遗迹	1	无名氏	浙江巡抚采进本

①相关内容请参见张世宏：《明代作家胡侍生平及著述考辨》，载《文学遗产》2007 年第 3 期。
②苏丽华：《胡侍及其文言小说研究》，宁夏大学中国古代文学 2003 届硕士学位论文。

1.宁夏地方纪事史料类

专记宁夏地方发生的历史事件,即《北楼日记》《西夏事略》。其中《北楼日记》记载了明万历二十年,宁夏致仕副总兵哱拜杀巡抚都御史党馨、副使石继芳,据城谋反的全过程。该书弥补了正史的不足。但是遗憾的是四库正本中没有收录该书,后来此书一直失传。我们只能从《四库全书总目》中管窥它的概貌:"北楼者,宁夏镇城楼贼所据以为变者,故以名编。所载自正月己丑始乱,至九月辛未平贼,按日系事,颇为详悉。其中月日先后,往往与《史》不合。如贼聚众杀馨,纵狱囚,焚案牍,在二月戊申,而《史》作三月戊辰。总督魏学曾下檄安抚,在二月壬子,而《史》作三月壬申。河套诸部大入助贼,在三月庚午,而《史》作六月乙未。叶梦熊代为总督,在六月甲午,而《史》作七月甲申。都督李如松以辽阳宣大兵至,在六月戊申,而《史》作四月甲辰之类。不一而足。似当以此书为得实。《史》盖所见异词。其记原州总兵李昫率副总兵王通、参将赵武等统兵马五万屯灵州讨贼,及河套诸部再入定边,掠延庆,数千骑渡河云云。《本纪》皆不载。亦偶遗之。盖《史》书该一朝之事,总其大纲。私记载一方之事,具其细目。体例固各不同尔。"

《西夏事略》的史料价值不高,是从王偁《东都事略》节录出来的《西夏传》,作伪者抄出,别题此名。但是辑录西夏事迹本身反映了为西夏政权独立建史的倾向。

2.宁夏地方古迹、盐务等方面的史料

《使西日记》的作者是明代的都穆。都穆于正德八年奉使册封庆藩寿阳王妃,自京师至宁夏,记载了一路所途径地区的碑碣古迹。

胡彦的《茶马类考》第三卷记载了宁夏的盐务。胡彦是明嘉靖辛丑进士,官巡察茶马御史。明朝的制度是茶马御史兼理宁夏盐务,因此该书多处涉及宁夏的盐政,对于考察明朝时期的宁夏地方盐务具有一定的参考价值。

《范文正遗迹》辑录了范仲淹生平游历。其中记载了一些西夏堡寨遗迹的情况。

3.涉及宁夏地方情况的诗文集

这些诗文集并不专门为宁夏所作,但是其中涉及宁夏部分均较为有名。

明康海《对山集》收录《拟廷臣论宁夏事状》诸篇。《总目》认为"尤颇切时弊"。

明杨于庭《杨道行集》担任官职时,谋划平定宁夏和倭寇的叛乱,但是叛乱平定后却因门户之争而被罢官,因此"愤郁不平,屡形篇咏",《总目》认为"其诗沿何、李之派,故拟骚、拟乐府、古诗,不能变化蹊径;惟五言古诗,时露清挺,本色尚存"。

明桐城人齐之鸾《蓉川集》是正德辛未年间进士,官至河南按察使。《蓉川集》分为5种,其中之一就是《入夏录》,析为3卷,乃其佥事宁夏时作,前2卷皆诗,后1卷则杂文。别以汪元锡等赠言,附于末,而总冠以《小传》《行状》《年谱》。后有山跋语,称闲游市阛,得遗稿数篇,已而遍历茶坊药肆,恣意搜辑,编次成帙,因康熙己未诏修《明史》,檄取《入夏录》送官,遂衰而付诸剞劂。《总目》认为"盖之鸾位虽不显,然在正、嘉之间,卓卓称名臣,故史馆征其著作,以备采择。今观其奏疏,词多剀切,犹可想见风采,诗则非所擅长也"。

《片玉集》收录了《论西夏抚贼失策》等疏稿。《总目》认为"亦颇剀切"。

四、宁夏文化与《四库全书》

宁夏地区久受西夏文化和元以降伊斯兰文化的浸染,但是这一文化明显是有分野的。宁夏北部以西夏文化为主,而南部西海固地区以伊斯兰文化影响为深厚。张承志《心灵史》提到:宁夏固原地区的农民多信奉属于苏菲派的"哲合忍耶"(马明心创立),是清乾隆时期回民大起义的主力军之一。《四库全书总目》对此也有所涉及。

但是乾隆征集图书时,回民起义余波已平,社会环境趋向缓和。此时,西北地区在对典籍的搜缴中对回民的书籍也施与了特别的关注,但是总体上惧怕回民重新拿起武器,因此在社会政策上相对宽和。我们需要注意的是,回民的文献主要以阿拉伯和汉文杂处的形式出现,中国本土的回民文献基本以汉文为主,因此儒家文化对宁夏地区也是有巨大影响的。《四库全书总目》在"乐章集"条目下提到:叶梦得《避暑录话》云:"余仕丹徒,尝见一西夏归朝官云:'凡有井水饮处,即能歌柳词。'言其传之广也。"[1]说明宁夏地区在北宋时即受到汉文化的有力影响。

当然,我们也不能夸大这种文化的影响力。宁夏的汉文化氛围总体上和西北地区的整体发展过程是一样的,是属于小环境的范畴。如果说,回民创造的文化不能被《四库全书》的经史子集所容纳,那么《四库全书》所能够收集的,也只能是宁夏文化中的西夏、汉文化。可以说,清朝宁夏地区保留了汉—西夏文化和回民文化"两条腿走路、两条路并行"的基本历史轨迹,《四库全书》涉及的宁夏地方文化典籍,只是宁夏的汉—西夏文化部分。

---

[1]《四库全书总目》卷198,"乐章集"条。

第五节 《四库全书》与青海之间的关系

《四库全书》纂修时期中国知识分子的眼界已经有所拓展。因此,《四库全书》编纂者群体对于青海的认识更多地从"探索·发现"的意义上去厘清古说,考订旧闻。比如对青海河源(星宿海)的认识,具有很强的辨正谬误、正本清源的价值。

一、清乾隆时期的青海行政建制

根据本书在第一章的描述可以知道,今日青海全省在乾隆时期实际上分为两块行政区域,即一部分是甘肃省管辖的西宁府,设有西宁镇,兼设西宁卫;另外一部分是西宁办事大臣管辖的蒙藏地区。西宁府和西宁办事大臣的驻地重合,蕴含着两者合二为一的内在机制,也说明了西宁的重要位置。

在清顾祖禹的《读史方舆纪要》中,西宁被称为"内外之防,不可不慎也",同时将西宁视为屏蔽秦陇的咽喉要塞和控制吐蕃、西羌的要地,"镇河湟环带,山峡纡回,扼束羌戎,屹为襟要。汉武使霍去病破匈奴,因斥逐诸羌,不使居湟中。宣帝时,赵充国留屯金城,尽平诸羌,关陇宁谧。后汉建武十一年,马援等击破先零诸种羌。时议者以金城破羌之西,途远多寇,欲弃之。马援因上言:破羌以西,城多坚牢,易可依固。其田土肥壤,灌溉流通。如令羌在湟中,则为害不休,不可弃也。从之。其后马贤、庞参往往树绩于此。晋室多故,张氏据有河西,亦能绥辑群羌,保其险阻。吕光继之,河湟渐尔多事。晋隆安二年,时秃发乌孤屯据廉川。羌酋梁饥攻后凉西平,乌孤欲救之。议者多以饥兵强为疑。赵振曰:使羌得西平,华夷震动,非吾利也。乌孤亦曰:饥若得西平,保据河山,不可复制矣。遂进击饥,破之。于是据有岭南之地。又杨统言于乌孤曰:吕光衰耄,诸子乖离。若使浩□、廉川乘虚叠出,不过二年,姑臧可图也。乌孤从之。后凉益困。其后,北凉、西秦互相争逐于河湟间。西秦之亡,其地没于吐谷浑。后周皆规取之,以藩蔽秦陇。隋大业中,勤兵远略,地亦益斥。唐贞观中,平吐谷浑。开元中,又建雄镇于鄯州。其时兵威震叠,薄于西海。天宝以后,吐蕃乘中国之乱,蚕食河湟,东及秦陇。于是,唐之边备,近在□、岐、泾、原之境。西平,诚西面之保障矣。宋关中戍守,不越秦凤。熙宁以后,始务远略,图复河湟以制西夏。议者谓河湟复而宋祚倾,夫岂探本之论乎?元人控驭西番,恒以西平为要地。明初,置卫屯兵,兼设茶马司于此,用以驯制番戎云。"①

---

① 〔清〕顾祖禹:《读史方舆纪要》卷64,陕西十四。

行政建制	驻地	所管辖地域
甘肃省西宁府	西宁	今青海西宁市辖区、海东地区
西宁办事大臣	西宁	统辖青海北部的额鲁特蒙左部 5 部 29 旗和青南玉树等藏族 40 个土司政务

西宁办事大臣设立于雍正三年（1725），相当于行省一级，具有相对的独立性，直属于清朝中央理藩院。西宁办事大臣又称青海办事大臣，为青海得名的开始。

二、青海地方文献

青海除西宁府以外，其他地区属于蒙藏地区，人口非常稀少。因此，在《四库全书》著录书和存目书中没有青海地方作者的直接著述。但是一些书籍中收录有青海籍人士的著作。如《西宁志》收录有明西宁人张问仁的《重修西宁卫城记》《湟中破房碑记》等文章、诗歌数种。

这绝不意味着这些地区是所谓的"文化沙漠"。"文化沙漠"的用词，实际上是一种汉文化的狂妄自大和夜郎自说。须知，《四库全书》根本上是汉儒文化的产物，它并非是判断一切文化兴废的基础标准。青海地区的历史人物主要以地方历史政权或少数民族的首领、藏传佛教领袖为主，在时代上以元清为主，与汉儒文化完全是两种不同性质的文化，不可以《四库全书》为标准衡量各省文化的兴废，这一点是尤其需要注意的。论者往往以江浙为人文荟萃之地，此观点尚且可以成立，如果以此为理由、标准贬低其他省份的文化，实际上是坐井观天之象。

青海地区文化事业一直比较落后，但是清前期青海地区文化相对过去取得了一定的成就。其突出表现在于撰成了多种地方志书。顺治十四年（1657），苏铣纂成《西宁志》（又名《西镇志》），此为青海现存最早的地方志书。乾隆十二年（1747），西宁道佥事杨应琚修成《西宁府新志》，全书合计 40 卷，共 30 万字，是现存最完备的一部青海地方志书。乾隆时期纪昀等奉命编纂的《河源纪略》36 卷，详细记述了阿弥达等人勘察河源的经过及结果，并参照历史文献，绘图列表，是研究河源的重要文献。

以上青海人引以为自豪的 3 部青海地方文献，《四库全书》中就提到了 2 部，一部是《钦定河源纪略》，另外一部就是《西宁志》。另外，还有一些其他的青海著作。

1. 对历代河源文献的考订、修正

《四库全书》对于青海，实际上是极为重视的，其中一个较为重要的体现就是关于"河源"问题，即黄河源头的探寻。历代典籍对于河源均语焉不详。《山

189

海经》称大禹"导河积石"。汉代通西域,张骞对河源的了解相当粗略。元世祖时,派遣笃什寻找河源,抵达星宿海而止。可以说,寻找河源成了历代大一统皇帝对于地理的行为,反映了古代中国人对于地理的探索精神。《钦定河源纪略》对历代关于河源的说法进行了条分缕析,可以说是关于河源的辨正、立说集大成之作。

乾隆皇帝对于河源等名胜显然也怀有浓厚的兴趣,直接从北京派人到青海。乾隆四十年,乾隆帝命舒兰、侍卫拉锡探寻河源的路线,并说:"河源虽名古尔班索里玛勒,其发源处人迹罕到。尔等务穷其源,察视河流自何处入雪山边内。凡经流诸处,宜详阅之。"舒兰等四月份从北京出发,五月己亥,到达青海,后一直沿着鄂棱诺尔、紥棱诺尔,到达星宿海和昆仑山。九月份,舒兰等人返回京师,上疏叙述了沿途交通情况,并绘制了路线图一起上奏乾隆。乾隆帝因此上谕廷臣曰:"朕于古今山川名号,虽在边徼遐荒,必详考图籍,广询方言,务得其正。故遣使至昆仑,目击详求,载入舆图。即如黄河源出西塞外库尔坤山之东,众泉涣散,灿如列星,蒙古谓之'鄂敦塔拉',西番谓之'索里玛勒',中华谓之'星宿海',是为河源。汇为紥棱、鄂棱二泽。东南行,折北,复东行,由归德堡、积石关入兰州,其原委可得而缕晰也。"①

《钦定河源纪略》一书显然与这次探寻有着极为密切的联系。根据《总目》所记,该书是乾隆四十七年奉敕撰,已经是舒兰探寻河源的七年之后了。乾隆四十七年,"是年春,以中州有事于河工,特命侍卫阿弥达祭告西宁河神,因西溯河源,绘图具奏。"这两次考察的目的明显有着不同,前者是寻找黄河的源头,而后者则是为了中原地区水利的祭祀活动。

《钦定河源纪略》一书表明:和前代相比,清朝人对河源的认识,取得了重大的进步。这说明经验科学大大促进了对于自然界的认识。乾隆时期能够取得这样的进步,首先是大一统局面的出现给探索提供了政治保障。"与张骞之转徙绝域,潜行窃眺,略得仿佛者,其势迥殊"。其次,清时期交通工具的相对进步也使探索活动开展起来较为便利,"星轺虎节,络绎往来,如在户阈之内"。

《钦定河源纪略》不仅采用了实地调查法,还对历代涉及河源的文献进行了考订,是实地调查法和文献研究法结合的典范。"言星宿海西南三百余里有阿勒坦郭勒水,色独黄。又西有阿勒坦噶达素齐老,流泉百道,入阿勒坦郭勒,是为黄河真源,为自古探索所未及。皇上因考征实验,参订旧文,御制《河源诗》一章,详为训释,系以案语。又御制《读宋史·河渠志》一篇,以正从来之讹误。复

————————————

①赵尔巽等《清史稿》卷283,列传七十。

命兵部侍郎纪昀、大理寺卿陆锡熊等,寻绎史传,旁稽众说,综其向背,定其是非,辑为一书。首冠以图,凡开方分度,悉准钦定舆图,而以河流所迳及诸水之潜通显会者,各依方隅绘画,以著其详。次列以表,以分、合、伏、见四例,该水道之脉络。俾旁行斜上,经纬相贯,纲目相从,以提其要。次曰《质实》,详核水道之源流,兼仿《水经》及郦道元注之例,旁支正榦,一一疏通证明。次曰《证古》,凡载籍所陈,与今所履勘相符者,并条列原文,各加案语,以互相参订。次曰《辨讹》,凡旧说之纰缪,亦条列原文,各为纠驳,以祛惑释疑。次曰《纪事》,凡挞伐所经,部族所聚,职贡所通,及开屯列戍与灵源相值者,一一胪载。其前代轶闻,亦以类附见。次曰《杂录》,凡名山、古迹、物产、士风,介在洪流左右者,皆博采遗文,以旁资稽核,而恭录御制诗文,弁冕全书,用以挈纲领,定权衡焉。考自古谈河源者,或以为在西域,或以为在吐蕃。各持一说,纷如聚讼,莫能得所折衷。推索其由,大抵所记之真妄,由其地之能至不能至;所考之疏密,由其时之求详不求详。"

2. 对青海地方志的首创之功:《西宁志》

清初交河人苏铣撰写的 7 卷本《西宁志》是内府藏本,该书是清廷帝王认识西宁的重要工具书。

苏铣是清朝顺治丙戌年间的进士。由卫辉府推官行取监察御史,巡按山西。裁阙改补西宁道,又调岭东道。《西宁志》是顺治十二年苏铣西宁道任官时所作。

《西宁志》的重要意义在于是"创始者",开创了第一个为西宁撰写地方志的先例。该书被《总目》批评为"潦草冗杂,绝无体例",但是也分析了导致这个问题的两大原因:一是西宁地区在清朝时期可以参考的文献较少,文化氛围也很薄弱。"西宁在国初为军民指挥使司,本临边之地,文献罕征"。二是没有先例,全属开创性的著述,所谓"盖创始者难工也"①。

由于《西宁志》在体例上的问题,导致该书被抛入存目书的行列。但是该书并未失传。一些地方史志的研究者由于视野所限,误以为该书失传。如《校点〈西宁府新志〉与〈续志〉缀言》一文就认为:"距今二百三十四年前(乾隆十二年,1747 年)脱稿的《西宁府新志》是青海省现存的最早一部地方志。在它以前,虽然有过明刘敏宽与龙膺撰《西宁卫志》,清苏铣撰《西宁志》或《西镇志》(七卷,顺治十四年刻本),但这两部书现在已找不到了。因此可以说《西宁府新志》是青海最早的一部地方志了。"②

①《四库全书总目》卷 74,史部三十。
②原文参见《青海师专学报》1986 年第 2 期。

《西宁志》实际上是《西镇志》，不分卷，清顺治十四年刊本，今日存于甘肃省图书馆藏刻本存艺文志，抄本全。根据《稀见地方志提要》介绍："清苏铣纂修。铣交河人，顺治三年进士，由卫辉府推官，行取监察御史，十二年任西宁兵备道。《西宁志》创于明万历二十三年兵备道刘敏宽修《西宁卫志》。《四库全书提要·存目》有《西宁志》七卷，苏铣撰。为铣顺治十二年官西宁道时所作。西宁在清初设军民指挥使司，为临边之地，文献罕征。故其书亦潦草冗杂，绝无体例，盖创始者之难工也。乾隆《西宁府志》凡例云：'旧《西镇志》仅寥寥二本，重刊于顺治丁酉。'其所谓重刊者，盖指镇志已凡二修。兹阅本志卷之第一行均题名《西镇志》，《四库提要·存目》称《西宁志》，与此实同为一书也。"①

从该书的全书文献资料来看，实是研究青海地方的珍贵史料。《西宁志》录存有明西宁人张问仁(字以元，生卒年不详)《重修西宁卫城记》《经略少保郑公西征平房记》《湟中破房碑记》等文章、诗歌。青海人民出版社在1993年6月出版《西宁卫志西宁志》一书，将明刘敏宽、龙膺和清苏铣同列，至为难得。

3. 史料考证的典范：《昆仑河源考》

万斯同(1638—1702)，字季野，学者称他石园先生。浙江鄞州人。清初著名学者、史学家。我们知道，对于青海河源的认识，乾隆皇帝主要依靠实地考察，这一点不仅便利，而且在地理、交通条件成熟以后是一个人人都能够做的事。其实明代徐霞客已经"穷星宿海而还"②，但是四库馆臣为了突出乾隆的功绩，虽然提到了徐氏的探索，但是却不加评判，匿而不论。除了实地考察以外，也有一些人，由于条件的限制，无法亲自考察，但是却不能依靠考证、辨析来同样到达真理的彼岸。能够做到这一点的，实在是极为难得。万斯同的《昆仑河源考》，就是这样一部典范性的著作。《四库全书总目》自从《钦定河源纪略》一书面世，带着不可一世的态度藐视群书，大有以该书评价一切涉及青海文献的势头。如评元潘昂霄《河源记》，四库馆臣就云："河源远隔穷荒，前志传闻，率皆瞽说。惟笃什尝亲历其地，故昂霄以闻于其弟阔阔出者，记为是编，自诧为古所未睹。迨我皇上，神武远扬，平定西域。揆度水脉，规量地形，又知笃什所言，仍多疏漏。已重为考定，勒在鸿编，用以祛万古之疑，而订百世之谬。昂霄是记，竟以故纸置之可矣。"③再如评黄宗羲《今水经》："我朝幅员广博，古所称绝域，皆入版图，得以验传闻之真妄。《钦定西域图志》《河源纪略》诸书，勘验精详，

①陈光贻：《稀见地方志提要》，齐鲁书社，1987年8月第1版。
②《四库全书总目》卷71，史部二十七，地理类四，"徐霞客游记"条。
③《四库全书总目》卷75，史部三十一，地理类存目四，"河源记"条。

昭示万代。儒生一隅之见,付之覆瓿可矣"①。

但是四库馆臣却对万斯同的《昆仑河源考》加以推崇,给了该书较高的评价,认为"斯同此书,作于康熙之初,核以今所目验,亦尚不尽吻合。然时西域未通,尚未得其实据。而斯同穿穴古书,参稽同异,即能灼知张骞所说之不诬,而极论潘昂霄等之背驰鹜乱。凡所指陈,俱不甚相远。亦可谓工于考证,不汩没于旧说者矣。录存其书,益以见睿鉴折衷,超轶万古也。"②并将该书作为著录书誊写流行。另外一部明王鏊的《震泽集》,"其《河源考》一篇,能不信笃什所言,似为有见。而杂引佛典、道书以驳昆仑之说,则考证殊为疏舛。此由明代幅员至嘉峪关而止,辐车不到之地,徒执故籍以推测之,其形响揣摩,固亦不足怪矣",也得到馆臣的理解,列入著录书。从中可以看出,四库馆臣明确地推崇考据之学的思想。

4.其他类的书籍

书名	卷数	作者	著录情况	来源	目次
河源记	1	〔元〕潘昂霄	存目	编修程晋芳家藏本	史部地理类
今水经	1	〔清〕黄宗羲	存目	浙江巡抚采进本	史部地理类
湟中稿(见《包侍御集》)	4	〔明〕包节	存目	江苏周厚堉家藏本	集部别集类
握奇经	1	〔西晋〕西平太守马隆述赞	著录	浙江范懋柱家天一阁藏本	子部兵家类
河源考(见《震泽集》)	1	〔明〕王鏊	著录	江苏巡抚采进本	集部别集类

四库馆臣在《四库全书总目》中以《钦定河源纪略》为武器,对他们所能见到的涉及青海河源的文献进行一一评价、梳理、指摘,除上文提到的几部著作以外,这种评价一直延伸到水利、河防等领域。如四库馆臣认为《黄河图议》"明代自嘉峪关外,即以为绝域,无由西越昆仑。故所绘河源,仍沿《元史》之误"。③成为将该书列入存目的一大理由。《治河图略》"卷中所图河源,颇多讹舛。盖昆仑、星宿,远隔穷荒。自我国家底定西陲,葱岭、于阗悉归版籍,于是河有重源之迹,始确然得其明征。元人所述,凭潘昂霄之所记,昂霄所记,凭笃什之所传。

---

①《四库全书总目》卷75,史部三十一,地理类存目,"今水经"条。

②《四库全书总目》卷69,史部二十五,地理类二,"昆仑河源考"条。

③《四库全书总目》,卷75,史部三十一,地理类存目四,"黄河图议"条。

辗转相沿,率由耳食"。① 正是《钦定河源纪略》一书的出现,导致了一批关于青海河源文献沦为存目书。

另外,《四库全书》还纠正了一些明代延续下来的不良做法,并有一些地理的考证工作。如例:

第一,认为"西海"之名,并不是起源于西汉王莽时期,而是起源于《山海经》。"若《尚书补义》以西海为青海,谓西海郡虽始立于王莽,而《山海经》云'西海之南,流沙之滨',则西海之名甚古,并不始于莽也"。②

第二,反对历史上对少数民族地理、人名在词语上使用的"污称"。如"至于译语,原取对音。唐以前书,凡外邦人名、地名见于史册者,历历可考。惟两宋屈于强邻,日就削弱,一时秉笔之人,既不能决胜于边圉,又不能运筹于帷幄,遂译以秽语,泄其怨心,实有乖纪载之体。沿及明代,此习未除。如圣谕所指朵颜、青海诸人名,书'图'为'兔'之类,亦往往而有,鄙倍荒唐,尤不可不亟为釐正"。这一点和清朝也是少数民族政权有相当大的关系,但是从客观上讲,对少数民族的辱骂、"译以秽语"是一种不良的学术风气。

第三,探索昆仑山的真相。昆仑山的地理辨认和确证也是清代知识分子的一大关注点,四库馆臣在《总目》中也注意昆仑山的考证辨伪工作,以正本清源。如认为《书经稗疏》"其于地理,至以昆仑为洮州胭脂岭,尤为武断"。③ 又如,认为《尚书地理今释》"至于昆仑河源之说,非惟订汉儒之谬,并证《元史》之非。是则恭逢圣代,混一舆图,得以考见其实据,尤非前代经师辗转耳食者比矣"。④

---

①《四库全书总目》卷69,史部二十五地理类二,"治河图略"条。
②《四库全书总目》卷33,经部三十三,五经总义类,"群经补义"条。
③《四库全书总目》卷12,经部十二,书类二,"书经稗疏"条。
④《四库全书总目》卷12,经部十二,书类二,"尚书地理今释"条。

第六章 《四库全书》西北文献存世情况

这一章与第三章的不同在于：著录书的分散刊刻，特别是禁毁书、存目书的存世状况是乾隆皇帝和四库馆臣意志无法左右的，也不是他们所能够处置的。而禁书、存目书、未收书中包含了大量有价值的书籍，因此了解它们的存世状况是很有必要的，也能够为我们以后的研究工作提供一定的方便。

第一节 著录书的版刻

西北文献中的著录书154种，都具有较高的价值。而《四库全书荟要》与《武英殿聚珍版丛书》中收录了部分西北文献，本身就能生动地说明这批书籍的价值。

无论是从书籍的内容还是从书籍的版本来说。库本收录的西北文献都是非常珍贵、非常难得的本子。《四库全书》7个钞本固然是保存文献的方式，但是由于部头庞大，读者进行查询或阅读是非常困难的。《四库全书》的影印和出版缓解了利用上的问题，但是一般人承受不起昂贵的定价，因此选择其中的一种刊刻使其流传最为可行。从乾隆时期的《武英殿聚珍版丛书》开始，就已经在做这个工作了。

《四库全书》中的部分文献在乾隆时期以至后来，就已经有大量的刊刻本与校本了。如《史记》、《汉书》、《后汉书》（李贤注）、《周书》等都在乾隆皇帝钦定的二十四史中。因此，书局不仅单刻某一种书的情况甚多，而且合刻多种书的情况也非常之多。如南京、苏州、扬州、杭州、武汉五书局合刻本，新会陈氏覆刻殿本，光绪年间湖南宝庆三味书坊翻殿本，光绪年间上海同文书局影印殿本，民国五年涵芬楼影印殿本，新中国成立后的中华书局版本。

为了了解这些书籍的流传情况，仅举地方性较强的史部地理类抄录如下：

（1）地理类三、都会郡县之属

元张铉《至大金陵新志》。平津馆有至正四年刻本，每页十八行，行十八字。内有明补修本。上海郁氏亦有之。张金吾有陈眉公旧藏元刻①。今南京图书馆藏有元刻本。南京出版社曾出版。

明康海《武功县志》。〔张之洞《书目答问》〕：党金衡重刻本、得月簃续刻本、三长物斋摘本；〔范希增增补〕：武昌局本、成都存古书局本。

明韩邦靖《朝邑县志》。〔张之洞《书目答问》〕：五泉诗集附刻本、叶梦龙重刻本、得月簃续刻本、三长物斋摘本；〔范希增增补〕：合肥唐定奎合刻两志本，附有阳湖方楷勘证。

另外，张之洞《书目答问》附录了清朝省志、府州县志的善本，其中有：

洪亮吉《淳化县志》、孙星衍《三水县志》、钱坫《朝邑县志》。②

（2）地理类四、河渠之属

元沙克什《河防通议》。四库本以后有守山阁丛书本、明辨斋丛书初集一卷本、丛书集成初编本、中国水利珍本丛书本。

（3）地理类九、游记之属

元郭啰洛·纳新《河朔访古记》。〔张之洞〕：守山阁本。又璜川吴氏活字本。台湾广文书局 1957 年初版影印、1/32 开、绿布面精装。

从以上可以看出，二十四史中的一些西北作者文献采用合刻或单刻的方式一刻再刻，后世均有人校补、注疏。这些文献中的一些善本书也得到刊刻，如《武功县志》和《朝邑县志》，与清陆陇其《灵寿县志》最为有名。因此也有不少刻本。

经史子集中也有大量的珍贵书籍得以刊刻，《武英殿聚珍版丛书》就辑录了大批珍贵的典籍。

如经部《春秋释例》。〔张之洞《书目答问》〕：岱南阁校本、聚珍本、福本、又席氏扫叶山房本、古经解汇函本。

子部《傅子》。〔张之洞《书目答问》〕：聚珍本、杭本、福本、〔范希增增补〕：指海续刻本。又严可均辑本四卷，刻全晋文内。又湘潭叶德辉辑刻本三卷，订误一卷。

集部《颜文忠集》。〔张之洞《书目答问》〕：《颜鲁公内集》二十卷，《外集》八卷，《书评》十卷。黄本骥辑本、三长物斋本、聚珍本、福本。〔范希增增补〕：

①〔清〕莫友芝撰、傅增湘订补：《藏园订补邵亭知见传本书目》，史部十一地理类，"至元金陵新志"条，中华书局 1993 年版。

②范希增：《书目答问补正》，上海古籍出版社 1983 年版，146 页。

广州局重刻聚珍本十七卷、乾坤正气集本十四卷。嘉庆间颜氏重刻明安氏本十五卷,附录六卷。四部丛刊影印明翻安氏活字本。

从《永乐大典》中辑录的书籍也得到流传。这批书不少在清代以前已经失传。从《永乐大典》中辑录的书籍不仅使残缺的本子得到补全,还挽救了一些失传的本子。上文的西晋杜预《春秋释例》与晋傅玄《傅子》即是二例,此二书还被收入《武英殿聚珍版丛书》中,得到广泛流传。

另外,如史部传记类中元辛文房《唐才子传》。〔张之洞《书目答问》〕:日本人刻佚存丛书足本,指海足本;〔范希增增补〕:嘉庆间王氏刻本、光绪间清隐山房刻巾箱本、武进董康刻五山本、珂罗版印明黑口本。陈鱼罩唐才子传简端记一卷,载北平北海图书馆月刊第二卷第二号。

子部术数类的唐李淳风注《孙子算经》。〔张之洞《书目答问》〕:聚珍本、杭本、福本,又知不足斋本;〔范希增增补〕:南昌局重刻聚珍本。

子部小说类的宋王谠《唐语林》。〔张之洞《书目答问》〕:四库馆重编。守山阁校本,又聚珍本、福本、金壶本;〔范希增增补〕:武昌局重刻守山阁本、惜阴轩本、涵芬楼校排印本。

集部别集类的宋李廌《济南集》。〔范希增增补〕:济南集,民国间南城李之鼎宜秋馆刻宋人集本。

当然也有一些著作除了四库本外,再没有出现其他的本子。本书参照的主要是《书目答问》,由于该书"兹乃随手记录"①,因此中间很多版刻的书籍并不是张之洞所能尽见;范希增所增补也只在民国 20 年前。当然,确实有相当多的书籍一直到新中国成立后才有刻本。中华书局就出版了《李太白集》(1977年)、《张载集》(1978 年)、《杨炯集》(1980 年)等等书籍,而上海古籍出版社也出版了《唐语林》(1978 年),其他出版社对库本的书籍也有出版,但是并不一定参考《四库全书》的本子。

一些来源于内府藏书的四库书也是非常珍贵的本子,其版刻与流传的情况大抵与永乐大典本类似,不再赘述。

第二节　禁书存世情况

禁毁书的目的是"杜遏邪言,以正人心而厚风俗"②,实际上是查缴销毁不

---

①范希增:《书目答问补正》,上海古籍出版社 1983 年版,《书目答问略例》。
②《纂修四库全书档案》177 条,240 页。

利于清朝统治的书籍,"悉行查缴,剔厘净尽"。其中很多是清朝入关前接受明朝册奉的史实以及对明朝怀念追思的诗文。因此,除个别情况外,被禁毁的西北文献全部是明人的著作。关于这些书籍的情况,除了部分禁毁的存目书《总目》有介绍外,孙殿起的《清代禁毁书目·清代禁书知见录》也都有记载。不少书籍虽遭到禁毁,但仍有存世。

《四库全书存目丛书》对一些禁毁书收录的情况详见后文"存目书的存世情况"。《四库全书总目》没有存目的西北禁毁书,在《四库禁毁书丛刊》中收录有:

书名	卷数	作者	版本	《四库禁毁书丛刊》
太白山人槲叶集/南游草	5/1	〔清〕李柏	清康熙三十四年刻本	集 098 册 551 页
欲焚草	4	〔明〕胡忻	清康熙四十二年胡恒刻本	史部第 031 册 579 页
青铜自考	12	〔清〕俞益谟	清康熙四十六年刻本	集部第 017 册 001 页
南极篇	22	〔明〕文翔凤	明万历间刻本	子 011 册 359 页
皇极篇	27	〔明〕文翔凤	明万历间刻本	集 049 册 205 页
王槐野先生存笥稿续集	9	〔明〕王维桢		集 075 册 001 页
张石初也足山房尤瘰稿	6	〔明〕张廷玉		集 161 册 443 页
艾陵文钞/艾陵诗钞	16/2	〔清〕雷士俊		集 090 册 001 页
宝闲堂集	4	〔清〕张四科		集 168 册 495 页
着老书堂集/词	8/1	〔清〕张世进		集 168 册 559 页
欲焚草	4	〔明〕胡忻		史 031 册 579 页
汇辑舆图备考全书	18	〔明〕潘光祖、李云翔辑		史 021 册 453 页;史 022 册 001 页

另外,还有一部分陕甘著作被删改了部分违碍内容后而得以存世,如乾隆四十六年十二月,查出印本留有空格的书籍 7 部,计 56 本。其中有《康海集》《马理集》《杨爵集》《赵崡石墨镌华》《冯从吾集》《李颙集》《李因笃集》。这些

著作在收入《四库全书》时,往往是有所选择,有所改易。如《马理集》分为《周易赞义》和《溪田文集》,属于存目类书籍。这些书中的被认为违碍的字样,都用空格。这些书都是不销毁的,而是查填之后发还。

第三节　存目书和未收书的存世情况

前文说过,存目书有它存在的价值。著录书才有 3000 余种,而存目书则达到 6000 多种。因此很有必要了解它们的存世状况。纂修《四库全书》时期的存目书堆放在武英殿书库中,其中有很多具有珍贵的史料价值,甚至是稀见的钞本、刻本。但是这些书历经偷窃、火灾等等已经几乎不见踪迹。有些书当时在社会上也是流行的本子,在一些藏书之家也有收藏。所以存目书的情况除了《四库全书总目》中有介绍外,整本书也往往能够以其他方式得到保存。特别是经过很多学者的努力,一些存目类书籍中流传了下来。《四库全书存目丛书》就是其中的一种,本书将所有西北文献作品目录与存目丛书目录对比,并研究其他文献,辑录出仍然存世的文献,抄录如下。以方便后来人研究利用(存目书或其他文献资料没有的,不加书名号;格式是册数/页码)。

一、经部

(1)经部易类存目:

《玩易意见》,二卷,明王恕;山东、大连馆藏明正德元年刊本,甘肃天水市馆藏明正德元年刻本。

《周易说翼》,三卷,明吕柟;《泾野先生周易说翼》,《存目丛书》经 3/1,另台北中央图书馆藏有旧钞本,题作《泾野先生周易说翼》三卷。

《周易赞义》,七卷,明马理;《存目丛书》经 3/182,另今北京、南京馆藏明嘉靖三十五年郑絅刻本七卷。

《大易蓄疑》,七卷,清刘荫枢。武汉图书馆馆藏古籍善本书志(第一辑)有其书,不分卷。

《易象》,二卷,清王明弼。

《周易详说》,十九卷,清刘绍攽;《存目丛书》经 38/590,影印北图分馆藏清乾隆刘氏传经堂刻本;《续修四库全书》第 22 册,经部。此书收入贺瑞麟辑录《西京清麓丛书》,今北大、上海等馆藏清同治至民国间刻本。

《周易解翼》,十卷,清上官章。

《周易汇解衷翼》,十五卷,清许体元。

《来易增删》,八卷,清张祖武;《存目丛书》经43/191,辑《易经增删来注》。

《周易集注》,十一卷;《图说》,一卷,清王琰。

《易图疏义》,四卷,清刘鸣珂。

(2)经部书类存目:

《禹贡详略》,无卷数,明韩邦奇,今陕西省馆藏明末刻本。

《尚书说要》,五卷,明吕柟;《存目丛书》经49/384《泾野先生尚书说要》。甘肃馆藏清道光三年刻本,收入李锡龄辑《惜阴轩丛书》,上海、上海师大、北京、北大皆有明代或清代刻本。

《尚书质疑》,八卷,清王心敬;《存目丛书》经59/653《丰川今古文尚书质疑》。

(3)经部诗类存目:

《毛诗说序》,五卷,明吕柟;《存目丛书》经60/536《泾野先生毛诗说序》。各大图书馆皆有馆藏。

《复庵诗说》,六卷,清王承烈。

《丰川诗说》,二十卷,清王心敬;《存目丛书》经79/1。

(4)经部礼类存目:

《礼记说义集订》,二十四卷,明杨梧;《存目丛书》经93/1《礼记说义纂订》。

《礼问》,二卷,明吕柟;《存目丛书》经114/637《泾野先生礼问》。

《礼记汇编》,八卷,清王心敬;《存目丛书》经103/299《丰川礼记汇编》。

《四礼宁俭篇》,无卷数,清王心敬;收入宋联奎《关中丛书》,今北京、上海、甘肃等馆藏民国陕西通志馆排印本。

(5)经部春秋类存目:

《春秋说志》，五卷，明吕柟；《存目丛书》经117/231《泾野先生春秋说志》。收入《泾野先生五经说》，今上海师大馆藏明嘉靖三十二年谢少南刊本。《丛书集成初编》《惜阴轩丛书续编》皆收入此书。

《春秋蓄疑》，十一卷，清刘荫枢。

《春秋笔削微旨》，二十六卷，清刘绍攽；《存目丛书》经142/164。收入贺瑞麟辑录《西京清麓丛书》，今北大、上海等馆藏清同治至民国间刻本。

《春秋通论》，五卷，清刘绍攽；《存目丛书》经142/43存目。收入贺瑞麟辑录《西京清麓丛书》。

《春秋原经》，二卷，清王心敬。

(6)经部孝经类存目:无。

(7)经部五经总义类存目:

《石渠意见》，四卷；《拾遗》，二卷；《补阙》，二卷，明王恕；《存目丛书》经147/95。今北京、北大、中科院等馆藏清道光二十六年宏道书院咸丰八年刻本；各大图书馆馆藏清光绪二十二年长沙刊本，台北中央馆藏有明黑口本。

(8)经部四书类存目:

《四书反身录》，六卷；《续补》，一卷，清李颙；《存目丛书》经173/303。

《读大学中庸日录》，二卷，清康吕赐。

《江汉书院讲义》，十卷，清王功述(王心敬之子)。

(9)经部乐类存目:

《乐律举要》，一卷，明韩邦奇；《存目丛书》经182/203。收入曹溶辑《学海类编》，今上海、北京等馆藏清道光十一年六安晁氏木活字排印本。《丛书集成初编》亦收入此书。

《律吕图说》，九卷，清王建常；《存目丛书》经184/669。今清华馆藏清乾隆三十九年朝坂集义堂刻本。

(10)经部小学类存目:

《别本干禄字书》，二卷，唐颜元孙;《存目丛书》经 187/240《干禄字书》。

《从古正文》，五卷，明黄谏;《存目丛书》经 189/l。今北京、辽宁馆藏明嘉靖十五年李宗枢刻本。

《字考启蒙》，十六卷，明周宇;《存目丛书》经 190/167。今北京、中科院、辽宁馆藏明万历十一年周传诵刻本。台北中央馆藏明万历间关中周氏家塾刊本。

《六书赋音义》，三卷，明张士佩;《存目丛书》经 190/355。丁丙《善本书室藏书志》收入刻本二十卷。台北中央馆藏明万历三十年张氏原刊本。

《字学同文》，四卷，清卫执毅。

《重订马氏等音外集》，一卷;内集，一卷，明马自援;《存目丛书》经 216/673。《续修四库全书》经部第 257 册影印中国科学院图书馆藏钞本，第 258 册经部小学类有录。

《古韵叶音》，六卷，清杨庆。

《佐同录》，五卷，清杨庆。

以上经部 40 种存目书中得 27 种。

二、史部
(1)史部存目:无。
(2)史部编年类存目:

《帝王纪年纂要》，一卷，元察罕、黄谏补;《存目丛书》史 6/104。收入袁褧辑《金声玉振集》，今北京、上海等馆藏明嘉靖中吴郡袁氏嘉趣堂刊本。

《通鉴纲目前编》，二十五卷，明南轩;《存目丛书》史 6/636。今天一阁文物保管所藏明嘉靖五年刻本。

《皇王史订》，四卷，清李学孔;《存目丛书》史 18/746。今西安文管会藏清顺治刻本。

(3)史部纪事本末类存目:无。
(4)史部别史类存目:无。
(5)史部杂史类存目:

《云南机务钞黄》，一卷，明张纮编;史 45/268 存目。《丛书集成初编》

《金声玉振集》等收入此书。

《辨苗纪略》，八卷，清俞益谟。

(6)史部诏令奏议类存目：

《田表圣奏议》，一卷，宋田锡。今台北中央馆藏明朱丝栏钞本。

《王介庵奏稿》，六卷，明王恕。今北京、华东师大、台北中央馆藏明嘉靖丁未谢应征扬州刊本。

《兵垣奏疏》，一卷，明刘懋。

《真定奏疏》，一卷；《附刻》，一卷，明卫桢固；史 66/95 存目。

《西台奏议》，一卷；《京兆奏议》，一卷；附曲徙录，一卷，清杨素蕴。

《二李先生奏议》，二卷，明苏州徐宗夔编，明李梦阳、李三才。

(7)史部传记类存目：

《李卫公通纂》，四卷，明王承裕(王恕之子)；《存目丛书》史 82/616《唐李卫公通纂》。

《东林点将录》，一卷，明王绍徽；《存目丛书》史 107/692。北京馆藏清李文田抄并校注本。此书收入《明季野史汇编》。今北京、吉林大学馆藏清钞本。《双木某景暗丛书》《郎圆先生全书》也收入此书。

《大成通志》，十八卷，明杨庆；《存目丛书》史 121/180。

《关学编》，五卷，明冯从吾、清王心敬；《存目丛书》史 126/377。《冯少墟集》收录冯从吾所撰本。北师大、上海等馆藏明万历四十五年刊本；上海、内蒙古、重庆馆藏清康熙十二年周至李氏刊本。

(8)史部史钞类存目：无。

(9)史部载记类存目：无。

(10)史部时令类存目：无。

(11)史部地理类存目：

《嘉靖安庆府志》，三十卷，明胡缵宗；《存目丛书》史 185/321《正德安庆府志》/《安庆府志》。今天一阁、安徽等馆藏，中科院、上海胶卷馆藏明正德十六年修、嘉靖元年刻本。安徽馆藏明嘉靖三十二年李遜重修本。

《商略》,无卷数,明任庆云。

《平凉府通志》,十三卷,明赵时春;《存目丛书》史 189/661;史 190/1
《嘉靖平凉府志》。今北京、台北等馆藏明嘉靖间刊本,题《平凉志》。

《续朝邑县志》,八卷,明王学谟;《存目丛书》史 196/704《万历续朝邑
县志》。今北京、上海、陕西、台北等馆藏明万历甲申刊本;中科院、北大、复
旦、南京等馆藏清康熙五十一年王兆鳌刻本。

《胶莱新河议》,二卷,明王献。

《西渎大河志》,五卷,明张光孝;《存目丛书》史 222/321。今中科院藏
明万历三十八年刻本。

《崆峒山志》,三卷,明李应奇。

(12)史部职官类存目:无。

(13)史部政书类存目:无。

(14)史部目录类存目:

《金石备考》,十四卷,明来濬;《存目丛书》史 278/256。

《金石图》,二卷,清褚峻摹图、牛运震补说;《存目丛书》史 278/739。
今陕西省博物馆藏清抄本。

(15)史部史评类存目:

《世谱增定》,二卷,明吕颛编。

以上存目书 25 种得 17 种。

三、子部

(1)子部儒家类存目:

《周子疏解》,四卷,清王明弼。

《小学句读记》,六卷,清王建常;《存目丛书》子 4/110。收入贺瑞麟辑
录《西京清麓丛书》,今北大、上海、甘肃等馆藏清同治至民国间刻本。

《苑洛语录》,六卷,明韩邦奇;《存目丛书》子 7/295《苑洛先生语录》。
今上海馆藏明嘉靖三十四年白璧刻本。

《愿学编》,二卷,明胡缵宗;《存目丛书》子 7/374。

《近取编》,二卷,明胡缵宗。

《格物图》,一卷,明孙丕扬。

《论学篇》,一卷,明孙丕扬。

《冯子节要》,十四卷,明冯从吾。

《南阿集》,二卷,清康吕赐。

《叙天斋讲义》,四卷,清窦文炳。

《砭身集》,六卷,清刘鸣珂。

《三立编》,十二卷,清王梓编。

《愚斋反经录》,十六卷,清谢王宠;《存目丛书》子29/631。

（2）子部兵家类存目:

《八阵合变图说》,无卷数,明龙正;《存目丛书》子30/806。今台北中央馆藏明正德十一年两淮运司刊蓝印本。此书收入张海鹏辑《学津讨原》,今北京、上海、南京等馆藏清嘉庆十年虞山张氏照旷阁刊本;全国各大图书馆藏民国十一年上海商务印书馆据清张氏刊本影印本。《丛书集成初编》也收入此书。

（3）子部法家类存目:无。

（4）子部农家类存目:

《豳风广义》,三卷,明杨屾;《存目丛书》子38/55。

（5）子部医家类存目:

《杂病治例》,一卷,明刘纯;《存目丛书》子41/467。

《伤寒治例》,一卷,明刘纯;《存目丛书》子41/435。

《济阴纲目》,十四卷,清武之望;《存目丛书》子52/197。

（6）子部天文算法类存目:无。

（7）子部术数类存目:

《洪范图解》,二卷,明韩邦奇;《存目丛书》子57/715。今北京、台北中

205

央馆藏明正德十六年王道刻本。此书收入韩邦奇《性理三解》,今北京馆藏明嘉靖十九年渭野樊得仁刻本;清华、宁夏馆藏清乾隆中刊本。

《太微经》,二十卷,明文翔凤。

《乙巳占略例》,十五卷,旧本题唐李淳风。

《玉历通政经》,二卷,旧本题唐李淳风;《存目丛书》子59/269。今北大馆藏明钞本。又此书收入明佚名辑《天文汇抄》,今北京馆藏明刻本。

《观象玩占》,五十卷,旧本题唐李淳风;《存目丛书》子59/312。今上海馆藏明成化二年钞本,北京、北大、北师大、台北中央馆藏明钞本。

《易占经纬》,四卷,明韩邦奇,朝邑人;《存目丛书》子66/515。

《子平三命渊源注》,一卷,元长安道人李钦夫。

《相掌金龟卦》,一卷,旧本题鬼谷子。

《贵贱定格三世相书》,一卷,旧本题鬼谷子。

《元女经》,一卷,旧本题黄帝;《存目丛书》子67/402《黄帝授三子玄女经》。

(8)子部艺术类存目:

《山水诀》,一卷,旧本题李成。

《理性元雅》,六卷,明张廷玉;《存目丛书》子74/169《新传理性元雅》。今中国音乐研究所藏明万历刻本,题为《新传理性元雅》四卷。

《五木经》,一卷,唐李翱;《存目丛书》子76/921。收入吴永辑《续百川学海》,今北京、辽宁、青岛等馆藏明刊本。

(9)子部谱录类存目:

《别本考古图》,十卷,宋吕大临;《存目丛书》子77/614。

(10)子部杂家类存目:

《空同子》,一卷,明李梦阳。今上海馆藏明万历十年李四维刻本。又此书收入冯可宾辑《广百川学海》,今北京、华东师大、南京等馆藏明刊本。《金声玉振集》《说郛续》《子书百家》等也收有此书。

《空同子纂》,一卷,明李梦阳,不题编辑者。此书收入王完辑《百陵学山》,今上海、北京、吉林大学等馆藏明万历中刊本。《景印元明善本丛书十种》也收有此书。

《经济录》,二卷,明张炼;《存目丛书》子85/357,明崇祯间刻本。

《槐亭漫录》,无卷数,明严尧巀;明嘉靖间刻本,《存目丛书》子部第87册录《槐下新编雅说集》二十卷(原缺卷二十)。

《潜斋处语》,一卷,清杨庆。

《蒙训》,一卷,清杨庆。

《真珠船》,八卷,明胡侍;《存目丛书》子102/310。今北京、上海馆藏明嘉靖刻本。收入陈继儒辑《宝颜堂秘笈》,今北京、复旦大学、南京等馆藏明万历中秀水沈氏刊本,全国各大图书馆藏民国四十一年上海文明书局石印本。《关中丛书》《丛书集成初编》也收有此书。

《墅谈》,六卷,明胡侍;《存目丛书》子172/37〇。今北京馆藏明嘉靖刻本、上海馆藏清钞本。又收入王完辑《百陵学山》,今北京、杭州大学、上海等馆藏明万历中刻本。《丛书集成初编》也收有此书。

《认字测》,三卷,明周宇;《存目丛书》子111/168。今首都、上海馆藏明万历二十三年刻本。北大、浙江馆藏明万历三十九年周传诵刻本。

《山志》,六卷,清王宏撰;《存目丛书》子115/84。收入陆次云撰《芙蓉城四种书》,今北京馆藏清刊本。中华书局《明清史料笔记》丛书有点校本。

《补妒记》,八卷,旧本题京兆王绩编。

(11)子部类书类存目:

《璧水群英待问会元选要》,八十二卷,宋建安刘达可编、元华亭沈子准选、宁州查仲孺吴江徐珩批;《存目丛书》子168/35。今浙江图书馆藏明正德四年慎独斋刻本。

《对制谈经》,十五卷,明杜泾;《存目丛书》子201/404。

《古赋题》,十卷,元刘翠岩;

(12)子部小说家类存目:

《大业拾遗记(南部烟花录)》,二卷,旧本题唐颜师古。收入陶宗仪辑、陶珽重校《说郛》,今北京、上海、福建等馆藏清顺治三年两浙督学周南李际期宛委山堂刊本。《香艳丛书》亦收有此书。

《残本唐语林》，二卷，唐王说；中华书局《唐宋史料笔记》丛书有校证本。

《续世说》，十卷，旧本题唐陇西李垕；《存目丛书》子239/6《南北史续世说》。

《见闻考随录》，无卷数，明韩邦奇。

《幽怪录（玄怪录）》，一卷，唐牛僧孺；《存目丛书》子245/461。收入马俊良《龙威秘书》。今全国各大图书馆藏清乾隆五十七年石门马氏大西山房刊本。《说郛》（宛委山堂本）、《晋唐小说畅观》亦收有此书。

《续玄怪录》，四卷，唐李复言；《续幽怪录（续元怪录）》《存目丛书》子245/461、子245/531。今北京馆藏明隆庆三年姚咨抄本。今台北中央馆藏《续幽怪录》四卷，传抄宋临安尹家书籍刊本。

（13）子部释家类存目：无。

（14）子部道家类存目：

《古文周易参同契注》，八卷，清袁仁林；《存目丛书》子258/1；收入李锡龄辑《惜阴轩丛书》，今北京、上海等馆藏清道光二十六年弘道书院刊续咸丰八年刊本。又收入《丛书集成初编》。

《金丹诗诀》，二卷，唐纯阳真人吕岩撰；《存目丛书》子258/115；收入《宝颜堂秘笈》，今北京、复旦大学等馆藏明万历中秀水沈氏刊本，北京、上海等馆藏民国四十一年上海文明书局石印本。

《终南山祖庭仙真内传》，三卷，周尹轨撰、唐尹文操续撰、元道士开封李道谦编；《存目丛书》子259/380存目；（附《终南山说经台历代仙真碑记》，一卷，元道士朱象先编；259/403存目）。收入明佚名辑《道藏》，今北京、上海等馆藏明正统中刊续万历中刊本；北京、上海等馆藏民国十二年至十五年上海商务印书馆据明正统本续据万历本影印本。

以上存目书55种得34种。

四、集部

（1）集部楚辞类存目：

《楚辞新注》，八卷，清屈复；《存目丛书》集2/409。今北京、清华、浙江、南京、厦大等馆有清刻本。

（2）集部别集类存目：

《杜律意注》，二卷，明赵统；《存目丛书》集4/467。

《东坡守胶西集》，四卷，明阎士选编；《存目丛书》集11/577《苏文忠公胶西集》。今中科院、故宫、辽宁、延安大学、四川、福建等馆藏明崇祯四年刻本。

《冢宰文集》，一卷，明富平张纮撰、嘉靖中富平训导王道编。

《王端毅文集》，九卷，明王恕；《存目丛书》集36/165《王端毅公文集》。今北京、中科院、天津馆藏明嘉靖三十一年乔世宁刻本。

《渼陂集》，十六卷；《续集》，三卷，明王九思；《存目丛书》集48/1。今北大、上海、山西祁县、吉林、重庆等馆藏明嘉靖十二年王献等刻本《渼陂集》。北大、重庆等馆藏嘉靖二十四年翁方达刻本《续集》。

《对山集》，十九卷，明康海；《存目丛书》集52/248。收入游潜撰《梦蕉三种》。今北大馆藏明刊清康熙中修补本。

《泾野集》，三十六卷，明吕柟；《存目丛书》集60/457；集61/1《泾野先生文集》。今北京、北大、社科院文学所、山西大学、太原晋祠文物管理所、湖南、重庆等馆藏明嘉靖三十四年于德昌刻本。

《韩五泉诗集》，四卷；《附录》，二卷，明韩邦靖；《存目丛书》集62/137。今北京、上海、南京、福建、中科院馆藏明嘉靖刻本。

《鸟鼠山人集》，二十九卷，明胡缵宗；《存目丛书》集62/185《鸟鼠山人小集》。

《拟涯翁拟古乐府》，二卷，明胡缵宗；《存目丛书》集62/497《可泉拟涯翁拟古乐府》。今北京、首都、上海、中科院、辽宁、云南、武汉大学等馆藏明嘉靖三十六年汪翰刻本。

《拟汉乐府（舆上集）》，八卷，明胡缵宗；《存目丛书》集62/531存目。今北京、上海、中科院、江西、湖南、武汉大学等馆藏明嘉靖十八年杨祐李人龙刻本。

《平田诗集》，二卷，明管楫。

《磎田文集》，十一卷；《补遗》，一卷，明马理；《存目丛书》集69/411。今首都、清华、上海、昆明、昆明师范学院等馆藏明万历十七年刻、清乾隆十七年修补本。

《西玄集》，八卷，明马如骥；《存目丛书》集73/654《西玄诗集（公元集）》。今上海馆藏明嘉靖十七年胡缵宗刻本，不分卷。北大馆藏明嘉靖四十一年马逢乾刻本,题作《马文简公集》。

《赵浚谷集》,十六卷,明赵时春。今北师大、西北师大等馆藏明万历八年周鉴刻本,北大、上海、中山、山西祁县、福建师大等馆藏明周鉴刻清顺治十六年叶正蕖重修本。

《别本浚谷集》,十七卷,明赵时春;《存目丛书》集87/488《浚谷先生集》。今河北大学、山东馆藏明万历八年周鉴刻本。

《骊山集》,十四卷,明赵统;《存目丛书》集101/534、集102/1。今北京、首都、北大、上海、陕西、苏州、杭州市馆藏明万历三十一年杨光训刻本。

《王氏存笥稿》,二十卷,明王维桢;《存目丛书》集103/61。今首都、天津、北京、北大、上海、中山、华东师大等馆藏明刻本。

《太乙诗集》,五卷,明张炼;《存目丛书补编》台湾汉学研究中心藏明万历三十年古邰张氏家刻本99/132。

《征南草》,一卷,明王邦俊。

《松门稿》,八卷,明王庭撰;《存目丛书》集167/394。今北大馆藏明万历四十一年汪学海刻本。

《自愉堂集》,十卷,明来俨然;《存目丛书》集177/286。今中央民大、社科院文学所、重庆馆藏明万历四十七年来福来临刻本。

《东极篇》,无卷数,明文翔凤;《存目丛书》集184/349。

《文太青文集》,二卷,明文翔凤;《存目丛书》集184/408《文太青先生文集》,钞本。今南京、中科院等馆藏明万历刻本,题《文太青先生全集》五十三卷。

《许灵长集》,无卷数,明许灵祚。

《逸园新诗》,一卷;《咏怀诗》,一卷,明耿志炜。《存目丛书》集185/486。

《溉堂前集》,九卷;《溉堂后集》,六卷;《溉堂续集》,六卷;《诗馀》,二卷,清孙枝蔚。《存目丛书》集206/469。

《二曲集》,二十二卷,清李颙著、王心敬编;《存目丛书》集207/136。

《春树草堂集》,六卷,清杜恒灿。

《循寄堂诗稿》,无卷数,清朱廷燥。

《愿学堂集》,二十卷,清周灿;《存目丛书》集219/258。

《见山楼诗文集》,不分卷,清杨素蕴;《存目丛书》集221/38。今中科院馆藏清康熙二十七年刻本,题《诗集》一卷《文集》一卷,

《抚皖治略》,一卷;《抚楚治略》,一卷,附《毂城水运纪略》,一卷,清杨

素蕴。

《张康侯诗草》,十一卷,清张晋。

《憨斋存稿》,四卷,清白乃贞。

《谷口山房诗集》,十卷,清李念慈;《存目丛书》集232/502。今北京馆藏清康熙二十八年杨素蕴刻本。

《中岩集》,六卷,清宋振麟;《存目丛书》集233/81《中岩文介先生文集》。

《受祺堂诗集》,三十四卷,清李因笃;《存目丛书》集248/421《受祺堂诗》。今北京、北大、清华等馆藏清康熙三十八年田少华刻本。

《雪石堂诗集》,不分卷,清刘尔悴。

《克念堂文钞》,二卷,清雷铎。

《朱围山人集》,十二卷,清巩建丰。

《丰川全集》,二十八卷,清王心敬;《存目丛书》集278/312;集279/l。

《丰川续集》,三十四卷,清王心敬;《存目丛书》集279/39。

《史复斋文集》,四卷,清史调;《存目丛书》集281/1。

《念西堂诗集》,八卷,明王令;《存目丛书》集283/86。

《古雪堂文集》,十九卷,明王令;《存目丛书》集283/158。

(3)集部总集类存目:

《雍音》,四卷,明胡缵宗;《存目丛书》集292/232存目。今北大、中科院、故宫博物院等馆藏明嘉靖二十七年清渭草堂刻本。

《频阳四先生集》,四卷,明富平县知县刘兑编;《存目丛书》集327/693《频阳集》。今北京、南京等馆藏明万历十二年刻本。台北中央馆藏明万历十二年富平县原刊清康熙十四年修补本。

《古文辑选》,六卷,明冯从吾。

《汉诗音注》,五卷;《汉诗评》,五卷,清李因笃;《存目丛书》集401/684存目。收入宋联奎《关中丛书》,今北京、上海、南京等馆藏民国陕西通志馆排印本。

《二南遗音》,四卷,清刘绍攽;《存目丛书》集412/727。收入贺瑞麟辑录《西京清麓丛书》,今北大、上海、甘肃等馆藏清同治至民国间刊本。

(4)集部诗文评类存目:无。

(5)集部词曲类存目:

《寿域词》，一卷，宋杜安世；收入《宋名家词六十一种》第六集，今首都、上海、南京等馆藏明崇祯毛氏汲古阁刻本。

《空同词》，一卷，宋洪瑹；收入《宋名家词六十一种》第五集，今首都、上海、南京等馆藏明崇祯毛氏汲古阁刻本。

《乐府指迷》，一卷，宋张炎；《存目丛书》集 425/132《宝颜堂订正乐府指迷》，库书正本附录有此书。

《碧山乐府》，五卷，明王九思；《存目丛书补编》浙江省图书馆藏明正德刻本 45/481 不分卷。今北京、上海、南京馆藏明刻本及民国二十五年馆藏金陵卢氏刊本。卢前《饮虹簃所刻曲》收入此书，作二卷。

以上存目书 56 种中可得 43 种。

综合以上，存目书 176 种中可得 121 种。这个收录的比例还是非常高的。这对我们后学者利用存目书挖掘新材料、提炼新观点提供了极大的便利。当然，新中国成立后的一些重要出版社也对其中一些重要书籍进行了点校出版。如中华书局出版了《泾野子内篇》(1992 年)、《关学编》(1987 年)等等。

另外，阮元《研经室外集·四库未收书提要》中补充了唐孙思邈《千金宝要》原本、明王九思集注周秦越人《难经》、宋张炎《词源》、唐皇甫枚《三水小牍》二卷等著作的提要。这些著作是阮元从浙江购进，当时都有存世，阮元"进呈内府每进一书，必仿《四库提要》之式，奏进提要一篇"①。

实际上《四库全书》未收录之书远远不止这几种。仅仅《续修四库全书》中就收录了很多《四库全书》中未收录的西北作者的作品。

一些《四库全书》未收录也未存目的书收录在《四库未收书目辑刊》中，今此仍辑录出，以飨读者：

《卫道编》二卷，清刘绍攽辑，清光绪九年津河广仁堂刻本；第 6 辑，第 12 册，第 205 页。

《皇极经世书发明》十二卷，首一卷，清刘绍攽撰，清乾隆刻本；第 3 辑，第 23 册，第 391 页。

《胡蒙溪文集》四卷，《续集》六卷，《附录》一卷，明胡侍撰，明嘉靖间刻本；第 5 辑，第 19 册，第 129 页。

---

①阮元撰、傅以礼重编：《四库未收书提要》，商务印书馆 1955 年版，101 页。

第七章 《四库全书》西北文献
在《四库全书》体系中的地位和价值

第一节 《四库全书》是全国各省文人学士智慧的结晶

长期以来,一些研究者凭着《四库全书》编纂者和其中收录的图书作者多数为江浙等沿海官吏、知识分子的事实来张扬本地文化。这本身无可厚非,但是个别言论包含有轻薄内地之意。实际上,从四库馆臣省籍分布、四库图书采进来源和四库正本中著者籍贯分布来分析,可以得出较为公正的结论:《四库全书》的作者,包括纂修者和著录书作者是全国各省文人学士,《四库全书》成书非单独某一省之功,也非某一省所专有。①

一、从四库馆组成人员构成上看,《四库全书》的纂修是各省人士通力合作的结果

《四库全书》的纂修机构是四库馆。从严格意义上说,四库馆臣是《四库全书》能够成为一部丛书的编纂者,而不是《四库全书》的著作者。四库馆臣单独著述或共同的作品得到乾隆的许可后,可以作为御定或钦定书列入四库。所以有些馆臣也属于著者之列。从宽泛的意义上看,可以把四库馆臣作为《四库全书》著者的一个组成部分来进行研究。

四库馆于乾隆三十八年(1773)正式开馆,到四十六年(1781)第一部《四库全书》告成。在长达九年的纂修过程中,四库馆吸收了很多文人学者,而且召集了大量办事人员,组成一个庞大的机构。这些来源于各省的学者文人齐集北京四库馆,为《四库全书》的纂修贡献力量。

---

① 本节的主要部分,以《〈四库全书〉成书各省人士功勋论》为题发表于甘肃省图书馆、甘肃省四库全书研究会编《四库全书研究文集:2005 年四库全书研讨会文选》,敦煌文艺出版社 2006 年版。

根据乾隆四十七年（1782）七月《四库全书》馆开列的任事馆臣衔名，四库馆内有正总裁 16 人、副总裁 10 人、总阅官 15 人、总纂官 3 人、总校官 1 人、翰林院提调官 22 人、武英殿提调官 9 人、总目协勘官 7 人、校勘《永乐大典》纂修兼分校官 39 人、校办各省送到遗书纂修官 6 人、黄签考证纂修官 2 人、天文算学纂修兼分校官 3 人、缮书处总校官 4 人、缮书处分校官 179 人、篆隶分校官 2 人、绘图分校官 1 人、督催官 3 人、翰林院收掌官 20 人、缮书处收掌官 3 人、武英殿收掌官 14 人、监造官 3 人，总计 362 人，除去兼职 2 人，实际任职人数 360。另外根据纂修档案需要补充的庆桂、张若淳、李友棠、钟音、刘纯炜、钱载、吉梦雄、张运暹、陈梦元、郑爔等数十人，数目应在 400 左右。这些人发挥的作用并不等同，有的甚至只是挂名，但是多少也起到了监督等辅助性的作用。这些各省的精英中以皇室成员、旗人，浙江、江苏、山东、江西人为最多，如最重要的正副总裁、总阅官、总纂官、总校官的组成人员中：

皇子三人，全为总裁：皇六子永瑢、皇八子永璇、皇十一子永瑆

旗人：舒赫德、阿桂、英廉、金简、德保、福隆安、和珅、达椿

浙江人：王际华、梁国治、曹秀先、钱汝诚、董诰、沈初、谢墉、胡高望、孙士毅、陆费墀、汪永锡、倪承宽、李汪度

江苏人：刘纶、于敏中、程景伊、嵇璜、庄存与、汪廷玙、金士松

山东人：刘统勋、刘墉、窦光鼐

江西人：袭日修、彭元瑞

北京人：朱珪、李绥

福建人：蔡新

安徽人：曹文值

山西人：王杰

四川人：周煌

云南人：尹壮图

河北人：纪昀

上海人：陆锡熊

从上述清单中可以看出，虽然参与纂修《四库全书》的大臣中以京畿地区和江浙地区的人居多，但是西部有四川省籍人和云南省籍人。这 45 人为四库馆中职位最重要者，但是在其他次等重要官职中，各省人也都有分布，如任翰林院提调官的河南商丘人陈崇本，任总目协勘官的湖北钟祥人李潢，任缮书处分校

官的甘肃秦安人张位、广东新宁人甄松年、贵州铜仁人徐如澍、湖南湘潭人张九镡、陕西绥德人张秉愚,任校勘《永乐大典》纂修兼分校官的辽宁辽阳人王尔烈,海南府城人吴典,天津静海人励守谦,蒙古旗人运昌、明福,就是其中的代表。

二、从《四库全书》采进图书的来源看,体现了各省籍人士跨越省份界限的精神

乾隆三十七年(1772),清政府在设立四库全书馆的同时,开始向全国各地采集遗书,要求进呈备用。《四库全书》收录图书来源有四:一是政府藏书,主要是内府本;二是清皇帝的著作和奉皇帝命令纂修的书籍;三是公私进呈的图书,包括各省采进本、私人进献书籍和通行本;四是从《永乐大典》中辑录的书。

因此,成书后的《四库全书》从版本学意义上看,可以分为:一曰敕撰本,又分为御定、御纂、御批、御制、御注、御选、御编等,总计149种。二曰内府本,又有旧版、新刊和抄本的区别。总计著录327种,存目者420种。三曰永乐大典本,著录者凡385种,4926卷;存目者127种。四曰各省采进本,所进之书,有家藏本、家刊本、购进本的分别,共进书12次。五曰私人进献本,有奉旨进献者,有自愿进呈者。六曰通行本,其间亦有借用、借钞二种,总计著录者100种,存目者87种。

内府本和通行本不需要动用行政力量向全国征集,其中有许多精品,但是局限性很大。为了弥补政府藏书、通行本和《永乐大典》所辑录图书的不完备。乾隆皇帝督促各省督抚搜访图书;另一方面,鼓励藏书家进献图书。范氏八世孙范懋柱应昭呈书,共进呈了638种稀有藏本,其中被收入在《四库全书》里的有96种,被列入存目的有377种,居全国各家藏书之冠,对《四库全书》的编成是一大贡献。对《四库全书》私人进献书籍数目和各省进呈书籍总数的统计,黄爱平《四库全书纂修研究》中搜集完备,读者有兴趣可自行参阅。

无论各省督抚征集图书还是鼓励私人献书,都有政府主导的影子。清朝凭借专制皇权的力量动员各省进献书籍在历朝历代是少有的,其影响波及内地18省,包括后来的禁书,也是"以地区观之,则内地十八省,各省皆备"。① 征集纂修《四库全书》所需图书已经从文化层面上转化为政府行政,这使得献书必然成为各省努力的结果。

第一,全国各省除了个别省份外,都呈献了书籍。

根据《四库采进书目》《纂修四库全书档案》和汪启淑《水曹清暇录》记载,各省实际进呈总数为:江苏4808种,浙江4600种,江西1042种,安徽516种,山

---

① 雷梦辰:《清代各省禁书汇考》,书目文献出版社1989年版,《序》第3页。

东 366 种,直隶 238 种,福建 213 种,河南 113 种,陕西 103 种,山西 88 种,湖北 84 种,湖南 46 种,广东 12 种,云南 4 种,奉天 3 种,共计 12237 种①。其中没有广西、贵州、四川、甘肃进献的图书。黄爱平认为是由于"广西、贵州始终无书可采,四川、甘肃未搜访书籍"②。但是个中原因需要仔细辨明。以甘肃为例,《四库全书史话》《四库全书答问》都认为甘肃没有进献书籍是由于镇压少数民族的起义。实际上,甘肃回民起义爆发于乾隆四十六年(1781),距离乾隆皇帝下诏(乾隆三十七年,1772 年)各省搜集历代及清朝人的著作日期已有 9 年。甘肃巡抚作为地方官制已经于 1754 年撤去,由陕甘总督兼任。陕甘总督一直由毕沅担任,《四库全书》修成后其身份是陕西巡抚。因此采进书目以修成时的官职作为书籍的来源。而且陕西巡抚作为军政长官所发出的命令已经延伸到甘肃、新疆、宁夏等省。陕甘总督和陕西巡抚实际上代管了甘肃地区书籍的征集工作。如《四库全书》著录书所采用的陕西巡抚 6 种采进书作者中,3 种为陕西、1 种为甘肃、2 种为江苏,江苏中的 1 种为献书时兵部侍郎、陕西巡抚毕沅亲自撰写的《关中胜迹图志》。《四库全书总目》所收录的陕西巡抚所献著录书和存目书有 100 多种③,其中甘肃人的著作占到了十分之一,胡缵宗(秦安)、赵时春(平凉)、巩建丰(伏羌)等人 10 多部著作都为陕西巡抚所献。

著录书中陕西巡抚所献书作者籍贯统计:

籍贯	姓名	时代	书籍名称	卷数	收录目录
陕西华阴	王弘撰	清	《周易筮述》	8	经部易类
江苏吴县	惠士奇	清	《易说》	6	经部易类
江苏镇洋	毕沅	清	《关中胜迹图志》	32	史部地理类
陕西高陵	吕柟	明	《周子钞释》	3	子部儒家类
陕西富平	杨爵	明	《杨忠介集》《附录》	16	集部别集类
甘肃庆阳	李梦阳	明	《空同集》	66	集部别集类

而清朝乾隆时期新疆、青海、宁夏都属于甘肃的地方机构,而且《四库全书》中收录有新疆籍人士的著作。此外,西南四川、广西、贵州和北部蒙古人的著作《四库全书》也都有收录。

基本上各个省都进献了图书,从而促使了《四库全书》地域多元文化色彩的

①黄爱平:《四库全书纂修研究》,中国人民大学出版社 1989 年版,39 页。

②黄爱平:《四库全书纂修研究》,39 页。

③吴慰祖校订:《四库采进书目》,商务印书馆 1960 年版,157 页。该书记载陕西巡抚所献书籍为 103 种,但是根据《四库全书总目》,实际数目超过 103 种。

形成,使各省的特色都集纳在这样一部大丛书中。可以说,这部丛书是清朝时期大一统政治局面的直接体现,彰显了中华民族共同创造《四库全书》的文化内涵。

第二,从私人进献图书者的籍贯分布以及献书者所献书籍作者的籍贯来看,各省基本都有人进献了书籍。

乾隆皇帝下达了征集图书的命令后,全国各地的私人藏书家和一些官吏也纷纷进献书籍。这些献书者以江浙地区最多。其中进呈数量较多,至六七百种者,为浙江人鲍士恭、范懋柱、汪启淑,江苏的马裕四家。为此,乾隆下令各赏《古今图书集成》一部。

进书至百种以上者,为江苏省籍人周厚堉、蒋增莹,浙江省籍人吴玉墀、孙仰曾、汪汝瑮,以及在京师为官的北京大兴人黄登贤、河北献县人纪昀、天津静海人励守谦、浙江桐乡人汪如藻等。他们都被赏初印《佩文韵府》一部。

浙江、江苏省籍的献书者对《四库全书》的贡献最大,这一点毋庸置疑。但是其中也有北京、天津、河北、安徽、江西、福建等诸省籍人,如根据《四库全书总目》《纂修四库全书档案史料》和《四库采进书目》,有上海陆锡熊献书 20 种,山东益都李文藻献书 18 种,山西汾阳曹学闵献书 3 种,海南琼山吴典献书 2 种,湖北江夏崔应阶献书 1 种,河南胡季堂献书 1 种,广东海康陈昌齐献书 1 种,北京、天津、河北、安徽、江西、福建等省籍人献书更多,不再一一列举。其中献书者江浙地区占据了十之八九,这是事实,但是其他省份的献书者也有贡献。

从所进献图书来看,充分体现了各省文化交融、共同创造《四库全书》的精神。献书者中各省人分布不均,有些省份几乎无人献书。这与各省经济文化发展情况密不可分,也说明了当时文化偏重东南的不平衡状态。这一方面是江浙地区文明的光荣,同时也产生了一系列的问题。中国文化发展不平衡的事实在《四库全书》中得到体现。但是如果《四库全书》缺少江浙以外省籍人士献书,不但不是江浙地区的光荣,反而是整个中国文化遗憾。

献书者所献的图书中,几乎囊括了各省的文化典籍,并不囿于当地著述家的作品。这说明省份偏见在清朝乾隆时期并不严重。江浙在当时是清朝文化最发达的地区,在这些献书家中以江浙为最多,这也是乾隆下令在江南设立"南三阁"的重要原因。江浙藏书家由于当地文化事业的发达以及地理上的便利,自然所呈送的地方作者文献居多数,但是江浙藏书家并没有陷入狭隘的省际窠臼中,他们所呈献的图书中本省人著作虽然很高,但是也有很大一部分是外省的。

217

以四库馆总纂官纪昀呈献而被收录正本的 57 种[①]典籍为例：

旗人：清李锴（镶白旗汉军）；

吉林人：清图理琛（先世叶赫人，后入满洲正黄旗）；

江苏人：梁释僧祐（彭城下邳）、唐释道宣（丹徒）、南唐徐锴（广陵）、宋孙觉（高邮）、宋马令（宜兴）、宋范成大（平江吴郡）、宋张邦基（高邮）、明白云霁（上元）、明都穆（长洲）、清王懋竑（宝应，2 种）、清邹一桂（无锡）；

浙江人：汉赵晔（山阴）、唐张志和（婺州）、宋陈舜俞（乌程）、宋僧道潜（於潜）、宋张先（乌程）、元舒天民（鄞县）、元吴师道（兰溪）；

山东人：汉伏胜（济南）、宋周密（原籍济南，流寓浙江吴兴）、宋王禹偁（巨野）、明石存礼（益都）、明蓝田（即墨）、明冯裕（临朐）、明刘澄甫（寿光）、明陈经（益都）、明黄卿（益都）、明刘渊甫（益都）、明杨应奎（益都）、清牛运震（滋阳）；

山西人：宋司马光（陕州夏县）、宋孙复（平阳）；

江西人：宋阴时夫（奉新）、宋阴中夫（奉新）、宋欧阳修（吉州吉水）、宋彭城（筠州高安）、宋陈随隐（临川）、宋孙奕（庐陵）、宋罗椅（庐陵）、宋刘辰翁（庐陵）、明胡广（吉水）；

福建人：宋真德秀（建宁浦城）、宋王十朋（乐清）、宋蔡正孙（建安）；

河南人：魏王弼（山阳）、唐郑处诲（荥阳）、宋丁度（祥符）；

河北人：宋李上交（赞皇）、元王好古（赵州）、清纪容舒（献县）；

陕西人：明韩邦靖（朝邑）、清褚峻（邠阳）；

甘肃人：五代王仁裕（天水）；

海南人：明丘濬（琼山）；

湖北人：汉王逸（南郡宜城）；

湖南人：唐李蜕（长沙）；

北京人：明李东阳（祖籍湖南茶陵，占籍北京）；

上海人：明徐光启、明陆深；

安徽人：明梅鼎祚（宣城）；

里贯不详：唐张守节、《越绝书》作者、唐莫休符、元蒋子正。

从上述列表可以看出纪昀所献书籍著者籍贯的多元性，从海南到东北，自

---

①《四库采进书目》认为是 22 种，《纂修四库全书档案》认为是 100 余种。根据笔者从《四库全书总目》清点，纪昀所献而被著录之书（不包括存目）当为 57 种。

上海至陕甘,具有地域的广泛性,可以说是当时献书者的代表。纪昀所献书籍数量在百种左右(包括存目),处于私人献书者群体的中等层次,因而更能说明问题。

再以《四库全书》中所收录的甘肃籍作者为例,说明某一省份书籍为多方面采集的结果。

四库全书收录甘肃籍人著作和《四库全书》获取途径一览表

朝代	人名	籍贯	著作	部类	来源
周	尹喜	天水	《关尹子》1 卷	子部道家类	两淮盐政采进本
东汉	王符	安定临泾	《潜夫论》10 卷	子部儒家类	江苏巡抚采进本
晋	皇甫谧	安定朝那	]《高士传》3 卷	史部传记类	江苏巡抚采进本
			《甲乙经》8 卷	子部医家类	两淮盐政采进本
晋	傅玄	北地	《傅子》	子部儒家类	永乐大典本
前秦	王嘉	陇西安阳	《拾遗记》10 卷	子部小说类	内府藏本
西凉	刘昞	敦煌	《人物志注》3 卷	史部传记类	副都御使黄登贤家藏本
唐	李绛	陇西	《李相国论事集》6 卷	史部传记类	浙江孙仰曾家藏本
唐	李翱	陇西成纪	《论语笔解》2 卷(韩愈同注)	经部四书类	浙江郑大节家藏本
			《卓异记》1 卷	史部传记类	内府藏本
			《李文公集》18 卷	集部别集类	浙江鲍士恭家藏本
唐	李贺	郡望陇西	《昌谷集》4 卷《外集》1 卷	集部别集类	浙江巡抚采进本
唐	李白	郡望陇西	《李太白集》30 卷	集部别集类	安徽巡抚采进本
唐	权德舆	天水	《权文公文集》10 卷	集部别集类	内府藏本
五代	王仁裕	天水	《开元天宝遗事》4 卷	子部小说类	兵部侍郎纪昀家藏本
元	余阙	祖籍武威	《青阳集》	集部别集类	编修励守谦家藏本
明	李梦阳	庆阳	《空同集》66 卷	集部别集类	陕西巡抚采进本

从上表可以看出,甘肃籍作者的著述来源代表了编纂《四库全书》的 3 种来源:(1)内府藏本;(2)公私进呈的图书,包括各省采进本、私进献本,但是没有通行本;(3)《永乐大典》中辑录的佚书。这些本子都经过四库馆臣的筛选,并不包括那些呈献后被列入存目的著述,因而更加具有代表性。

从进献书籍者的地理位置和籍贯看,有河北、江苏、浙江、陕西、北京、天津,有西部和东部,也有南部和北部。这些书籍甘肃本地呈送的少,江浙官府和私

219

人呈送的甘肃本子反而居多。

三、《四库全书》收录了全国各省文人学士的著作,体现了《四库全书》地域的包容性

《四库全书答问》特地列出第二百五十五问:"据四库总目所述历代作者里居以何方为最多?"并答曰:"历代作者,赵宋以前,北部人为多。至宋以后,则以南部人为最多。而明代以至于清初,江浙人士,几十之九矣。"①寥寥数语,代表了民国时期《四库全书》著者籍贯研究综合方面的最大成就,后来虽然有杨家骆《四库大词典》和《四库全书学典》,但都以人名引领著作及籍贯的介绍,并无明确的籍贯研究意识。而此时期诸位先贤所能做的,仅仅列出了徽籍、湘籍等寥寥几省人著作,虽然研究精细入微而有所成就,但对于《四库全书》这样一部百科全书式的丛书而言,仍嫌不足。

编纂《四库全书》所采进的书籍中,有各省所写的提要,也有题跋中透露的作者籍贯信息,还有旧本题跋的题名模式。但是体例不整,还有很多是伪书、托名之书、未题名之书、书名重合之书、同名异著之书,诸如此类。所以《四库全书总目》的辨证、整理之功是不可湮灭的。纪昀统稿的《四库全书总目》在籍贯方面沿袭了刘向以来书籍目录解题方面的优良传统。刘向《序录》《别录》解题中对作者籍贯颇为重视,而"总目之体制,盖远师刘向之《序录》《别录》,而缜密尤过之"②。除了这个中国史学的优良传统外,总目在目录解题中叙述籍贯是乾隆皇帝谕旨中明确规定的。乾隆三十九年七月二十五日上谕:"四库全书处进呈《总目》,于经、史、子、集内分晰'应刻'、'应钞'及'应存'书目三项,各条下俱经撰有提要,将一书原委,撮举大凡,并详著书人世次爵里,可以一览了然。较之《崇文总目》搜罗既广,体例加详,自应如此办理。"③在这一方针的指导下,《总目·凡例》第九条也规定,"每书先列作者爵里,以论世知人"④。这里明确规定了列爵里的目的在于"论世知人",是《四库全书》经世思想的体现。

《四库全书总目》在这一思想的指导下,对《四库全书》著者的籍贯进行了系统的整理。其原则有四:(1)各个时代"妇孺皆知"者,如朱熹、程颢等人,籍贯不列;(2)省略敕撰官书的纂修者爵里;(3)凡是第一次已经出现的作者只采用已著录等表述方法;(4)对于注释者,总目多将原来作者优先,排列经史子集时,以原作者的时代为优先。在这些原则的基础上形成了《四库全书总目》叙述

---

①任松如:《四库全书答问》,上海启智书局 1935 年影印本,201 页。
②郭伯恭:《四库全书纂修考》,中华民国国立北平研究院史学研究会 1937 年影印本,212 页。
③《四库全书总目》卷首,2 页。
④《四库全书总目》卷首,17 页。

220

著者"里贯"的格式,"地理 + 人"是基本的叙述范式,而对于无籍贯者,叙述基本保留了籍贯不详时的原貌。

王毓铨在《籍·贯·籍贯》①一文中详细辨明"籍"与"贯"之不同。在《总目》中明确使用"里"一字,后人使用"籍贯"一词已经属于现代的诠释。分析《总目》中,郡望、履籍、爵里、里贯、里籍、籍贯、乡贯、乡里、同里、寓所、寓里、里居、祖籍、祖贯等词语都有出现。但是除了"里贯"外,其他词语使用的概率在 0.1% 到 0.3%,也就是说大概一千处涉及籍贯典范词语的时候,出现一到三个这样的不规范用语。这样从数学统计上,可以看出《总目》的"地理 + 人"的解题叙述格式属于"里贯"。另外,《总目》明显区分开了寓所、祖籍、祖贯和里贯的关系。一般意义上著者的"籍"和"贯"是统一的,出生、居住并且隶籍于此,但是也有例外,所以《总目》在适当的场合说明了"籍""贯"之别,如《粤西诗载》解题中著者汪森"桐乡人,休宁籍"②。在《重订马氏等音外集》解题中明确重申了里贯原则,"又自称籍本秦,而生于滇,则云南人。得自沾益,盖其乡里也"③。《四库全书总目》的著者籍贯不能说是隶籍,而是里贯。由于《总目》并非出于一人之手,所以存在"籍""贯"混淆、同名不辨、里贯失考、不严格遵守规范用语等一系列问题,这都是《总目》的瑕疵,所以有后来余嘉锡、胡玉缙、李裕民等人在考订方面取得的成就。

上述对《四库全书》著者籍贯的省籍归类做了理论性的简要阐述。大体能说明本文统计著者籍贯分布的基础。

第一,从版本来看,6 种版本基本上都有各省人的著作。

以经部中永乐大典本为例,有汉朝山东济南人伏胜《尚书大传》4 卷,晋朝陕西杜陵人《春秋释例》15 卷,晋朝山西闻喜人郭璞《方言注》3 卷,宋朝浙江上虞人李光《读易详说》10 卷,宋朝江苏丹阳人都絜《易变体义》12 卷,宋朝福建建阳人蔡渊《易象意言》,宋朝四川眉山人李杞《用易详解》16 卷,宋朝湖南武陵人丁易东《周易象易》16 卷,宋朝河南洛邑人《切韵指掌图检例》1 卷,元朝江西崇仁人吴澄《易纂言外翼》10 卷。除了个别省份经部永乐大典本无有外,基本上涉及东、中、西部地区,南北各省,具有一定的代表性。永乐大典本尚且如此,其他 5 种类版本则更无须赘言。

第二,从时代来看,几乎每个时代各省人著作都有收录。

唐、宋、元、明、清几个时代著作在《四库全书》收录书中占据比例很大,不需

①王毓铨:《籍·贯·籍贯》,载《文史知识》1988 年第 2 期。
②《四库全书总目》卷 190,集部四十三,总集五,1731 页。
③《四库全书总目》卷 44,经部四十四,小学类存目类二,388 页。

多说。仅以汉朝为例,有山东曲阜人孔安国《尚书正义》20卷(经部书类),河北河间人(一说山东)毛亨《毛诗正义》40卷(经部诗类),陕西长陵人赵岐《孟子正义》14卷(经部四书类),河南许昌人荀悦《汉纪》30卷(史部编年类),湖北枣阳人刘珍《东观汉记》24卷(史部别史类),甘肃镇原人王符《潜夫论》10卷(子部儒家类),四川成都人扬雄《法言集注》10卷(子部儒家类),河北涿县人高诱《淮南子注》21卷(子部杂家类),安徽亳县人张良《阴符经解》1卷(六家合注,子部道家类),著者籍贯基本分布在中西部,没有江浙闽粤沿海地区学士文人的著作,正验证了任松如关于赵宋以前北方人著作居多的结论。从这一点来说,南方各省人不应因为宋以后的文化发达和卓异功勋而骄傲自满。

第三,从四库书各个部类来说,每部基本都有各省作者的分布。

上面第一条所说经部中永乐大典本的例子已经说明了这一情况,不再赘述。

从以上分析可以看出,《四库全书》收录了各省官吏、学者文人的著作。《四库全书》是各省人士智慧的结晶。史部为四部书中著录书籍数量最少一部,以史部为例更能说明问题,下面列出《四库全书》史部中各省分布的作者人数大体情况①。

时代\省份	先秦	两汉	三国	魏晋南北朝	隋唐	五代	宋辽金	元朝	明朝	清初	合计
北京	0	0	0	1	0	0	0	0	0	2	3
上海	0	0	0	0	0	0	0	0	2	2	4
江苏	0	1	0	1	2	0	14	2	16	34	70
浙江	0	2	1	2	1	0	53	8	25	52	144
江西	0	0	0	1	0	0	29	3	11	4	48
福建	0	0	0	0	0	0	19	0	8	5	32
四川	0	0	0	2	0	0	18	1	1	0	22
重庆	0	0	0	0	0	0	0	0	0	0	1
山东	0	0	1	1	4	1	5	8	4	9	33

①此表中有如下情况需要说明:第一,依据《四库全书》各部书的作者题名,而不依据《四库全书总目》,因而包括了撰者、注释者、考证者、校对者、监修者等人员;第二,大型丛书多人纂修者,只列丛书首要题名者;第三,不计该省书籍数和各个省份的存目书籍;第四,统计省份中内蒙古和外蒙(清时属中国)合为一;第五,皇室著作中包括了皇帝、皇后、皇子等皇室成员、宗室;第六,宗室著者非在当朝时期则不按照宗室处理。

时代 省份	先秦	两汉	三国	魏晋 南北朝	隋唐	五代	宋辽金	元朝	明朝	清初	合计
山西	0	0	0	1	1	0	2	1	0	0	5
河北	0	1	0	3	6	0	4	2	0	3	19
安徽	0	0	0	0	0	0	5	3	4	7	19
河南	0	1	0	3	3	0	5	0	3	2	17
湖北	0	1	0	0	0	0	2	0	2	1	6
湖南	0	0	0	1	0	0	0	1	2	0	4
陕西	0	2	0	0	3	0	2	2	7	1	17
甘肃	0	0	0	1	1	0	0	0	0	0	2
新疆	0	0	0	0	0	0	0	2	0	1	3
蒙古	0	0	0	0	0	0	0	1	1	1	3
云南	0	0	0	0	0	0	0	0	1	1	2
贵州	0	0	0	0	0	0	0	0	0	1	1
广东	0	0	0	0	2	0	0	0	6	1	9
广西	0	0	0	0	1	0	0	0	0	1	2
辽宁	0	0	0	0	0	0	0	0	0	1	1
吉林	0	0	0	0	0	0	0	0	0	1	1
皇族	0	1	0	1	1	1	3	0	2	5	14

各省市中天津、海南、青海、西藏、黑龙江、宁夏无著者,表中未列出。宦官 1 人,别名著者 1 人,旗人 30 人左右,剩余部分多是不著姓名者,或是有姓名而里贯无考者,还有几个欧洲国家和中国以外东亚国家的著作。从这个表格可以看出,从东到西,自南至北,除少数几个省份外,各个代表性区域的作者在史部中都包容得比较齐全,充分体现了各省文化典籍共融于一炉的特点。

另外,《四库全书》具有亚欧文化交流的特点,具体表现为收录了很多亚洲和欧洲国家人的著作。《四库全书》中外国人地理分布如表①:

---

① 本表制作参阅了杨家骆《四库全书学典》附录《四库全书综览》,世界书局 1946 年影印本,2 页。

洲别	亚洲				欧洲						
国别	朝鲜	越南	日本	印度	意大利	葡萄牙	西班牙	法国	德国	比利时	波兰
作者数	4	2	2	1	8	3	1	1	2	1	1
种数	5	2	2	1	17	3	1	1	2	3	1

四、结论

从四库馆人员省籍分布、四库图书采进来源和四库正本中著者籍贯分布来看,《四库全书》的作者,包括纂修者和著录书作者是全国各省的文人学士。全国各省的官吏、学士、文人都对《四库全书》成书做出了贡献。没有纂修者、献书者、原著书作者三中之一,则没有《四库全书》之成。当然,不可否认浙江、江苏、江西等数省人士贡献最为卓异。但是不能因此说《四库全书》为单独某一省之功。

第二,《四库全书》体现了各省人团结合作的精神。特别是四库馆纂修的过程中,如果没有通力合作,则全书难成。虽然有汉学派和宋学派之争,有于敏中等人拉帮结派,但是省籍敌对决非如今日台湾省之严重。今文渊阁《四库全书》藏于台湾,颇有警示讽喻之意。

第三,《四库全书》的所有者为全体中国人,包括各省人民。《四库全书》并非某一省所专有。从《四库全书》献书、纂修、成书无不体现此点,特别是后来七阁书屡遭劫难中,无论东部浙江、台湾等省,还是西部甘肃,都对《四库全书》的校对、保存、重钞做出了贡献。乾隆皇帝所设内廷四阁,直接目的只是出于皇帝本人阅读之便,而江浙三阁设立在江南,一方面是为了嘉奖江浙人士献书、纂修的头等功勋,也因为江浙是天下士子云集之地,"嘉惠艺林,启牖后学,公天下之好"①。在江浙庋藏三部全书,起到了传播文化、滋被后世的作用。

《四库全书总目》对各省争夺文化资源持强烈的排斥态度。《四库全书》撰修之际,山东德州、直隶景州、枣强都以董仲舒为乡人。《总目》对这样没有全局视野的观念批评甚烈,"夫惠跖兄弟,不以惠而宽跖;向、歆父子,不以向而荣歆。况夫前代乡贤,何关后人之事。郡邑史乘,锢习相仍,纷纷为无益之争,皆其所见小矣"②。争夺名人籍贯的归属在今日势头正盛,某人虽生长于某地,难道更不首先是中国人?某一部《四库全书》之争夺,岂不也是"所见小矣"?无论如何,《四库全书》乃是全体中国人之文化财富和珍贵历史遗产,各省人士献书、修

---

①中国第一历史档案馆编《纂修四库全书档案》,乾隆四十一年六月一日谕,上海古籍出版社1997年版。

②《四库全书总目》卷60,史部十六,传记类存目二,《董子故里志》,541页。

书,所收录的也是各省人的书,为各省人造福,其所有权也当属全国各省人民。

第二节　《四库全书》西北文献
在《四库全书》体系中的地位和价值

　　《四库全书》是我国珍贵的历史文化遗产,充分利用和研究《四库全书》中的西北文献是史学工作者和西北地区各级文化开发机构义不容辞的责任。目前,关于《四库全书》西北文献的研究和整理属于开创性的阶段,需要进一步深入研究的空白点还很多。

一、产生了一些今天史学专业细部的萌芽

　　关于《四库全书》的整个西北的关系,我们可以从《四库全书总目》中看到,如果排除西北著作中的由于周秦汉唐政治中心在西北的因素,唐以降的著述多数集中于两大焦点:

　　一是西北地区的边防与国防安全。我们可以看到由于西北地区在唐以来的政治视野中处于边境,和皇朝的边境安全有着极密切的关系,因此相当多的著作都是集中描述边境安全的。这些边防又多和西北边境分布的少数民族有着密切的联系,因此,《四库全书》中的西北文献隐含了西北边疆史、西北少数民族政权史等学科的萌芽。如《北楼日记》反映了宁夏地区的一次政治动乱。而《秦边纪略》是清代地理学家梁份所做,其人曾三次游历西北,实地考察了西北边城分布和地域风貌,所著《秦边纪略》(初名为《西陲今略》)就是其考察结果的真实反映。《秦边纪略》所记西北边堡、地域人情翔实全面,被史学界认为是"一部典型的国防地理著作,同时也是研究西北地理乃至中国地理学史不可忽视的重要文献"[①]。《四库全书总目》认为,该书"首载河州及西宁、庄浪、凉州、甘州、肃州、靖远、宁夏、延绥等卫形势要害;次载西宁等卫南北边堡;次载西宁等卫近疆及河套;次载外疆、近疆西夷传,河套部落蒙古四十八部落,考略西域土地人物略。其论边鄙疆域,及防守攻剿情形,一一详悉"[②]。这里,需要注意的是,由于清朝疆土的开拓,新疆等地区又重新回到大一统的政治局面下,因此这些图书虽然对于今天有着极为重大的意义,但是对于当时的清朝可能未必有多大的价值。为了突出前乾隆的文治武功,将这些图书多数都放在存目书的行列。"方今圣武远扬,天山南北二万余里,皆置郡开屯,归我疆宇。昔之所谓险

---

　　①张钰:《清代西北边陲地理要籍〈秦边纪略〉述论》,载《河南理工大学学报》(社会科学版)2008年第4期

　　②《四库全书总目》卷75,史部三十一,地理类存目四,"秦边纪略"条。

要者,今皆在户闶之间;昔之所谓强梁者,今皆隶赋役之籍。此书所述,皆无所用之。然在当时,则可谓留心边政者矣。"①

二是根据实地考证来辨析神话传说以及历史典籍中以讹传讹的一些地名、古迹,可以说具有非常浓厚的地理考据色彩。最突出的就是对于昆仑山、瑶池、龙沙、河源等的考证工作,可以说充分体现了汉学的特点。《四库全书总目》深受清代汉学思潮的影响,这种影响不仅体现在《总目》六经次序的排列上,还体现在其推崇汉学的"征实不诬""考证欲详"以及"复汉唐之古"方面。在推崇汉学的同时,《总目》严厉地抨击宋学,主要集中在两点:一是学风的妄谈臆断,穿凿空疏;二是开"门户大判,仇隙相寻"之陋习②。清朝四库馆臣之所以能够进行这项工作,和清代人的政治一统局面、地理视野扩展有着密切的关系。

二、《四库全书》中的西北文献反映了西北文化的发展情况

可以肯定地说,西北人对《四库全书》纂修以及成书是有贡献的,《四库全书》和西北地区有着密切的联系,西北人参与了《四库全书》的纂修活动,并在专门的修书机构四库馆中任职,全书收录了大量西北人的杰出著作。

首先,没有西北,《四库全书》就成了一些个别省份的独唱,无法体现《四库全书》编纂中隐含的全国一统的思维理念。通过前几章的叙述可以看出:纂修《四库全书》时的西北地区正处于比较特殊的时期,但是西北并不是与《四库全书》纂修不相干的地区。通过对《四库全书》中的西北作者文献的整理,我们可以看到:西北文化圈内有着丰富的可挖掘的文献资源。包括它们的来源、处置情况、作者和书籍在时代地理目录的分布情况以及它们版刻、流传、存世情况。《四库全书总目》对此已经有所涉及,同时也给后来者利用和研究西北籍作者的文献提供了目录式的便利。

其次,西北文献多为经典著作。这一点我们可以从《四库全书总目》的陕西巡抚采进本情况分析中得到一些信息:

序号	书名	卷数	作者
1	《周易筮述》	8	国朝王宏撰
2	《易说》	6	国朝惠士奇撰
3	《大易蓄疑》	7	国朝刘荫枢
4	《易象》	2	国朝王明弼

①《四库全书总目》卷75,史部三十一,地理类存目四,"秦边纪略"条。
②薛新力:《清代汉学思潮对〈四库全书总目〉之影响》,载《图书馆论坛》2002 年第 4 期。

序号	书名	卷数	作者
5	《周易详说》	19	国朝刘绍攽
6	《周易解翼》	10	国朝上官章
7	《周易汇解衷翼》	15	国朝许体元
8	《来易增删》	8	国朝张祖武
9	《周易集注、图说》	11、1	国朝王琬
10	《复菴诗说》	6	国朝王承烈
11	《丰川诗说》	20	国朝王心敬
12	《春秋蓄疑》	11	国朝刘荫枢
13	《春秋笔削微旨》	26	国朝刘绍攽
14	《春秋通论》	5	国朝刘绍攽
15	《四书酌言》	31	〔明〕寇慎
16	《读大学中庸日录》	2	国朝康吕赐
17	《江汉书院讲义》	10	国朝王功述
18	《律吕图说》	9	国朝王建常
19	《古韵叶音》	6	国朝杨庆
20	《佐同录》	5	国朝杨庆
21	《皇王史订》	4	国朝李学孔
22	《兵垣奏疏》	1	〔明〕刘懋
23	《真定奏疏》	1	〔明〕卫桢固
24	《西台奏议》《京兆奏议》《曲徒录》	3	
25	《大成通志》	18	
26	《关中胜迹图志》	32	
27	《平凉府通志》	13	〔明〕赵时春
28	《续朝邑县志》	8	〔明〕王学谟
29	《泾野子内篇》	27	〔明〕吕柟
30	《正学隅见述》	1	国朝王宏撰
31	《周子疏解》	4	国朝王明弼
32	《小学句读记》	6	国朝王建常

序号	书名	卷数	作者
33	《愿学编》	2	〔明〕胡缵宗
34	《近取编》	2	〔明〕胡缵宗
35	《格物图》	1	〔明〕孙丕扬
36	《论学篇》	1	〔明〕孙丕扬
37	《南阿集》	2	国朝康吕赐
38	《叙天斋讲义》	4	国朝窦文炳
39	《愚斋反经录》	16	国朝王宠
40	《心书》	1	旧本题汉诸葛亮
41	《雅述》	2	〔明〕王廷相
42	《经济录》	2	〔明〕张炼
43	《潜斋处语》	1	国朝杨庆
44	《蒙训》	1	国朝杨庆
45	《南华通》	7	国朝孙嘉淦
46	《古文周易参同契注》	8	国朝袁仁林
47	《楚辞新注》	8	国朝屈复
48	《空同集》	66	〔明〕李梦阳
49	《杨忠介集》	13卷附录3卷	〔明〕杨爵
50	《杜律意注》	2	〔明〕赵统
51	《渼陂集》《续集》	19	〔明〕王九思
52	《对山集》	19	〔明〕康海
53	《拟涯翁拟古乐府》	2	〔明〕胡缵宗
54	《拟汉乐府》	8	〔明〕胡缵宗
55	《平田诗集》	2	〔明〕管楫
56	《骊山集》	14	〔明〕赵统
57	《太乙诗集》	5	〔明〕张炼
58	《征南草》	1	〔明〕王邦俊
59	《文太青文集》	2	〔明〕文翔凤
60	《逸园新诗》《咏怀诗》	2	〔明〕耿志炜撰

序号	书名	卷数	作者
61	《溉堂前集》《续集》《后集》《诗馀》	23	国朝孙枝蔚
62	《循寄堂诗稿》	无卷数	国朝朱廷燨
63	《愿学堂集》	20	国朝周灿
64	《见山楼诗文集》	无卷数	国朝杨素蕴
65	《抚皖治略》《抚楚治略》《毂城水运纪略》	3	清朝杨素蕴
66	《张康侯诗草》	11	国朝张晋
67	《憨斋存稿》	4	国朝白乃贞
68	《谷口山房诗集》	10	国朝李念慈
69	《受祺堂诗集》	34	国朝李因笃
70	《雪石堂诗草》	无卷数	国朝刘尔𢢽
71	《朱圉山人集》	12	国朝巩建丰
72	《丰川续集》	34	国朝王心敬
73	《史复斋文集》	4	国朝史调
74	《念西堂诗集》	8	国朝王令
75	《雍音》	4	〔明〕胡缵宗
76	《频阳四先生集》	4	〔明〕刘兑编
77	《二南遗音》	4	国朝刘绍攽编
78	《碧山乐府》	5	〔明〕王九思

从这78本《四库全书总目》认可的图书来看,我们可以得到如下重要的信息:

第一,基本上全是明清时期的著作,而且几乎全部都是陕甘宁地区作者的著述。因此,从陕西巡抚采进本中我们可以把这部著作看成是明清时期陕甘宁地区的名作榜单,是一部明清时期西北地区的文化史。

第二,结合第三章第四节"四库副产品对于西北著作的收录"我们可以发现一个极其重要的区别,那就是《四库全书荟要》《武英殿聚珍版丛书》中收录的西北人著作一,基本都不是陕西巡抚采进的本子,而是长期在各省广泛流传、由省呈送的本子,或者从《永乐大典》中辑录出的珍贵文献,或者是通行本。二是《四库全书荟要》《武英殿聚珍版丛书》除了明李梦阳的《空同集》之外,全部收录的是元及元以前的著作。《空同集》的价值如何呢,该文集开创了明中期文风的新气象,李梦阳"气节本震动一世。又倡言复古,使天下毋读唐以后书,持论甚高,足以竦当代之耳目。故学者翕然从之,文体一变。……考明自洪武以来,运当开国,多昌明博大之音。成化以后,安享太平,多台阁雍容之制作。愈久愈弊,陈陈相因,遂至啴缓冗沓,千篇一律。梦阳振起痿痹,使天下复知有古书,不可谓之无功,而盛气矜心,矫枉过直"。《四库全书》收录该书,并且对其评价很高:"平心而论,其诗才力富健,实足以笼罩一时。"①我们从这个标准中,可以看出《四库全书荟要》《武英殿聚珍版丛书》收录图书的价值和标准。

我们发现这样一个平凡的真理:西北地区的大部分著作由于都在元以前成书,经过历史的长期沉淀、淘沥,已经被时间的铁犁将一些潜在的存目、无价值的书籍淘汰出去了。元以前的陕甘著作,除极少的几部以外,几乎全部在著录书的行列。明清时期沿海省份著作多数都没有这个时间的历练过程,而且存目书占许当多的比例。一省文化典籍的评价,更多地应当从该省文化典籍的历史长久性地来审视,而不能以存目书的多少来增强这种"有利于我"的评价。书籍不在于多,而在于精。

三、一些珍贵的西北文献得以重新面世

甘肃在《四库全书》纂修时期进呈了大量的图书,西北人为《四库全书》纂修做出了巨大的贡献。《四库全书》中收录了大量珍贵的西北地方文献。虽然这些著作在数量上不能与江浙地区相提并论,但是部分珍贵的西北文献因此得以保存和流传。

同时,四库馆臣中从《永乐大典》中辑录出来了《唐语林》《傅子》等一批非常重要的晋唐宋珍本,使它们得以重新面世和流传,对文献的流传和普及,恢复原书的本貌,是有卓越功绩的。

四、《四库全书》成书全过程都和西北有着密切的联系

1. 西北地区和《四库全书》大事记

近人编纂了一些《〈四库全书〉大事年表》。根据这些大事年表,在乾隆六十年以前的四库大事大约有以下数条:

乾隆六年(1741):乾隆皇帝下诏征书。

乾隆十五年(1750):御史王应彩上奏提议访求遗书并嘉奖民间著书之人。

乾隆三十七年(1772)正月四日,乾隆皇帝诏谕内阁直省督抚、学政等购访遗书。＊十月十七日,再次下旨令访求遗书。＊冬,安徽学政朱筠上奏陈述开馆校书之见,并请开局校录《永乐大典》。乾隆令军机处讨论。

乾隆三十八年(1773):军机大臣刘统勋反对开馆校书之举,于敏中则支持

①《四库全书总目》卷171,集部,别集类二四,"空同集"条。

朱筠,与刘统勋力争。二月二十一日,乾隆下旨赐名"四库全书"。诏开《四库全书馆》,任皇子及大学士为正总裁,各部侍郎为副总裁,纪昀为总纂官,自《永乐大典》内辑出零散篇章,并采访各地遗籍,分别为刊刻、抄录、存目三种。﹡纪昀、陆锡熊、戴震、周永年、邵晋涵入馆,录《四库全书荟要》。﹡乾隆下诏编《四库全书总目提要》。

乾隆三十九年(1774):乾隆下诏调查宁波天一阁,并于故宫文华殿后仿照天一阁修造文渊阁,以待《四库全书》之藏。﹡下诏建避暑山庄文津阁及圆明园文源阁。文源阁是于圆明园内原有建筑四达亭的基础上进行增葺。﹡《永乐大典》辑佚书于武英殿版以活字刊行。

乾隆四十年(1775):文津阁开建。文津阁、文源阁相续建成。

乾隆四十一年(1776):文渊阁建成,乾隆题诗。专设官兼掌,以领阁事为首。

乾隆四十三年(1778):第一部《四库全书荟要》编成,贮故宫御花园摛藻堂。

乾隆四十四年(1779):建文宗阁。

乾隆四十五年(1780):建文汇阁。第二部《四库全书荟要》成,分贮于圆明园东墙外长春园之味腴书室。

乾隆四十六年十二月(1782年1月):第一部《四库全书》告竣,藏于文渊阁。

乾隆四十七年(1782):文溯阁建成。﹡《四库全书总目》初稿完成并进呈。﹡设四局,为南方三阁抄书(扬州大观堂之文汇阁,镇江金山寺之文宗阁,杭州圣因寺之文澜阁)。

乾隆四十八年(1783):第二部《四库全书》抄毕,送盛京奉天行宫,藏于文溯阁。

乾隆四十九年(1784):第三部《四库全书》入藏圆明园文源阁。

乾隆五十年(1785):第四部《四库全书》送藏热河避暑山庄文津阁。至此,内廷四阁《四库全书》全部入藏。

乾隆五十二年(1787):乾隆抽查文津阁《四库全书》时发现李清《诸史同异录》一书有诋毁清朝字句,于是重检《四库全书》,抽换销毁《四库全书》中11种书,以备抄之书补入。

乾隆五十三年(1788):责纪昀重核文津阁。开放翰林院底本供阅读抄录。

乾隆五十四年(1789):南三阁全部抄完。

乾隆五十五年(1790):南三阁贮藏完成,命重核文溯阁。

乾隆五十七年(1792):纪昀完成总目定稿,由武英殿刻印,胡虔刻《四库全书附存目录》，八年刻成。乾隆命纪昀再校文津阁本，派陆锡熊往盛京重校文溯阁书。

乾隆五十八年（1793）：赵怀玉刻《四库全书简明目录》。

乾隆五十九年（1794）：浙江士绅先行印行《四库》总目。

乾隆六十年（1795）：《四库全书总目》正式刊刻成书。

从以上可以看出，无论从征集图书、采集图书、辑录《永乐大典》、编纂成书，还是销毁、复核、荟要精华、目录提要、查禁违碍图书等所有的环节，都和西北有一定的联系。关于此时发生的大事记，请参见本书的《附录》部分。

2.《四库全书》修成后在甘肃的庋藏是一种文化调节

西北为《四库全书》做出了贡献，但是《四库全书》修成后，却和西北断绝了联系。西北为《四库全书》所做的贡献虽然没有江浙、福建等省份那样巨大，但是对于一个国家来说，如果某一地区经济文化本来就发达，反而还给予文化资源的倾斜政策，那么只能造成贫者更穷、富者更富的严重后果。当然，我们要看到：《四库全书》收藏在北京文化圈和江浙文化圈是乾隆的意旨。他的本意也没有打算在西部收藏《四库全书》。

但是，我们认为，研究历史的目的一定程度上是为了现代人避免那个时代没有意识到的失误。国家的一个功能就是进行文化调节，改变区域文化发展的不平衡。《四库全书》修成后和西北断绝了联系，表现之一就是《四库全书》修成后用于乾隆皇帝一个人的阅读和江浙地方知识分子的抄录，形成了"藏书"，而非"用书"的局面，不利于文化的长远发展，而江浙地方知识分子的抄录工作，局限于一个地方，促进了这一地区文化的发展，但从全国一盘棋的角度来说，不利于一统局面的文化构成，对西部特别是西北的文化影响更接近于微乎其微。

因此，西北地区甘肃省庋藏一部文溯阁《四库全书》，这更像是一种文化的"东气西输""南水北调"行动。但是守着宝却不能充分利用，也是甘肃省人对文化典籍的一种浪费。

第八章　非西北作者的西北文献

本章与上几章的不同在于:这部分著作并非西北籍作者所作,但是也属于西北文献的范畴。这些著作的作者由于多种原因接触到西北社会或西北的文献资料,然后撰写了作品。其中有纂修《四库全书》过程中四库馆臣新修的敕撰本,也有纂修《四库全书》前官修的著作,也有一些知识分子私人独立完成的作品。这些作品改变了其他地区知识分子对西北地区残缺不全的认知,加深了西北文化为外人所知的程度,同时扩展了西北的作者群,使各地知识分子的才思为西北所用,这说明西北是全国的西北,西北文化是中华文化的一个不可或缺的部分。这部分著作弥补了《四库全书》中西北地区只有陕甘两省采进图书的不足,而补充了青宁新的有关著作。

第一节　敕撰本中的西北文献

在全书编纂过程中,乾隆皇帝不断下令临时增修各种书籍,收入《四库全书》。这部分书籍一般题有"钦定""御制""御定""皇"等字样,《总目》解题一般都没有题纂修者的姓名,而是题"奉敕撰",故称为敕撰本。这些著作属于临时新修的书籍,出于政治上的需要,目的在于抬高《四库全书》"钦定"的地位。实际上,敕撰本并非清朝独有,汉代就已经有皇帝下诏撰修的书籍,明朝有洪武二十二年翰林侍读火源洁奉敕撰《华夷译语》一卷,列入四库存目类①。

这部分书籍不少是新疆(西域)、青海、宁夏、陕西、甘肃的省志或是有关西北地区地理、政治制度沿革的著述,十分重要。这些文献弥补了西北文献中的

---

① 《四库全书存目丛书》经部第188册第289页,《总目》注明为永乐大典本。

空白领域,大大改变了陕西巡抚采进本中作者省籍完全向陕甘倾斜的情况。从时代方面来考虑,都成书于清代,反映了清代时期官府和士人对西北的看法。这些清代的"钦定"著作,从思想观点上有一定的局限性,反映了统治阶级的意志;另外一方面,清代人由于历代文献和实践的积累,到这个时期已经形成了对西北较为成熟的看法。

整个增修过程从乾隆三十八年(1773)开始,一直持续到乾隆末年。这部分书籍数量非常可观,特别对于西北来说尤其可贵,保存了大量珍贵的史料。但是在西北武功告成后的《方略》《纪略》就深深地打上了统治者的污蔑之词,如《钦定兰州纪略》。

上溯至康熙时期就修成的一些文献,敕撰本可得6种。

书名	卷数	撰写日期	部类	涉及省份
《钦定兰州纪略》	20	乾隆四十六年	史部纪事本末类	甘肃
《钦定石峰堡纪略》	20	乾隆四十九年	史部纪事本末类	甘肃
《御定平定准噶尔方略》《前编》《正编》《续编》	50/85/33	乾隆三十七年	史部纪事本末类	新疆
《钦定皇舆西域图志》	52	乾隆二十一年	史部地理类	新疆
《钦定西域同文志》	24	乾隆二十八年	经部小学类	新疆
《钦定河源纪略》	36	乾隆四十七年	史部地理类二	青海

可以看出,这些书籍集中于史部和经部。在经史子集四部中,经部和史部地位都比较高,而且这些书都位列著录书之中,反映了乾隆皇帝以这些书流芳千古的意图。"威德之昭宣,经纶之久远"①,四库馆臣未免誉之过度,但是这些书在客观上也确实具有重要的价值。

第一,西北由于远离京畿、江浙等文化重镇,当时知识分子对西北认识并不充分,特别是对于新疆等地区更是如此。"记流沙以外者,自《史记·大宛列传》、《汉书·西域列传》始详。而异域传闻,讹谬亦复不少。至法显、玄奘之所记,附会佛典,更多属子虚。盖龙沙、葱雪,道里迢遥,非前代兵力所能至。即或偶涉其地,而终弗能有。故记载者依稀影响,无由核事实也"《钦定皇舆西域图志》部分更新了这些看法,"足以补前朝舆记之遗而正历代史书之误"②。这部书由于抄录入《四库全书》,而四库正本又有三部在江浙庋藏,允许士子前往抄写,因此必然能够起到好的影响,部分改变新疆在历代典籍中非常模糊的形

①《总目》卷68,史部地理类一,"钦定皇舆西域图志"条。
②《总目》卷68,史部地理类一,"钦定皇舆西域图志"条。

象。而《钦定河源纪略》"西溯河源,绘图具奏",改变了历代对河源的错误认识,"考自古谈河源者,或以为在西域,或以为在吐蕃,各持一说,纷如聚讼,莫能得所折衷心";而《钦定河源纪略》则对青海河流干支"一一疏通证明",还包括了大量对青海名山、古迹、物产、风俗的记载以及"所经、部族所聚、职贡所通及开屯列成与灵源所值者,一一胪载"①。这无疑对纠正关于青海河源地区的错误认识,揭示青海地区的真实面貌具有非常高的资料价值。

第二,通过一些史实性著作的记载,我们能够在一定程度上了解到陕甘回民起义的活动情况。这些书对回民起义不乏污蔑之词,但毕竟保留了一些起义者活动的面貌。《钦定兰州纪略》和《钦定石峰堡纪略》是对这次起义研究不可缺少的资料。

第三,康熙和乾隆时期对新疆分裂分子的斗争史料也尤其可贵。如《御定平定准噶尔方略》的《前编》《正编》《续编》,反映了清朝反对分裂国家的活动以及建设新疆的史实,"列成开屯,设官定赋,规画久远之制"②。这些措施对我们现在治理西北、反对民族分裂活动有重要的借鉴作用。

第四,西北地区流行多种语言文字。地区之间语言文字的交流较为困难,经部的著作如《钦定西域同文志》为"译语之法","考校诸番文字",包含了对多种语言文字的翻译,类似一部语言辞典。"其文字之别,首列国书,以为枢纽;次以汉书详注其名义;次以三合切音曲取其音声;次列蒙古字、西番字、托忒字、回字,排比连缀,各注其译语、对音"③。这在当时来说是对语言学的一种贡献。

第五,一些书籍记载了西域的历史发展情况。

有些资料往往会同时涉及西北的多个地区,如《钦定西域同文志》很多记载涉及青海地区,更说明了西北各个地区之间千丝万缕的联系。这些敕撰本记载了西北的政治、经济、语言文字以及交通、河流、山脉等地理状况,具有很高的史料价值。这些著作对地方来说,无疑是十分重要的地方史资料,对国家开发西北和巩固西北的国防安全也具有参考意义。

第二节　地方官修著作中的西北文献

所谓官修的西北文献,在本书中主要是指清朝时期由西北地方官府出面组织编修的当地省志、郡邑志乘等。实际上《四库全书》敕撰本也属于官修,但是

---

① 《总目》卷69,史部地理类二,"钦定河源纪略"。
② 《总目》卷49,史部纪事本末类,"御定平定准噶尔方略前编"条。
③ 《总目》卷41,经部小学类,"钦定西域同文志"条。

敕撰本作为一种版本来源单独叙述,因此本书在本节只补充一些地方志的内容。

省志的纂修活动需要耗费大量人力和物力,仅凭一人之力无法完成。因此,往往由官府出面组织编写。从著录情况来看,由于省一级下属的府州县志乘只有少部分被纳入《四库全书》的编纂计划,因此官修西北文献集中于陕西、甘肃等省志。这些省志都继承了前代的省志成果,因而都具有较高的价值。《总目》在《畿辅通志》题解后按曰:"通志皆以总督、巡抚董其事,然非所纂录,与总裁官之领修者有别。故今不题某撰而题某监修,从其实也。监修每阅数官,惟题经进一人,唐、宋以来旧例也。谨于此书发其凡,后皆仿此。"①因此,《陕西通志》和《甘肃通志》的两名监修并非它们的真正作者。

1. 陕西

《陕西通志》100 卷,通行本,史部地理类一。清朝署理陕西总督、吏部尚书刘于义等监修,沈青崖等编。

《陕西通志》有旧本,"陕西旧《通志》为康熙中巡抚贾汉复所修,当时皆称其简当",但是"阅时既久,因革损益,颇不相同"。

该书纂修于雍正七年(1729),当时"敕各省大吏纂辑通志,陕西督抚以其事属之粮储道沈青崖,青崖因据汉复旧本,参以明代马、冯二家之书,斟酌增删,厘成百卷,分为三十二类。雍正十二年,于义等始表上之"。

该书的纂修改变了以往陕西郡邑志乘以西安、朝邑、武功等关中州县为主,而其他边远州县欠缺的缺点,"陕西省治本汉唐旧都,故纪载较多。如《三辅黄图》《长安志》皆前人所称善本,而卷帙既繁,异同亦夥,至其隶辖支郡,若绥、葭、凤、兴之类,则又地近边隅,志乘荒略,不免沿习传讹"。

因此该书较为全面地反映了陕西省的状况,"是编订古证今,详略悉当,视他志之扯拽附会者较为胜之。书中间有案语,以参考同异,亦均典核可取云"②。

另有《雍大记》36 卷,浙江汪启淑家藏本,存目。

这是一部陕西总志。题为明何景明(今河南信阳人)撰,实际上"乃其督学时开局立例,召生员学徒,分辑成编者"③,带有很大的官修性质。书未成而景明因病去官,因此是由摄学政周宗化续修完成的。此书收入《存目丛书》史184/1。今北京、上海、南京、台北中央馆藏明嘉靖间刊本。

---

① 《总目》卷 68,史部地理类一,"畿辅通志"条。
② 《总目》卷 68,史部地理类一,"陕西通志"条。
③ 《总目》卷 73,史部地理类存目二,"雍大记"条。

2.甘肃

《甘肃通志》50卷,通行本,史部地理类一。清朝巡抚甘肃、都察院右副都御史许容等监修,李迪等编纂。

明代以来甘肃隶属于陕西,因此和陕西有着千丝万缕的联系,"甘肃所领八府三州,明代皆隶于陕西布政司。至本朝康熙二年,始以陕西右布政司分驻巩昌,辖临洮等府。后又改为甘肃布政司,增置甘、凉诸郡,设巡抚以莅之,于是甘肃遂别为一省"。

该书也是从雍正七年开始纂修的,而且是甘肃从陕西分出后的一次大规模的省志纂修活动。当时"各直省奉敕纂修《通志》,抚臣许容以甘肃与陕西昔合今分,宜创立新稿。而旧闻阙略,案牍无存,其卫所新改之州县,向无志乘,尤难稽考。因详悉蒐采,择其可据者,依条缀集,分为三十六类。乾隆元年,刊刻竣工,文华殿大学士仍管川陕总督查郎阿等具表上之"①。

由于明代以来甘肃与陕西一体,所以参照陕西旧志的也比较多,"其书虽据旧时《全陕志》为蓝本,而考核订正,增加者十几六七,与旧志颇有不同。其制度之系于两省者,如总督学政题名,及前代之藩臬、粮驿各道俱驻西安,兼治全陕,不能强分。则亦多与《陕志》互见焉"②。

由于这两部省志的价值,所以均收录在库本中。我们今天研究西北的政治、经济状况与历史沿革,这两部著作都是不能不参考的资料。

当然,由于《四库全书》官修地方史志受时间所迫,难免出现疏漏。如《甘肃通志》内"列女"讹为"烈女","周庾信"讹为"梁庾信",总校官何景均与分校叶葰因校对不力而受到乾隆皇帝的责罚③。

至于宁夏、青海、新疆等省区的著作,则由敕撰本和私人撰写的著述作为必要的补充。

不仅省志有撰,部分县州官府也组织力量纂修了一些地方志乘。这些地方文献集多人之力合撰。虽然署知府、知县之名,而未必为其亲撰。如史部地理类《华岳全集》云:

> 明嘉靖四十一年华阴县知县李时芳撰、万历二十四年潼关道副使汝州张维新与华阴县知县贵阳马明卿重诠叙、万历三十年华阴县知县河间冯嘉会增、清潼关道溧阳狄敬补。

---

① 《总目》卷 68,史部地理类一,"甘肃通志"条。
② 《总目》卷 68,史部地理类一,"甘肃通志"条。
③ 《纂修四库全书档案》851 条,1506 页。

《华岳全集》载图说、形胜、物产、灵异、封号、艺文、祭告等,前后五人参撰,非一人之功,四库存目;《四库存目丛书》收录了此书,见于史部第232册第183页。今首都、北大馆藏明嘉靖四十一年刊本,题李时芳撰,十一卷。北师大、上海馆藏明万历二十五年刊本,作十三卷,张维新撰。北大、南京、天一阁、甘肃、上海、台北中央馆藏明万历丁酉华阴刊明末至清初增补本。

第三节　私人撰修的西北文献

除了乾隆皇帝下令新修的部分书籍和一些官修的省志外,私人撰写的著作弥补了省志、新修著作在某些方面的不足。西北人撰写有关本地的著作具有得天独厚的条件,但是家乡背景并不是撰写西北作品的唯一要素。本节收录的这些著作的作者都不是西北人,但是由于种种原因而对西北有所认知,因此撰写了一些非常重要的著作。此外,《四库全书》收录的一些带有综合性的书籍,如类书、总集类书籍也大量收录了一些西北人的著作和有关西北的论述。本节所论述的是专门的西北文献,内容完全或基本上以西北为主。事实上,《雍录》《三辅黄图》《关中胜迹图志》《全陕政要略》《长安志》《长安志图》等著述早已经在陕西等地的文献资料中被认为是陕西地方志了。

这些知识分子有以下条件使其能够参与西北文献的个人纂修:

一是做官。供职于西北地方官府和担任中央官员,都会接触到关于西北的资料,这是非常重要的一条途径。明华亭人包节谪于甘肃庄浪,因此写就《陕西行都司志》,明天津人汪来在嘉靖时期任庆阳府知府而作《北地纪》。如此之例,不胜枚举。这些志乘建立在前代地方史志的基础上,价值较高,如江苏人毕沅的《关中胜迹图志》32卷。乾隆四十一年毕沅所进,"守土之臣得乘边圉宁谧、民气和乐之余,行部川原,询求旧迹。订讹厘舛,勒成是编,以上呈乙览。视儒生著述,披寻于断碑碎碣之间,研索于脱简残编之内者,其广狭固有殊矣"。这部书体例整齐,具有很高的价值,"其书以郡县为经,以地理、名山、大川、古迹四子目为纬,而以诸图附于后。援据考证,各附本条,具有始末"。《四库全书》收录著作的标准之一是除了敕撰本以外,"生辰人一概不录",而唯独《关中胜迹图志》是例外。"臣等谨为录副,登诸秘阁,亦古者郡国地志藏在太史之义也"①。官员所修地方文献非一人之力量所能完成,必然多有西北地方人士参与,因此

---

① 《总目》卷70,史部地理类三,"关中胜迹图志"条。

实际上是西北文献的组成部分。

二是游历。如《游城南记》，是宋元祐元年（1086）张礼游长安城南，访唐代都邑旧址而作。

三是与一些亲友、幕僚的间接关系。如清林佶撰《汉甘泉宫瓦记》，是林佶之兄林侗从陕西得到了汉瓦当，经林佶琢磨研究后写成的书。其中某些著作则是别人口述，他人所记而成。

四是对资料的整理后所得。如万斯同《昆仑河源考》，整理历代关于河源的记载而成此书。程大昌《北边备对》则是"因进讲《禹贡》，孝宗问以塞外山川，未能详对。绍熙中，奉祠家居，乃补撰此书"①。

本书辑录了这部分著作。由于它并不是本书所要论述的重点，所以笔者采录如下，以备后学者研究。凡是存目书籍在《四库全书存目丛书》及补编、各大图书馆中藏有的，均加以注明，以备查考。凡是未见录的书籍全不加书名号。

（1）史部杂史类

《哈密事迹》一卷，存目，不题撰人；《存目丛书补编》93/1《吐鲁番侵略哈密事迹》一卷附《赵全谳牍》一卷不著撰者，台湾汉学研究中心藏清光绪钞本。

北楼日记，二卷，存目，不题撰人。

（2）史部诏令奏议类

《关中奏议》十卷，著录，明副都御使督理陕西马政（后迁陕西巡抚）、安宁杨一清撰。

《复套议》二卷，存目，明总督陕西三边军务、江都曾铣撰。

《本兵疏议》二十四卷，存目，明兵部尚书、蒲州杨博撰；《存目丛书》史61/225《杨襄毅公本兵疏议》。今浙江馆藏明万历十四年师贞堂刻本。

（3）史部传记类

《西使记》一卷，著录，元真定刘郁撰②。

《西征道里记》一卷，存目，宋左宣教郎秘书少监充枢密参谋（安抚陕西）金华郑刚中撰；《存目丛书》史127/545。又此书收入胡丹凤辑《金华丛书》，今首都、上海等馆藏清同治光绪间永康胡氏退补斋刊本；北京、内蒙古、福建等馆藏清同治光绪间永康胡氏退补斋刊民国补刊本。《丛书集成初编》也收入此书。

---

①《总目》卷75，史部地理类存目四，"北边备对"条。

②元宪宗蒙哥即位后，命其弟旭烈兀西征，征服木剌夷，黑衣大食及西亚大片土地。蒙哥九年（1259）正月，常德（字仁卿）奉命驰驿西觐旭烈兀，他从和林出发，途经昏木辇（今蒙古与新疆交界处布尔根河）、龙骨河（今新疆乌沦古河）、阿力麻里（今新疆霍城西北）、忽章河（今锡尔河）、撒麻耳干、阿姆河等地，到达旭烈兀驻营地，往返共14个月。归国后口述其经过见闻，由刘郁加以记录而成此书。书后有"中统四年（1263）三月，浑源刘郁记"。

《使西域记》一卷,存目,明副中使吉水陈诚撰(使西域诸国而作此书);《存目丛书》史 127/589。又收入《学海类编》《丛书集成初编》等。

《使西日记》一卷,存目,明吴县都穆撰(正德八年四月从京都出发,出使宁夏而作此书);《存目丛书》史 127/637。

《秦蜀驿程后记》上卷,存目,清户部左侍郎(奉使祭告西岳、西镇、江渎)新城王士禛;《存目丛书》史 128/374。又此书收入王士禛撰《王渔洋遗书》,今北京、上海、湖北等馆藏清刊本。

(4)史部载记类

《西夏事略》一卷,存目,宋承议郎权知龙州军、兼管内劝农事、沿边都巡检使、借紫臣眉州王偁撰;此书收入《丛书集成初编》。

(5)史部地理类

《三辅黄图》六卷,著录,不题撰人。

《禁扁》五卷,著录,元著作郎、东平王士点撰;曹栋亭刻本。

《昆仑河源考》一卷,著录,清布衣、鄞县万斯同撰。

《长安志》二十卷,著录,宋馆阁校勘、赵州平棘宋敏求撰;经训堂本。

《雍录》十卷,著录,宋著作佐郎、休宁程大昌撰。

《长安志图》三卷,著录,元翰林国史院编修官、东明李好问撰;经训堂本。

《关中胜迹图志》三十二卷,著录,清巡抚陕西兵部侍郎兼都察院右副都御史太仓毕沅撰。

《游城南记》一卷,著录,宋浙江张礼撰(元祐元年游长安城南访唐代都邑旧址而作此书)。

《大唐西域记》十二卷,著录,唐释玄奘译、辨机撰。

《三原县志》十六卷,存目,明三原知县、武进朱昱撰;《存目丛书》史 180/348《嘉靖重修三原志》。今北京馆藏明成化刻本。

陕西志,三十卷,存目,明陕西按察司副使、临川伍馀福撰。

《全陕政要略》四卷,存目,明营缮司主事、余姚龚辉撰(奉使督木四川而作此书);《存目丛书》史 188/529。

陕西行都司志,十二卷,存目,明监察御史华亭包节撰(谪戍庄浪卫而作此书)。

北地纪,四卷,存目,明庆阳府知府、天津卫汪来撰。

《河套志》六卷,存目,清分巡宁夏兵备道、商丘陈履中撰;《存目丛书》史 215/652《乾隆河套志》。今北京、上海、浙江馆藏清乾隆七年刻本。

《河源记》一卷,存目,元翰林侍读学士、济南潘昂霄撰;此书收入黄秩模辑

《逊敏堂丛书》。今北京、上海等馆藏清道光、咸丰间宜黄黄氏刊本木活字排印本。又收入《学海类编》《丛书集成初编》。

《北边备对》一卷,存目,宋程大昌撰(因进讲《禹贡》,孝宗问以塞外山川,未能详对。绍熙中,奉祠家居,乃补撰此书);今北京馆藏清初钱曾家藏本。此书又收入李栻《历代小史》,今北京、上海等馆藏明刊本。《古今说海》《说郛》《古今逸史》《影印元明善本丛书十种》都有收录。

陕西镇考,一卷,存目,不题撰人(王圻《续文献通考·边防门》中录出,因成书)。

《延绥镇志》六卷,存目,清延安府同知(分驻榆林城)嘉兴谭吉璁撰;《存目丛书》史 227/268《康熙延绥镇志》。

《秦边纪略》四卷,存目,不题撰人①;《存目丛书》史 228/1。此书刊本较多,李培《灰画集》,吴坤修辑《半亩圆丛书》《畿辅丛书》《关中丛书》等也都有收录。

西岳神祠事录,七卷,存目,明西安知府、贵池孙仁撰。

《关中陵墓志》二卷,存目,明督学陕西滑县祁光宗撰;《存目丛书》史 243/607。又南京市博物馆、上海馆藏清钞本。

《秦录》一卷,存目,明右佥都御史巡抚陕西宁夏、嘉兴沈思孝撰;《存目丛书》史 247/711。又《学海类编》收有此书。

《星馀笔记》一卷,存目,清西宁知县、诸城王钺撰;《存目丛书》史 249/232。此书收入吴震方辑《说铃》,今北京、上海等馆藏清康熙四十一年续集五十一年刊本;上海、辽宁等馆藏清道光五年聚秀堂刊本。又,《龙文秘书》《小方壶斋舆地丛钞》收有此书。

《八纮译史》四卷,《纪余》四卷,清钱塘陆次云撰(复摭小说稗官所载荒渺之说而作此书);《存目丛书》史 256/24。此书收入马俊良《龙威秘书》,今全国各大图书馆藏清乾隆五十九年石门马氏大酉山房刊本。又,《说库》《丛书集成初编》也收有此书。

《八纮荒史》一卷,清钱塘陆次云撰;《存目丛书》史 256/102。此书收入陆次云《陆云士杂著》。今北京、上海等馆藏清康熙二十二年宛羽斋刊本。又,《说库》《龙威秘书》《丛书集成初编》也收有此书。

(6)史部政书类

临雍录,一卷,存目,明祭酒、丹徒费闳撰(录临雍释奠礼礼仪而作此书)。

《秦玺始末》一卷,存目,明秀水沈德符撰;《存目丛书》史 271/1。《学海类

---

① 余嘉锡先生考证为江右梁份所作。梁份,字质人,宁都人。魏禧弟子,传禧学。清康熙时韩大任客。余嘉锡:《四库提要辨证》,472 页。

编》《丛书集成初编》收有此书。

《马政志》四卷,存目,明御史巡视陕西马政、遂宁陈讲撰;《存目丛书》史276/407。今天一阁、安徽馆藏明嘉靖刻本。

(7)史部目录类

《来斋金石考》三卷,著录,清侯官林侗撰(尝游长安而作)。

(8)子部兵家类

《西番事迹》一卷,存目,明三边总督、太原王琼撰(讨吐鲁番后作此书);《存目丛书》子31/28。此书收入袁褧辑《金声玉振集》,今北京、上海、南京等馆藏明嘉靖中吴郡袁氏嘉趣堂刊本。

(9)子部艺术类

后画录(帝京寺录),一卷,存目,唐长安普光寺僧、释彦悰(cóng)撰。

(10)子部谱录类

《汉甘泉宫瓦记》一卷,存目,清侯官林佶撰(佶之兄侗得甘泉宫瓦于陕西石门山中,因作此书);《存目丛书》子79/704。此书收入张潮辑《昭代丛书》,今清华、复旦、甘肃等馆藏清康熙三十九年刻本。《丛书集成续编》《续修四库全书》也收有此书。

(11)子部小说家类

《陇蜀纪闻》一卷,存目,清新城王士禛;《存目丛书》子245/166。此书收入王士禛编《王渔洋遗书》,今北京、上海、南京等馆藏清刊本。《昭代丛书》康熙本、《龙威秘书》也收有此书。

(12)子部道家类

《华山志》一卷,金宁海王处一撰(拜访华山而作)。收入《道藏》,题《西岳华山志》,今北京、上海等馆藏明正统中刊续万历中刊本;北京、上海、辽宁等馆藏民国十二年至十五年上海商务印书馆据明正统本续据万历本影印本。又,《道藏举要》也收有此书。

《甘水仙源录》十卷,元开封李道谦撰(拜访华山而作);《存目丛书》子259/414;《道藏》收录此书。又,上海馆藏清钞本。

(13)集部别集类

《西北文集》四卷,存目,清高平毕振姬撰;《存目丛书》集211/715。

《关洛记游稿》二卷,存目,明陕西提学副使太仓王世懋撰;《存目丛书》集113/759。

《关中集》四卷,存目,明御史巡按陕西、婺源余懋衡撰;《存目丛书》集173/481。今北京馆藏明刻本。

《陇首集》一卷,存目,清御史巡按陕西茶马新城王与胤撰;《存目丛书》集193/156。此书收入王士禛编《王渔洋遗书》,今北京、上海、山东等馆藏清刊本。

《雍益集》一卷,存目,清新城王士禛撰;《存目丛书》集227/399。

(14)集部总集类

《缉玉录》五卷,存目,明御史巡按关陇、汝阳傅振商撰;《存目丛书》集335/196。

豳风概,一卷,存目,明邠州知州、益都蒋如苹撰。

从这些西北文献的分布情况看,涉及关中地区的典籍偏多,而其他地区偏少,原因在于"关中为雍州旧壤,班固所称'神皋奥区',周、秦、汉、唐并建都作邑,遗闻旧事见于典籍者至多"。所谓"诸家撰述之存于今者,《三辅黄图》以下如宋敏求《长安志》、程大昌《雍录》、李好文《长安志图》、何景明《雍大记》、李应祥《雍略》之类。未易一二殚数。而山水游记、郡邑志乘尚不与焉"。乾隆时的陕西正处清朝的繁盛时期,"我国家醲化覃敷,群生茂豫,周原邠土,庆告屡丰。华岳之祠,太白之湫,俱仰荷宸翰褒题,光烛霄宇。其秦、汉泾渠故道,亦皆次第兴修"[1]。

宁夏地方著作如《北楼日记》,记载了明万历年间官府镇压宁夏镇叛乱的史实,对研究当时宁夏的政治、军事情况具有重要价值,惜不传。清商丘人陈履中《河套志》对河套地区的"建制、沿革、山川、城堡、关塞、古迹、物产,悉分门汇载"[2],是研究宁夏北部和内蒙古河套地区政治、地理、文化的重要资料。

青海著作如清交河人苏铣《西宁志》。由于西宁在清朝初期"为军民指挥使司,本临边之地。文献罕征"[3],所以这部书修成后具有很重要的价值,但是"创始者难工",难以避免内容冗杂和体例混乱的毛病,只能在地理类中存目。

---

[1]《总目》卷70,史部地理类三,"关中胜迹图志"条。

[2]《总目》卷74,史部地理类存目三,"河套志"条。《河套志》卷4载:"自宁夏横城之燕北石嘴子起至榆林之黄甫川正北止,北面一带皆名河套也。"今内蒙古和宁夏自治区境内贺兰山以东,狼山和大青山以南黄河沿岸的地区,统称河套。因黄河由此流成一个大弯曲,故名。这是广义的河套。狭义的河套,以乌拉山为界,东为前套,西为后套。旧又以黄河以南,长城以北地区称前套,和黄河北岸的后套相对称。

[3]《总目》卷74,史部地理类存目三,"西宁志"条。

附录　乾隆时期西北政局和《四库全书》大事记

乾隆三年(1738 年戊午)

甘肃省宁夏府发生大地震。此后地震不断,乾隆五年四月二十七、二十八日(公元 1740 年 5 月 22 日、23 日),乾隆六年正月十七日(公元 1741 年 3 月 2 日),银川 6 次发生地震。宁夏破坏严重。

乾隆九年(1744 年甲子)

正月,于西苑瀛台赐宴准噶尔特使。

乾隆十一年(1746 年丙寅)

闰三月,饬陕西修历代陵墓。

乾隆十三年(1748 年戊辰)

设陕甘总督,辖陕西、甘肃二省,掌管军政大权,地域范围达到今陕甘宁三省区以及青海、新疆的东部地区。

乾隆十二年(1747 年丁卯)

是年,西宁道金事杨应琚修成《西宁府新志》40 卷。

乾隆十五年(1750 年庚午)

正月,乾隆帝幸西苑紫光阁,赐宴准噶尔使尼玛宴。

乾隆十六年(1751 年辛未)

是年,云、贵、鲁发现伪撰奏本、朱批。准噶尔部内乱。

乾隆十九年(1754 年甲戌)

五月,巡盛京,再至避暑山庄召见准噶尔部三车凌。

是年,乘准噶尔部内乱,发兵进攻。陕甘总督移驻兰州府,兼甘肃巡抚。陕甘总督由西安移驻兰州,遂裁甘肃巡抚,以陕甘总督兼理甘肃巡抚事,一直延续到辛亥革命前。

乾隆二十年(1755 年乙亥)

六月,以平定准噶尔达瓦齐遣官告祭天、地、社稷、先师孔子,为皇太后上徽号,午门受俘。

九月,蒙古准噶尔部阿睦尔撒纳入觐途中反叛。

十月,达瓦齐等被解至京师,行献俘礼,乾隆帝御午门受俘。

乾隆二十一年(1756 年丙子)

是年,准噶尔部阿睦尔撒纳再次纠合部众,准备复乱。取消八旗驻防兵丁不得在驻防地私置田产禁令。下令四库馆编纂《钦定皇舆西域图志》52 卷,收入《四库全书》。乾隆二十七年,创成初稿。

乾隆二十二年(1757 年丁丑)

三月,清军再攻准噶尔部,最后彻底平定该部。

乾隆二十三年(1758 年戊寅)

是年,设内务府总理工程处,负责勘估核销宫殿、苑囿、热河行宫等重大工程。派兵进军天山两路,平定大小和卓木叛乱。开始在乌鲁木齐首次进行丝绸换马的贸易。

乾隆二十四年(1759 年己卯)

七月,清军继续扫除大小和卓木叛乱,二人被杀,天山南北路底定,平回之役结束。

十一月,以平定回部率诸大臣诣皇太后寿康宫庆贺。

乾隆二十五年(1760 年庚辰)

正月,以再平准回二部,御午门受俘。

十月,皇十五子永琰(即嘉庆帝)生于圆明园天地一家春,母为令贵妃魏佳氏。

是年,于伊犁兴办屯田。在伊犁、乌鲁木齐、巴里坤、塔尔巴哈台等地设立牧厂。

是年,《国朝宫史》编纂完成。

乾隆二十六年(1761 年辛巳)

甘肃发生"王寂元之狱",甘肃成县柴家坝王献璧被凌迟处死。

乾隆二十七年(1762 年壬午)

十月,设立伊犁将军,统辖天山南北路。

乾隆二十八年(1763 年癸未)

是年,饬令编纂《钦定西域同文志》24 卷,收入《四库全书》。

乾隆二十九年(1764 年甲申)

命重修《大清一统志》。

乾隆三十二年(1767 年丁亥)

是年,《续文献通考》成书,命续修《续通典》《续通志》。西北的人均耕地面积已达到 3.84 亩。

乾隆三十六年(1771 年辛卯)

正月,渥巴锡汗率领土尔扈特部踏上回归祖国的征途。

乾隆三十七年(1772 年壬辰)

正月,诏开四库馆,网罗天下遗书。

十一月,以三通馆进呈所纂《嘉礼考》于辽金元各代冠服之制叙载未能明晰,再度申谕衣冠为一代昭度,不得辄改衣冠,去淳朴之风。

十二月,陕甘总督勒尔谨、陕西巡抚觉罗巴延三、陕甘学政杨嗣会,计陕甘两省各属详送及生童呈献各项书籍得 40 种。

是年,乾隆下令编纂《御定平定准噶尔方略》,分为《前编》50 卷、《正编》85 卷、《续编》33 卷,收入《四库全书》。

乾隆三十八年（1773 年癸巳）

闰三月,命刘统勋等为《四库全书》总裁。

六月,陕西学政杨嗣会奏请将陕甘通省所有历代名人石刻,令州县拓取呈送。

乾隆三十九年（1774 年甲午）

二月,陕甘总督勒尔谨、陕西巡抚毕沅、陕甘学政杨嗣会,奏委派人员解送书籍 62 种,两次奏进共计 102 种。并汇目录呈送京师;同时,开始发还书籍。

十一月,陕甘总督勒尔谨上奏发还图书情况。

乾隆四十年（1775 年乙未）

四月,命舒兰、侍卫拉锡探寻河源的路线。

七月,陕西学政稽承谦奏查获《明通纪》2 部、《明从信录》1 部、《屈大均诗集》1 部、钟惺《历朝捷录》13 部、黄道周《博物典汇》6 部。

是年,《天禄琳琅》编成。令四库馆臣对所收书籍"务须详慎抉择,使群言悉归雅正。"

闰十月,陕甘总督勒尔谨、陕西巡抚毕沅、陕西学政稽承谦奏呈缴《博物典汇》等书,共计 22 部,又零星 105 本。

乾隆四十一年（1776 年丙申）

六月,署理陕甘总督毕沅奏缴《乾坤宝典》1 种。

十一月,命《四库全书》馆详核违禁各书,分别销毁。

是年,毕沅编纂《关中胜迹图志》32 卷并奏进四库馆。

乾隆四十三年（1778 年戊戌）

三月,陕甘总督勒尔谨、陕西巡抚毕沅、陕西学政童凤三查缴《古今全史集要》等书,共计 49 部,又零星 390 本。

十一月,陕甘总督勒尔谨、陕西巡抚毕沅、陕西学政童凤三查缴违碍书籍共计 99 部,又零星 733 本。

是年,陕西马栏镇总兵保宁奏石门有一所名为"将军庙"的神祠,内多有对清朝不利的字句,因此遵照乾隆帝的旨意"碑字尽行磨去"。

乾隆四十四年（1779 年己亥）

二月,命从所焚书中辑《明季诸臣奏疏》,以其切中彼时弊病,足资考鉴。

七月,湖南巡抚李湖奏请查宁夏俞益谟《青铜自考》。

十二月,谕王杰著充武英殿总裁。同月二十日,奉上谕王杰著充国史馆副总裁。

乾隆四十五年(1780年庚子)

正月,署理陕西巡抚刘秉恬查办陕甘省志。

三月,设局校勘甘肃省志及各州府县志,由兰州道陈庭学总司其事。陕甘总督勒尔谨上奏甘肃省查获各种违碍书籍及《十三经》内钱谦益序文,其中宁夏府呈据武举俞良资呈缴伊祖俞益谟《青铜自考》12本,散书8页,板507块。

五月,陕甘总督勒尔谨奏进所查缴《龙门纲鉴》《龙门纲鉴会纂》等图书39种。

六月,护理陕西巡抚尚安奏查获《群书备考》等书共计108部,又零星书籍388本。

是年,王杰与其他总裁、总阅、总校、分校等官员一起被罚俸数月。

乾隆四十六年(1781年辛丑)

闰五月,署理陕西巡抚毕沅查获《太乙诗集》等书计44部,又零星不全者307本,其中陕西人著作3种。

六月,陕甘总督李侍尧奏进《续通鉴纲目》《古今史略》《元史纪事本末》《明史纪事本末》等36种。陕西巡抚毕沅奏进张炼《太乙诗集》及《经济录》、李柏《槲叶集》、徐奋鹏《古今治统》4种。

七月,查办甘肃捏灾冒赈等贪污案,原总督勒尔谨赐死,前任布政使王亶望处斩,现任布政使王廷赞处绞。

八月,陕甘总督李侍尧奏进涉及尹嘉铨著述、碑记、题识、序文者26种;其他有《孝经分传》、《孝经列传》、桂平陆显仁《格物广义》、宜山余心孺《诊梦草》等。

十一月,署理陕西巡抚毕沅查获《群书备考》等共14部,不全者213本,序文29篇;同时有尹嘉铨所刻书籍15种,28本,18卷。

十二月,署理陕西巡抚毕沅查出印本留有空格者7部,共56本。

是年,甘肃循化厅(今属青海省)回民苏四十三起义。乾隆下令编纂《钦定兰州纪略》20卷,收入《四库全书》。

乾隆四十七年(1782年壬寅)

春,命侍卫阿弥达诣西宁祭河神,再穷河源。

正月,第一部《四库全书》缮写完成。建盛京文溯阁。

八月,《军机大臣奏谨拟写王杰仍充四库馆总裁谕旨进呈片》。

是年,广西缉获游方回民海富润,广西巡抚怀疑他是"甘省番回漏网逆党",陕西、甘肃如临大敌。下令编纂《钦定河源纪略》36卷,收入《四库全书》。

乾隆四十八年(1783年癸卯)

在伊犁惠远城北三十里设煤矿24座,后增设10座。

乾隆四十九年(1784年甲辰)

是年,乾隆下令编纂《石峰堡纪略》20卷,补入《四库全书》。